# Casa

Estudo psicanalítico, filosófico
e literário do habitar

CB042352

# Ariane Severo
# Casa

Estudo psicanalítico, filosófico
e literário do habitar

1ª edição / Porto Alegre-RS / 2023

Capa: Marco Cena
Produção editorial: Maitê Cena e Bruna Dali
Revisão: Caroline Joanello
Produção gráfica: André Luis Alt

Dados Internacionais de Catalogação na Publicação (CIP)

| | |
|---|---|
| S498c | Severo, Ariane |
| | Casa : estudo psicanalítico, filosófico e literário do habitar. / Ariane Severo. – Porto Alegre: BesouroBox, 2023. |
| | 280 p. ; 14 x 21 cm |
| | ISBN: 978-85-5527-128-1 |
| | 1. Psicanálise. I. Título. |
| | CDU 159.964.2 |

Bibliotecária responsável Kátia Rosi Possobon CRB10/1782

Copyright © Ariane Severo, 2023.

Todos os direitos desta edição reservados a
Edições BesouroBox Ltda.
Rua Brito Peixoto, 224 - CEP: 91030-400
Passo D'Areia - Porto Alegre - RS
Fone: (51) 3337.5620
www.besourobox.com.br

Impresso no Brasil
Setembro de 2023.

Dedico este livro aos meus irmãos:
Rosana, Rivadavia, Alexandre.

A homenagem do discípulo consiste em prolongar, ao mesmo tempo em que o preserva, o pensamento que herdou.

Agradeço aos mestres e escritores:
Alcy Cheuiche, na Literatura.
Angela Piva, na Psicanálise Vincular.
Rivadavia Severo, na História.
Roberto Graña, na Psicanálise e Filosofia.
Ao meu editor Marco Cena.
Aos colegas, pacientes, revisores.

*O artista procura, em primeiro lugar, sua própria libertação, e a consegue transformando sua obra quando ocorre coincidência psíquica entre autor e leitor, e o faz de maneira estética. Assim, transforma imagens sensoriais, sentimentos, em dizer poético, sem perder o frescor das experiências originais, mantendo um contato íntimo com a fantasia e os desejos.*

Sigmund Freud

*As verdadeiras casas de lembranças, as casas onde nossos sonhos nos conduzem, rejeitam qualquer descrição. Descrevê-las seria mandar visitá-las. A casa primordial e oniricamente definida deve guardar sua penumbra. Ela pertence à literatura em profundidade, isto é, à poesia.*

Gaston Bachelard

*Escrevo com o corpo inteiro, onde a intuição fala mais forte, e do qual eu me apercebo.*

Donald Winnicott

*O hábito quer considerar o livro como uma casa: lugar de habitação de ideias. Ele subentende um leitor-convidado que deseja ser encorajado por quem o convida a transpor o patamar para poder evoluir sem pesar, num espaço novo e que pode se tornar familiar.*

Jacques Derrida

# SUMÁRIO

**Capítulo I: Lugares definem pessoas**.........................**17**

Parte I - A casa revela
a personalidade do seu ocupante ........................... 17

Quando chegará minha alegria?........................... 29

Parte II - A capacidade de sentir-se em casa ............... 34

**Capítulo II: O espaço e a distribuição
dos bens: um sistema de comunicação**......................**41**

O casal se converte em uma casa para dois.................... 41

A clínica ......................................................... 45

Mais da clínica .................................................... 46

Outros fragmentos clínicos................................... 50

A função, o significado e a circulação
dos bens e do dinheiro........................................ 54

Fragmento clínico ............................................. 61

Outro fragmento clínico ...................................... 64

**Capítulo III: O sentido do espaço residencial**...........**65**

Podemos ler uma casa.......................................... 67

Conflitos visíveis nos espaços da casa....................... 71

A casa vê, vigia, esconde ...................................... 73

A casa é onde acontece a vida interior ........................... 75

Mecanismos de poder................................................. 76

Outro fragmento clínico de uma família ..................... 79

O ato de habitar uma casa - A casa desabitada ............ 84

Para terminar, mas não para concluir ......................... 91

## Capítulo IV: Casa, metáfora do nosso habitat interior .....................................93

Como era a casa na Idade Média?............................... 93

A vida doméstica ...................................................... 97

A geografia vincular ............................................... 101

A casa é o lugar do vínculo ..................................... 102

## Capítulo V: Turistas do mundo e não lugares .........107

O portão, endogamia versus exogamia ..................... 115

## Capítulo VI: Morando em condomínio, o sentido do *hall* ...........................119

Habitar espaços: autoriza-se, autorizar..................... 123

A Literatura e os espaços que ocupamos ................... 125

Os espaços exigem mudanças .................................. 127

Uma história cultural da sensibilidade ..................... 129

Os cubos brancos, as casas sem dono ...................... 133

O isolamento radical .............................................. 134

Casa, registro de uma vivência................................. 135

Se a casa é livre, seu habitante também é .................. 137

A arquitetura do sentimento ................................... 138

A arquitetura como prisão ...................................... 139

O encarceramento ou casa de correção ..................... 142

## Capítulo VII: Casa tomada .................................145

**Capítulo VIII: E se o apartamento falasse?**...155

Outra sessão, desta vez apenas com o casal:... 162
Sessão com os filhos... 168
Dispositivo *online*... 170
Apenas Aurora e Joaquim... 174
O quarto do adolescente... 178

**Capítulo IX: A casa e o corpo**...183

O Simbolismo e o Corpo... 183
O Corpo Fenomenal... 187
Pele da Casa e Pele Vincular... 189
A Maternidade da Casa... 193
A Mulher e a Casa... 196
O Corpo da Arquitetura
e os objetos que povoam nossos sonhos... 200
O Espaço Sagrado... 204

**Capítulo X: A humanidade vista por dentro**...215

Hospitalidade... 215
A pandemia alterou nossa casa?... 217
Inquilinos temporários... 221
*Impresencia*... 223
Território do casal... 227
Quarto de casal: o lugar total... 236
Microespaço da cama... 238

**Capítulo XI: Se a brincadeira
não se acha nem dentro e nem fora,
onde é que ela se encontra?**...241

O brincar é algo sério... 241
Que lugar é esse onde as crianças brincam?... 247

Morada do ser ................................................ 250

Os deslocamentos no espaço: caso Pequeno Hans .... 253

O desenho das casas como um gesto espontâneo ....... 258

O desenho da girafa e o jogo do rabisco ...................... 263

**Capítulo XII: Os analistas também choram ............ 265**

A mulher da cadeira de balanço ................................ 267

### *Es largo el instante amoroso*[1]
Ariane Severo

*Nuestra casa está siendo construída de a poco*
*La vamos creando y coloreando*
*Luces azules estrelladas*
*Cantando en las olas del mar*
*En las olas del deseo*
*Leyendo escuchando las melodias de un tango*
*Dejando la luz amarilla entrar*
*En los caracoles de mi vida*

*Nuestra casa es una casa flotante*
*Escotillas mirando el océano*
*Deliciosa harmonia de la naturaleza*
*Sábanas marinas festejan nuestra felicidad*
*La poesia anda descalza en nuestra casa*
*Nuestro rinconcito en el mundo*
*Aqui te amo*
*Y como te amo*

---

1 Inspirado em Pablo Neruda. Publicado no livro *Poesia & declamação*. Da Oficina de Criação Literária Alcy Cheuiche, 2018.

## Cap I - LUGARES DEFINEM PESSOAS

> *A casa é a própria pessoa, sua forma e seu esforço mais imediato, eu diria, seu sofrimento.*
> Jules Michelet

### Parte I - A casa revela a personalidade do seu ocupante

Logo após ao período de isolamento provocado pela pandemia de covid-19, atendi aquela mulher que acabara de passar por uma cirurgia. Estava angustiada. Não aceitou o atendimento *online* e solicitou consulta domiciliar. Quando estivesse melhor, poderia ir ao consultório.

Falou apenas da discussão que tivera com uma das filhas, que veio da cidade onde residia, com a intenção de cuidá-la, no período pós-operatório. Ela só podia locomover-se com uso do andador. Estava sensível e desprotegida física e emocionalmente. O ocorrido entre as duas desencadeou crise de angústia. Nesse primeiro encontro, apesar de afirmar não gostar de voltar ao passado, contou, como pôde, uma das histórias familiares mais tristes que escutei: história de abandonos, mortes, suicídios, abusos, segredos, culpa.

No terceiro encontro estava bem mais disposta, sentia desconforto apenas em sentar-se e levantar. A perna estava menos inchada e não precisava ficar estendida sobre um banquinho. Começou a falar da obra do apartamento, dos gastos, dos acertos e erros, da troca de equipe. O definiu como *Casa Cor;* nome de um evento de arquitetura, amostra de decoração bastante reconhecida no país. Chamar a casa dessa forma significa bom gosto e investimento em todos os sentidos.

Originalmente, o apartamento havia sido comprado para moradia da filha, a que me refiri antes, numa época em que a convivência entre as duas ficou impraticável. Anos depois, ela foi morar em outro estado e alugou o imóvel. Nesse período, colocou à venda o apartamento da filha. O que ela residia fora vendido antes. Veio a pandemia, e ela resolveu morar com os irmãos na casa que era dos pais e, de certa forma, de todos, pela herança. Voltou a ocupar o quarto que fora seu na infância e que a abrigou em vários momentos de dificuldades.

Assim que a vida anunciava retornar ao normal, decidiu fazer uma reforma no antigo apartamento da filha para transformá-lo no seu *cantinho no mundo*, seguindo o estudo filosófico milenar Feng Shui e suas influências. Buscava

Casa: estudo psicanalítico, filosófico e literário do habitar

equilibrar e harmonizar a fluidez das energias em todos os ambientes e, para tanto, usava cores, plantas, aromas e materiais de revestimento.

Passamos a fazer um *tour* desde a porta de entrada. Mostrou-me as plantas e seus objetivos em estarem naquele local, algo como proteção e para receber bem os visitantes. Mencionou que todas as portas haviam sido substituídas por outras, maciças, de melhor qualidade. A de entrada, abria-se para um pequeno *hall* com espelho, aparador, e tinha função de separar o fora e o dentro, e de distribuição (depois descobri que os espelhos também são elementos importantes no equilíbrio de energias). À direita, a sala, e à esquerda, uma porta para a cozinha e o corredor.

*O homem é um ser entreaberto*, diz Bachelard.[1] *Enquanto tantas portas estão fechadas, há apenas uma entreaberta. Bastará empurrá-la suavemente. Então, um destino se desenha* (Jean Pellerin). Aquele que abre uma porta e aquele que a fecha serão o mesmo ser? E depois, sobre o que, para quem se abrem as portas? Elas se abrem para o mundo dos seres humanos ou para a solidão?

Eu havia estudado que a entrada das casas faz transição entre o interior e o exterior, e que deve ser gradual, tranquila (e não brusca, conflitiva). Se a maioria das pessoas não pensa em decorar a entrada das casas, elas não sentem necessidade de separar o interior do exterior?

O piso de parquê chamou-me atenção; imediatamente associei-o a um conto que escrevi.[2] Tempos depois, pensei em outros motivos para aquela associação que estava enlaçada pela transferência. E, ao mesmo tempo, se apresentava como algo novo, e me surpreendia.

---

1 Bachelard, G. (1957). *A poética do espaço*. São Paulo: Martins Fontes, 2005.
2 Severo, A. (2016) *Capuccino*. Conto: *Máscara de pedra*, p. 106. Porto Alegre: AGE, 2016.

Na maioria das casas, o corredor é o menos agradável, mais sombrio, e precisa absorver um pouco de luz natural pelas portas dos aposentos vizinhos. Esse era bem iluminado com o teto rebaixado e branco. Foi o ambiente que me causou maior impacto. O parquê reluzindo e o papel de parede estampado, com fundo amarelo que me lembrou as pinturas de Vincent van Gogh.[3] Aquele amarelo-ouro, amarelo-girassol, modificava o humor de qualquer um; a mim, tirava o ar, explodia cor, sol, alegria. Imediatamente senti vontade de morar ali. Era um convite para viver bem?

Sabemos que a cor estimula estados psicológicos e contribui para diferentes sensações. Portanto, as cores podem alterar nosso humor ou instigar vários sentimentos. Elas influenciam nosso bem-estar. Cada cor pode produzir efeitos contraditórios e atua de modo diferente, dependendo da ocasião.

Percorremos todo o corredor, até ao final. Lembrei de certa amiga que adjetivou o corredor como locomotiva. Era como se fosse um trem luxuoso, e eu, como passageira de outra época.

Mas, retornemos ao nosso *tour*. O primeiro aposento ao qual fui apresentada, era o quarto da paciente. Novamente uma profusão de cores e aromas. Ela havia ligado antes o *split* e aromatizado os ambientes. E por que decidiu começar pelo quarto?

O impacto era por conta de outro papel de parede em frente à cama. Ela disse que abria os olhos pela manhã e ficava, por muito tempo, apreciando aquela parede *maravilhosa,* antes de levantar-se. Eu tinha vontade de me sentar e contemplá-la como se aprecia um quadro em uma galeria

---

3 Severo, A. (2016) *Capuccino*. Conto: *Vincent*, p. 31. Porto Alegre: AGE, 2016.

de arte, a certa distância, para perceber todos os detalhes na proporção certa. Mas não me atreveria sentar-me na cama, impecável, com fartura de almofadas e uma manta esticada com cuidado aos pés, nem que fosse autorizada. A paciente passou a falar dos valores gastos na decoração; havia um misto de arrependimento (acabou fazendo algumas dívidas que mais tarde vim a ter conhecimento) e de prazer (pela *orgia* dos gastos). Aquele *tour* também seria uma abertura para falar de outro problema envolvendo as finanças. Mas deixaremos isso para mais tarde. Agora, o deleite de conhecer aquela moradia. O espaço das casas está em constante mudança e o projeto, feito especialmente para ela, adquire significados.

Havia se aposentado poucos meses antes da pandemia. Sempre trabalhara muito e acordava cedo. Sonhava que um dia poderia dormir toda a manhã, acordar bem devagar, contemplando aquela fartura de flores, como se estivesse em um jardim (de palácio). A cama era um destaque. Fez questão de salientar que gastou uma fortuna naquele colchão-box. Que não precisava ter gasto tanto. Pensei que iria mencionar o valor ou que esperava que eu perguntasse. Eu nada disse. Mas liguei o seu nome, nome de rainha, com uma curiosidade: nos tempos de William Shakespeare, uma boa cama com dossel custava cinco mil libras, a metade do salário anual de um professor primário. Naquela época, a cama era, para a maioria dos proprietários, a coisa mais valiosa que possuíam.[4]

Se aquele lugar era de uma rainha, como eu poderia estar visitando, compartilhando sua intimidade? *No interior do templo egípcio só se admitiam os membros da corte,*

---

4 Curiosidade que li no livro: *Em casa — Uma breve história da vida doméstica*, p. 348. De Bryson, Bill (2009). São Paulo, Companhia das Letras, 2011.

*ministros, sacerdotes e o faraó. E há lugares onde os nobres não penetram e outros nos quais nem mesmo o sacerdote, pois são reservadas ao faraó, representante de Deus na terra, e eventualmente ao sumo-sacerdote.*[5] Compreendi que a forma de arrumar as almofadas de tecidos delicados, finíssimos, em harmonização perfeita, também inspiravam minha analogia com os palácios. Imaginei o tempo que ela levava arrumando a cama para que tivesse aquela aparência. Para Blanchot, *o quarto é a morada do espaço íntimo.* O quarto, a cama, são, sem dúvida, o coração da casa. Foi projetado para ser o lugar de descanso ideal, recompensa afortunada de uma mulher que trabalhou por toda vida em longas jornadas. *Todo espaço reduzido onde gostamos de encolher-nos, de recolher-nos em nós mesmos, é para a imaginação, uma solidão, o germe de um quarto.*[6] Nesse cantinho da casa ela ficava horas imersa nos pensamentos, desfrutando da tranquilidade de um espaço estreito. O quarto deveria ser o retiro da alma, figura de refúgio. *Em paz no meu canto. E todos os quartos de outrora vêm encaixar-se neste quarto. A intimidade do quarto torna-se a nossa intimidade.* Eu entendi plenamente o que ensinara Gaston Bachelard. Aquele quarto, em profundidade, era o meu quarto.

Pensava que ela talvez pretendesse mais privacidade. Tudo que me ocorria vinha a partir do que eu experimentara, associado com a história que estava conhecendo, com a pessoa que abria sua residência daquela maneira, convidando-me para compartilhar de sua intimidade; inclusive com leituras

---

5 Netto, J. Teixeira Coelho. *A construção do sentido na arquitetura*, p. 53– 54. São Paulo: Perspectiva, 2012. Ver mais a respeito no capítulo Casa, metáfora do nosso habitat interior.

6 Bachelard, G. (1957). *A poética do espaço*. São Paulo: Martins Fontes, 2005.

que me atraíam há tantos anos, sobre a história da vida privada, do cotidiano, das edificações humanas. Afinal, a casa é parte importante de nós e define quem somos.[7] Nossa casa é como se fosse o símbolo do *self*.[8]

No princípio do Feng Shui, que inspirava toda a decoração do apartamento, o quarto é o lugar sagrado do repouso, onde renovamos o equilíbrio das nossas energias. Não era o quarto de um casal, embora a cama fosse. Era o quarto de uma mulher que vivia só pela primeira vez. Não morava mais na casa de infância com os pais e tantos irmãos, nem com os filhos, que se ocupavam das suas vidas. Agora podia desfrutar da casa como nunca. Mas não estava feliz.

Imaginei que sua vida íntima fora invadida ou sofrera interrupção com a chegada dos filhos. Teve-os, mas nunca viveu em situação de matrimônio. Criou-os sem pais e com *ajuda* da família. E depois, com acontecimentos trágicos.

Não havia a menor pressa. Ficamos um bom tempo no quarto. Observei cada detalhe: mesinha de cabeceira, poltrona, cortinas, quadros, pequenas plantas. Reconheci a qualidade dos materiais utilizados naquela obra. Tanto investimento no quarto deveria ter muitos sentidos. Era só esperar. Por enquanto eu sabia que aquele era *um lugar para chamar de seu*. Inspirada em Virgínia Woolf[9], deixei-me sentir todas aquelas sensações que associava livremente sem tentar entender.

---

7 Bryson, Bill (2009). *Em casa — Uma breve história da vida doméstica*. São Paulo, Companhia das Letras, 2011. Neste livro há uma pequena passagem que recolhi mais tarde: *De repente se tornou possível, começou a proliferar a ideia de ter espaço pessoal, foi uma revelação. As pessoas queriam mais e mais privacidade*, p. 76.

8 O *self* visto pelo *self*, refletindo sua essência, e o *self* visto por outros, quando o lado de dentro é revelado a quem é ali convidado. Ver mais no trabalho: *A casa como símbolo do self* de Cossermelli, A. P (2009), p. 8.

9 Woolf, Virgínia (1928). *Um teto todo seu*. São Paulo: Lafonte, 2020. Reúne as reflexões da escritora sobre a mulher e a ficção, apresentadas durante uma conferência, em 1928. Ela sugere: *Ninguém consegue escrever se não tiver um teto todo seu para criar*.

Na reforma, o banheiro grande do apartamento antigo fora dividido em dois. Ela passou a ter uma charmosa suíte, com belíssimos azulejos e metais *preciosos*, e um lavabo para os visitantes, que ficava no fundo do corredor, ou do trem, se preferirem. Novamente fiquei fascinada com o papel de parede e os pequenos detalhes. *Ariane, a Zamioculca é uma planta originária da África. Em seu ambiente natural, ela costuma ficar debaixo da copa das árvores, o que significa que não gosta de sol direto. Também é conhecida como a planta da fortuna. Melhora a qualidade do ar e está associada às boas energias.*

O armário era ao lado, no quarto de vestir, com bijuterias coloridas, bolsas, outros acessórios. Um banco no centro para calçar os sapatos, e os espelhos para conferir se tudo estava combinando e alinhado. O destaque era a cortina de renda vermelha, algo diferente; na verdade, uma toalha pela qual ela se apaixonou e adaptou, e que combinava com a cômoda vermelho-vivo, cor do sucesso, ornamentada com muitas fotografias que se estendiam até a parede ao lado. Fotos às quais fui apresentada uma a uma. E assim conheci toda a família; ali estavam porta-retratos de diversas épocas da *filha perdida*.

Alguns quadros foram montados: ela pequena e as filhas, ela jovem e uma das filhas, ela e a mãe, fotos evidenciando semelhanças na beleza. Algumas do filho em momentos marcantes. Os porta-retratos e molduras também foram escolhidos a dedo. Naquela casa, nada foi colocado sem uma escolha demorada, cuidadosa.

A paciente permitiu que eu entrasse em sua casa, na sua intimidade... O íntimo se nutre da qualidade dos afetos expressados sobre um fundo de confiança mútua.

Mostrou-me o outro banheiro, o maior de todos, que também dava para o corredor, na cor azul, da espiritualidade. E o quarto, que tinha sido ocupado por esta filha, que veio cuidá-la, e com quem teve os maiores desentendimentos. De imediato salientou que ali foi um dos lugares em que mais errou na decoração. Não seguiu o projeto e acabou comprando uma escrivaninha grande demais, que conseguiu vender. Havia um aparador, que deixou o ambiente com pouco espaço de circulação; foi retirado e colocado na sala. Apontou-me a TV, que disponibilizava todos os canais por assinatura. Ali havia roupas, chinelos, objetos pessoais, como se a filha tivesse saído e logo fosse voltar.

Enquanto escrevia, lembrei-me de um fragmento de sessão em que ela se criticava dizendo ter errado com os filhos, de não ter conseguido ser uma mãe disponível. Estava sempre correndo, trabalhando, cansada, pensando em como resolver a rotina deles, no que teria que fazer no outro dia, tantas coisas para dar conta sozinha.

A filha reclamou do quarto, e ela mexeu, tentando adequá-lo ao seu gosto. Mostrou as cortinas que ela também não gostara, dizendo que deixavam passar muita claridade. O tecido, lindo e caro, perdeu muito da sua função ao receber o blecaute por baixo. Sei que necessitamos de conforto como a escuridão, para que o nosso corpo produza melatonina e possa recuperar os tecidos danificados. Pensei no significado do que me ocorria. Como a filha poderia recuperar o que fora perdido? Por isso a chamei, em homenagem ao romance de Elena Ferrante, *A filha perdida*[10], do mesmo nome.

No *Quarto da Rainha* as cortinas funcionavam como pálpebras. Permitiam o melhor controle da luminosidade e

---

10 Ferrante, E. (2006). *A filha perdida*. Rio de Janeiro: Editora Intrínseca, 2016.

davam sofisticação ao ambiente. Ela as fechava para dormir um pouco mais, para proteger-se da claridade, do calor; mas, quando desejava, abria as cortinas para o rio Guaíba. De fato, as janelas emolduram as paisagens.

Claro que a quantidade de luz desejada é individual. Mas, por que as janelas no quarto da filha precisavam filtrar totalmente a luz do dia? Por que o ambiente deveria ficar totalmente escuro? O que significava o blecaute[11]? A filha é contra a luz? Ainda não pode recebê-la? Luz remete a conhecimento, espiritualidade. A associação com o filme *Janela indiscreta,* de Alfred Hitchcock[12], um clássico.

Nos perguntamos o que ocorre com aquelas pessoas que deixam as persianas quase sempre fechadas em lugares sem tanto calor. Negam-se a ver o mundo exterior? Sentem-se expostas, querem se proteger de olhares indiscretos? Fechadas as janelas, os vidros não refletem. Não refletem nossa alma?[13] Algo ali não se encaixava com o restante do apartamento.

E, finalmente, pude entrar na cozinha. Esta parte da casa, de qualquer casa, me aguça a curiosidade e o paladar. Era linda! *Casa Cor*! O cuidado com o forro, a viga revestida e aproveitada para uma belíssima iluminação de *led,* pequenos nichos, a mesa redonda de vidro, o contraste do preto com o amarelo e o branco, o lugar de preparar os alimentos, o fogão (moderníssimo, caríssimo), a geladeira dos sonhos,

---

11 Obscurecimento total de uma área da vida? Mecanismo de defesa que consistia em apagar áreas da mente? Sob alarme de bombardeio, apagar todas as luzes como procedimento de segurança.

12 Ela tem a sensação de ser observada, espionada, invadida? Não deseja ser vista pelos vizinhos?

13 Ver mais no texto: Eiguer, A. *As duas peles da casa.* In *Diálogos psicanalíticos sobre a família e o casal,* vol. 2. Organizadores: Ruth Blay Levisky, Isabel Cristina Gomes e Maria Inês Assumpção Fernandes, São Paulo: Zagodoni Editora, 2014. Também no capítulo A Casa e o Corpo.

os azulejos espetaculares, a barra larga de granito acima da pia, a torneira *gourmet*, os armários planejados, o lugar dos temperos vivos, aromáticos, os vasos graciosos, a cortina de madeira que separava a cozinha da lavanderia... eu nem sabia para onde olhar. As máquinas de lavar e secar novíssimas, o tanque com *design* atual, a novidade do varal com roldana: era só girar que ele subia e descia com suavidade até a altura desejada. Ela fazia a demonstração dizendo que eu deveria ter um daqueles. O cesto das roupas, a cestinha dos prendedores, o local do ferro de passar. E, evidentemente, as plantas, aqui, em boa quantidade pelo favorecimento da luz: lírio da paz, violetas em pequenos vasos, davam um ar muito agradável. Percebi que, espalhadas por todo lugar, cumpriam função de aconchego, frescor. *O bambu-da-sorte atrai paz, saúde, prosperidade*, complementa. Até naquele cantinho os azulejos eram o destaque, fora dos padrões comuns, uma raridade. Ela explicava o sentido das cores: *O verde é a cor da família...* A importância da madeira naquele lugar, o cheiro de cravo. Cheiros podem contribuir para um ambiente personalizado e estimulante.

Ofereceu-me um chá, dizendo que não gostava de cozinhar, nunca gostou, mas que as panelas eram da melhor qualidade. Elogiou muito a arquiteta e contou como chegaram juntas àquelas soluções. Tudo fora concebido de acordo com os princípios da sua dona e correspondia às suas aspirações.

Tomamos o chá na sala de estar-jantar, iluminada por uma ampla janela com vista para o rio. O que se vê no exterior pertence à casa. Aprendi que as casas se prolongam através das janelas, como se fossem nossos olhos.

A sala era coberta por tapetes maravilhosos. O que ficou debaixo dos meus pés foi paixão à primeira vista. E o cabide, na entrada, uma peça de *designer*, com certeza. As folhagens perfeitamente adaptadas e viçosas naquele ambiente com tanta luz. A poltrona em que ela se acomodava confortavelmente à minha frente era de um amarelo igual ao do Vincent, amarelo sol.

A cor opera como informação e cria certa atmosfera. Neste caso o tom verde remete ao passado, a cenas da infância. A cor não existe de maneira autônoma, ela não é apenas um elemento decorativo, mas revelação de um sentimento. Quanto mais intensa e saturada, mais carregada estará de expressão e emoção. No amarelo da poltrona, na saturação aumentada, a criação de climas insólitos na fronteira entre realidade e fantasia permite sair do campo realista e criar um universo lúdico.

Bebemos o chá com bolachinhas curtas e rechonchudas *e sem precisar molhar a madeleine em uma xícara de chá*, fomos levadas *Em busca do tempo perdido*. Era um prazer compartilhado com Proust. De onde vinha? Qual o sentido?

Conversamos sobre o significado da casa. Que ela reunira objetos até então dispersos no mundo. E que nós é que damos alma a eles: sua neutralidade é transformada em apoio à nossa identidade. Que ela havia incorporado à estrutura física daquele apartamento suas escolhas estéticas, convicções espaciais, crenças, necessidades, expectativas, aspirações em relação ao habitar. A casa tem um valor evocativo mágico ou místico. O espaço não está investido apenas de valores materiais, mas também éticos, espirituais, simbólicos e afetivos.

A casa é o lugar onde permanecemos a maior parte do tempo, quando experimentamos a vida. Habitando, eu fluo a vida neste território que espontaneamente produzi. Esta categoria do interno e do externo se desfaz, e todo o interior se converte em exterior, nos diz Winnicott.[14]

---

14 Winnicott, (1971). *O brincar e a realidade*, p. 62. Rio de Janeiro: Imago, 1975.

Saí dali cheia de ideias, revigorada, com vontade de fazer modificações na minha casa e, naquela oportunidade, com vontade de escrever. Estava fisgada por aquela mulher e com muita vontade de poder ajudá-la de alguma forma.

## Quando chegará minha alegria?

Poucas semanas depois, para espanto dos médicos, ela estava retomando as caminhadas, a perna muito melhor, a cicatrização quase perfeita. Ainda dois quilos acima do peso, as roupas levemente justas. Em breve poderia fazer musculação. As coisas na vida têm ritmo; períodos de plenitude e períodos de apagamento que oscilam e se alternam.

Chegam as festas de final de ano. A filha retorna. Mais uma vez a desilusão, os ataques, os gritos, sentenças de morte, retorno do que jamais será elaborado. Recordações brotavam, acusações latejavam na sua cabeça, o sofrimento grande demais.

Sair da casa da família, onde estava residindo com os irmãos, após o período de dois anos de reclusão, sem contato social, motivado pela pandemia, foi mais complexo do que imaginava. Sentia a impossibilidade em morar sozinha. Ficar sem trabalho, sem as atividades intermináveis a deixava com tempo livre para recordar o que não gostaria. Não queria acusar, responsabilizar os pais nem a si mesma, muito menos a filha, que passou dos limites, dessa vez. Como não se encontravam há meses, era de esperar-se estranhamento, e qualquer visitante seria sentido como intruso.

Perder o lugar é perder nossa identidade. Falamos a respeito disso. O lugar apoia e define o ato de ser. Oferece um possível sentimento de identidade a tudo que ali existe. O espaço físico que abriga o habitar, funciona como meio de seus moradores estabelecerem identidade com o mundo em que se inserem.

Quando esteve no hospital ficou sem lugar, sem casa. *A casa*, diz Bachelard[15], *abriga nossos devaneios e nos protege, permite que sonhemos em paz.* O que habitava seu íntimo era revelado através da casa. *Não gosto de viver sozinha,* ela dizia, *não sei morar sozinha, nunca morei. Fiz todo aquele apartamento e não me sinto bem morando lá. Gastei horrores, me endividei, e não estou feliz.* Comentou que sempre foi triste, desde criança. Que não brincava como as demais, só pensava. Enquanto trabalhava, não pensava; mas que agora, sem ter com o que se ocupar, sentia-se muito infeliz, angustiada. Muitas sessões giravam em torno desse assunto. Tinha vontade de vender o apartamento, morar na praia, morar bem longe, mudar de país. Retornou para a casa onde moram os irmãos, o apartamento dos pais. Cada semana tinha a ideia de mudar para algum lugar. Criticava-se pelo fato de ter feito aquela reforma em prédio simples, sem garagem e naquela região. Achava que jamais recuperaria o que havia investido.

Sentir um lugar não é algo espontâneo, mas sim um processo que leva tempo. Precisamos sentir o espaço, com seus cheiros e luminosidade, com seus ruídos e temperatura, e tudo resulta em experiências singulares. Aos poucos, pela repetição, certas vivências tornam-se hábitos, e habitamos uma casa. Somente quando o espaço é sentido como familiar é que o nomeamos como o nosso lar, nosso *cantinho no mundo.*

Sustentei que talvez ela e a casa precisassem de mais tempo. Que o tsunami iria passar. Que o corpo assaltado pela cirurgia iria se recompor, que ela encontraria o balanço

---

15 Bachelard, G. (1957). *A poética do espaço*, p. 26. São Paulo: Martins Fontes, 2005.

possível entre ficar só e estar com os irmãos. Que concedesse a si mesma, a ela e à casa, o tempo para habitar aquele espaço. Tempo para preencher a vida com algo novo.

A casa era o retrato dela e havia interação muito forte entre as duas. Que não teria como reconstruir algo feito sob medida em outro lugar. Com toda aquela filosofia de cores, cheiros e tudo que ela acreditava benéfico para o seu bem-estar. A casa continha toda sua subjetividade.

Nas visões humanista e fenomenológica de lugar, o habitar dos seres humanos, o seu estar-no-mundo, está condicionado a laços e ao sentimento de apego que estabelecem com determinados lugares.

Os sentimentos de identidade e pertencimento, que fazem com que nossa casa seja percebida como um lugar para nós, correspondem aos mesmos sentimentos que nos fazem sentir inseridos, aceitos, abraçados.

Falamos disso, do quanto ela estava instável, indecisa, angustiada, desde a aposentadoria, a discussão com a filha e toda a avalanche que se sucedeu, fazendo-a lembrar de fatos passados que só a deixavam pior.

Pensava na dialética do oculto e do manifesto. Ela havia falado do endividamento pela reforma, na construção da casa sonhada. Sempre gastou muito. Deu o que não podia aos filhos e só recebia a cobrança do que não fez. Em alguns momentos, a casa representava o que não dera certo, a maternidade. Pela angústia, pensa em vendê-la, mas argumenta que não conseguiria, assim como as mães não podem desfazer-se dos filhos.

O que resolveria mudar de ambiente? Será que não carregamos na bagagem os problemas, as infelicidades? O estado de culpa intolerável foi vivido após as acusações. *Essa crueldade que leio nos olhares, não consigo vê-la separada de seus gestos, palavras...* Ela vivia oprimida pelo sentimento de culpa e num estado de confusão que tentava ocultar que *o ódio era mais poderoso do que o amor.*[16] Winnicott, ao falar do sentimento de culpa, remonta a Freud, ao Édipo, ao conflito que pertence à vida normal; é uma forma de ansiedade associada à ambivalência ou a coexistência de amor com ódio.[17]

Suspeitava que a filha acusava sem sessar a mãe, e vivia paralisada entre os seis e doze anos, idade do trauma, para não ter que enxergar, responsabilizar-se por sua destrutividade pessoal. A paciente achava que a filha tinha toda a razão em pensar dessa forma. *Mas o que eu podia fazer? O passado é passado. E tudo que fiz por todos esses anos de nada adiantou?* Nenhum argumento era sequer escutado, não produzia qualquer efeito na filha. O amor era bruto, grosseiro, mas não sádico. A mãe afirmava que o fato da filha vomitar a tinha mantido viva. Já o irmão, que não se revoltava, acabou sucumbindo. E ela? Como aguentava? *Sou resiliente*, dizia. *Nasci assim, não é mérito meu. Sou forte, não caio, nunca me deixo cair em melancolia. É a natureza e a espiritualidade.*

A filha foi-se embora depois de dias de bater de portas, de viver trancada, confinada no quarto. Saiu sem falar, *de mal*, esquecendo coisas. Deixando objetos, muito de si no lugar. Desde então, comunicam-se somente por fotos ou mensagens lacônicas. *Ela posta fotos mostrando o corpo, um corpo lindo*, diz a paciente. Acha que a filha posta mensagens endereçadas a ela. *Assim ela se expõe e as pessoas interpretam mal. Ela se queixa de assédio. Não entendo. Mas o que ela esperava com essas postagens?*

---

16 Winnicott, D, W. (1979). *O ambiente e os processos de maturação*, p. 23. Porto Alegre: Artes Médicas, 1983.
17 Idem, p. 23–24.

Toda aquela fachada histérica encobriria a psicose encapsulada? A patologia do falso *self*? *Quando bate a angústia depressiva que ameaça o* self, *eu trato de me aliviar erotizando.*[18] Sabíamos que tudo tinha se armado como uma questão de sobrevivência. Mas era duro para a mãe ter que juntar os pedaços após cada ataque feroz. Só reconhecia o mundo externo através do ódio. Lembrei Freud e Winnicott: *O ódio é mais antigo do que o amor*. A minha paciente sabia da gravidade da patologia da filha, e entendia os motivos, no ambiente familiar estavam todas as explicações. Era muito dolorido. Talvez seja melhor para ambas, a distância que as protege de antigas feridas, jamais cicatrizadas, e da culpa que advém depois de cada desencontro.

Conversamos a respeito do sentimento de desorientação que a envolvia naquelas semanas. Estava jogada no abismo dos sentidos. O que tem importância para ela é desprovido de interesse para os outros. E, desde que se aposentou, não se interessa por nada fora dela mesma.

Freud foi o primeiro a nos mostrar que os mecanismos do sentido passam pelo não sentido, pelo inconsciente. No ensaio *O estranho (Das Unheimliche)*[19], procurou demonstrar a existência de um domínio da estética que escapava às formulações clássicas da teoria do belo. Falava da inquietante estranheza relacionada com o sobrenatural, algo de fantástico que emerge da realidade que ocasiona o sinistro. A desorientação que Freud analisa não é tanto a relacionada com o imprevisível, mas com algo que deveria ter permanecido oculto e saiu à luz.

---

18 Winnicott, D, W. (1979). *O ambiente e os processos de maturação*, p. 37. Porto Alegre: Artes Médicas, 1983.
19 Freud, S. (1919). *O estranho*. Pequena coleção da obra de Freud, p. 83–85. Rio de Janeiro: Imago.

Apontei que o estranhamento e a desorientação que sentia estavam relacionados a coisas familiares que não sabia se sabia, se havia acontecido antes ou depois de tal fato, mas que, de repente, mostraram-se desfamiliares, perturbadoramente estranhas. Para alguns autores é a manifestação do retorno do recalcado. Enlacei com o desejo de sair de casa, ir para outro lugar, com o fato de não se sentir bem em nenhum lugar e a ligação a fatos recentes.

Aqueles acontecimentos e a análise oportunizaram-na a sair de um bloqueio; ela passou a lembrar o impensável, falar do indizível de tantos anos. Conversamos também a respeito do envelhecimento e do seu medo de não ser cuidada por ninguém. Medo de que os filhos fiquem no desamparo pela sua morte.

– *Mãe, eu penso em ti todos os dias.*

– *Deve ser amor de mãe e de filha.*

– *Sim.*

Muitos foram os desdobramentos naqueles encontros, os significados. As imagens não existem sozinhas, como fato ou coisa isolada. Brotam, como afirmam os surrealistas, da conjunção de duas partes. E quanto mais diversas essas partes, maior a intensidade poética da nova imagem criada.

Seguimos trabalhando.

## Parte II - A capacidade de sentir-se em casa

> *Viver bem é o mesmo que*
> *ter vivido bem durante toda a vida.*
> Janine Puget

*Não estou bem. Chego a pedir perdão a Deus. Cada vez sinto mais repulsa pelo apartamento. Ele está impecável, agora, com as prateleiras da cozinha, está perfeito, e eu não me sinto feliz ali. E tu nem sabes o que me aconteceu. O vizinho de baixo foi lá em casa e me chamou para mostrar um vazamento enorme. Deve ter sido durante a reforma, devem ter furado algum cano quando o piso do meu banheiro foi retirado. Imagina o que eu vou gastar para consertar. A umidade escorreu para o quarto. Tem que lixar e pintar tudo lá embaixo, e achar aqui onde é o vazamento; tenho que torcer para não pegar a pia, aquele espelho enorme.*

*Eu me sinto muito mal, deveria ter ficado morando no apartamento da herança e ter vendido os dois. Apareceu um comprador. Mas eu queria ter um quarto para os meus filhos, quando viessem. No grande, com os meus irmãos, não teria como.*

*E agora, aquele quarto e o banheiro ficam fechados. Uso uma parte pequena do apartamento. Me dou conta de que não precisava de tudo isso e de que não sei e não gosto de morar sozinha. Tenho vontade de vendê-lo mobiliado, com tudo dentro. Mesmo assim, vou perder muito dinheiro. É até um pecado me sentir assim. Tudo foi feito para receber, principalmente, esta filha, e agora eu não quero vê-la. Que Deus me perdoe!*

Ela está falando do apartamento e, ao mesmo tempo, de suas relações, de sua intimidade: *O vazamento enorme... a umidade escorreu para o quarto.* Sofreu uma desilusão na última visita da filha. Escutou coisas horríveis que sabe que a filha precisava dizer, mas que a magoaram muito. Quem agrediu? Quem foi agredida? Está envelhecendo. Tem medo de ficar sozinha. E tudo é transferido para o apartamento que condensa sentimentos e impossibilidades. Gastou o que não precisava e agora se arrepende. Deveria ter investido no apartamento da herança já que não consegue morar sozinha. Errou no investimento. O apartamento a faz lembrar-se de que errou ou não fez o melhor (com os filhos?). A reforma foi realizada para ter um cantinho só delas, e agora tudo não faz mais sentido. A paciente diz várias vezes que a filha não reconhece o esforço que fez ali, o que gastou. Talvez fale mais do que deixou de acontecer, o que marcou pelas dissintonias, descompassos. Talvez a filha não possa se aproximar de fato. Hoje, a paciente afirma que não quer. Há desilusão e dor. Através da casa comunica sua dor. Perdeu a esperança de um reencontro, a paz na velhice, o apaziguamento da culpa. Sentir pena da filha parece tão inconveniente quanto a hostilidade. Sente-se culpada por não desejar estar com a filha. Está sozinha. Tudo que a paciente imaginou no apartamento bateu num ponto de saturação. Tudo que ela imaginou entre ela e *a filha perdida* bateu no real.

O *Lar,* para esta paciente, significa companhia, como se estivesse implícito na própria palavra que esperava companhia naquele apartamento depois da aposentadoria. Ela se nega a viver inteiramente a sós, pois sente que isso a destituiria de coisas essenciais à vida verdadeiramente humana.

Nesta mesma sessão mostra outra montagem de fotografias que mandou fazer. *A filha perdida* vestida de prenda, segurando a saia rodada, e a avó da criança em igual posição, com a mesma vestimenta e as datas logo abaixo. Saiu com a fotografia montada por ela, lado a lado sua filha e mãe, para encontrar o porta-retrato. Mostra-me a foto. Comento que há semelhança entre as duas. Ela diz que a mãe era linda; lamenta não ter compreendido o que a ela passou na época. Hoje a entende. Entre elas poderia haver outro tipo de relacionamento, se a mãe fosse viva. Sua mãe mantinha a casa sempre cheia de gente, para não ficar sozinha. Ela se aproximou da mãe e não consegue se reaproximar da *filha perdida.*

O apartamento como uma projeção da impossibilidade de viver com a filha, pelo menos no presente.

Estamos nós duas no consultório. Ofereço-lhe um pequeno livro para guardar a foto dentro da bolsa sem amassar. Ela me entrega novamente a fotomontagem das duas prendas. A memória permite estabelecer uma conexão entre aquele que observa e aquele que a foto representa. No caso, um momento entre mulheres (ela e a filha, ela e a mãe, a filha e a avó). Uma ausência sempre prisioneira de um tempo que já aconteceu, como portadora no presente de um registro do que já foi, um espaço que não existe mais e opera como um anteparo, um recipiente de memórias fora do corpo. A foto não poupa quem a vê desse sentimento de ausência, o instante está congelado. Há uma relação imaginária entre o real que a foto revela e a realidade vivida, repleta de lembranças que indicam uma relação consigo mesma e com os outros, a família.

Assim, a memória também é feita de fotografias.

As fotos dão credibilidade ao passado construído e às relações sociais estabelecidas pelo observador. O ato fotográfico, ao corporificar através do autorretrato um indivíduo em um lugar e em um tempo imobilizado, parece agir no sentido da imortalidade.[20] Há uma relação entre as mulheres, suas memórias e a construção da imagem fotográfica como fixação de uma realidade efêmera. Os temas da memória e da tentativa de superar a morte atravessam a análise. Preservamos o passado, mantemos esse arcabouço de imagens

---

20 Benjamin, Walter. *A obra de arte na era de sua reprodutibilidade técnica*. p. 101. In: *Obras escolhidas, magia e técnica, arte e política*, São Paulo. Brasiliense,1996. Também em Dubois, Philippe. Palimpsestos (2013) *A fotografia como arte da memória*. In: O ato fotográfico. São Paulo. Papirus, p. 314–317. E em Eiguer, A. *As duas peles da casa,* In: Diálogos psicanalíticos sobre a família e o casal, vol. 2. Organizadores: Ruth Blay Levisky, Isabel Cristina Gomes e Maria Inês Assumpção Fernandes, São Paulo: Zagodoni Editora, 2014.

mnêmicas e podemos acessá-las a qualquer momento como recurso para viver no presente. A fotografia mantém abertos os instantes que os avanços do tempo tornaram a fechar[21].

Fala do quanto se sente bem na sacada do apartamento da herança. Lugar onde senta-se para conversar com os irmãos, com um deles em especial. Lugar onde corre uma leve brisa, onde observam os movimentos dos moradores daquela rua tranquila. Ali ela se sente em casa.

O psicanalista Alberto Eiguer[22] perguntava se as sacadas seriam lugares de promessas. A criação das janelas em arco (as *bow windows*) do século XIX, na Inglaterra Vitoriana, permitiram às mães ver um pouco do que acontecia lá fora. E a relação com o desejo de libertação de obrigações da mulher. Naquela sacada, minha paciente sentia-se liberta das obrigações de mãe e de filha. Ali havia a esperança de libertação.

*O apartamento da herança é enorme, um dia tens que conhecer.* Num lar desse tamanho havia infinitas oportunidades para muitos tipos de relacionamentos, campos de ação, inevitáveis tensões isoladas e solucionadas.[23] Ali, naquela casa de infância, as lembranças de um pai, de uma mãe, das reminiscências mais valorizadas. Talvez o quarto da rainha remonte a esse canto, onde ela encontrava um lugar para se esconder do mundo hostil. A casa de infância era uma casa habitada e este apartamento novo ela não consegue habitar. Não somente habitamos as casas, também elas nos habitam.[24]

---

21 Merleau-Ponty, M. (1964). *O olho e o espírito*, p. 36. São Paulo: Cosac Naify, 2013.

22 Eiguer, A. *As duas peles da casa*. In: Diálogos psicanalíticos sobre a família e o casal, vol. 2. Organizadores: Ruth Blay Levisky, Isabel Cristina Gomes e Maria Inês Assumpção Fernandes, São Paulo: Zagodoni Editora, 2014.

23 Ver mais na reflexão por Clare Winnicott em *Explorações psicanalíticas*. Ela era livre para explorar, encher os espaços com seus próprios fragmentos; dessa maneira, tornava próprio o seu mundo?

24 Queiroz, B. T. *A vida e a morte das casas em Manuel Antônio Pina*. In: Anais do XXVIII Congresso Internacional da Associação Brasileira de Professores de Literatura Portuguesa, 2022.

No apartamento, todos os espaços de solidão se conectavam. Todos os espaços em que sofreu, mesmo que riscados do presente, são constitutivos. O inconsciente permanece naquele lugar e *a filha perdida* mostra que as imagens do passado são imóveis e sólidas.

Gaston Bachelard é leitura obrigatória para quem se encantou com o tema. É citado por psicanalistas, arquitetos, escritores, teóricos da literatura. Ele afirma: *Nosso inconsciente está alojado, nossas lembranças, assim como nossos esquecimentos, estão alojados. Nossa alma é uma morada. E lembrando-nos das casas, dos aposentos, aprendemos a morar em nós mesmos.*

Era só esperar... a paciente foi se enraizando, dia a dia, e habitando o seu canto no mundo. Mensagens de afeto e esperança foram chegando pelo celular. Foi acontecendo devagar, até que pôde contornar seu nome, pronunciá-lo com amor, passou a chamar o apartamento de *ilha no deserto*, ao invés de *lugar onde errei no investimento*. E quando nessa nova casa retornavam as recordações antigas, ela se transportava para o país da infância, para sempre imemorial. É preciso dar destino exterior ao interior. A psicanálise procura ajudar os inconscientes desalojados.[25]

P.S. Ao escrever este capítulo, em muitos momentos busquei me afastar do que gostaria de descrever, para melhor reviver o apartamento que me era apresentado. A palavra não basta. É preciso que o escritor ajude o leitor a inventar o espaço. Fazer-nos habitar o espaço.

---

25 Bachelard, G. (1957). *A poética do espaço*, p. 24, 30, 72. São Paulo: Martins Fontes, 2005.

# Cap II
## O ESPAÇO E A DISTRIBUIÇÃO DOS BENS: UM SISTEMA DE COMUNICAÇÃO[1]

> *A casa é o nosso canto do mundo.*
> *Ela é, como se diz amiúde, o nosso primeiro universo.*
> *É um verdadeiro cosmos.*
> Gaston Bachelard

### O casal se converte em uma casa para dois

A casa: lugar de lembranças inesquecíveis, símbolo de proteção, estabilidade, espaço de intimidade, conforto, funcionalidade; a casa é múltipla. Reúne características objetivas

---

1 Esta é uma versão revisada e ampliada da original, publicada no livro: *Encontros & Desencontros – A Complexidade da vida a dois* (2010), de minha autoria.

e subjetivas, desdobrando-se na interioridade e exterioridade de seus espaços. A casa é reveladora. Retrato dos habitantes que a povoam com suas preferências, desejos, sonhos e expectativas. Ela torna visível, por mínimos detalhes, segredos escondidos. Convivem na casa as necessidades de ontem e de hoje. Ao mesmo tempo objeto utilitário e símbolo, a casa pode ser o resultado de articulações espaciais promovidas por seus próprios usuários, resultado da interpretação de um especialista ou da imposição projetiva de alguém, independentemente do ponto de vista deste usuário. Assim, podemos encontrar casas amigáveis, receptivas e calorosas.[2]

Falarei do espaço da casa no sentido de um sistema de comunicação, onde observamos quem está mais próximo ou distante através da distribuição espacial dos aposentos, dos lugares que ocupam na mesa, na cama, no carro, no consultório, do sistema das portas abertas ou fechadas. No espaço, consideramos o fator localização e o fator distância; por exemplo, se o quarto de um membro da família está perto ou distante, se o marido senta-se perto ou distante da esposa, se a casa onde residem é separada ou próxima da família de origem, evidenciando o predomínio da família materna ou paterna e um funcionamento endogâmico ou exogâmico do casal. Tudo o que aprendi com o psicanalista argentino Isidoro Berenstein[3] e os casais que me chegaram.

O espaço das casas apresenta uma distribuição convencional e, portanto, contém a representação inconsciente da estrutura familiar.[4] A forma como o casal ou grupo ordenou

---

2 Escrito num *folder* da *Casa Cor* Rio Grande do Sul, anos atrás.
3 Berenstein, I. (1976). *A família e a doença mental*. São Paulo: Escuta, 1988.
4 Para Lévi-Strauss o conceito de estrutura inconsciente como forma de generalizar determinadas relações de natureza inconsciente e geral, presente em todos os povos. E o inconsciente como aquilo que vai além dos depoimentos e fugindo à consciência e só podendo ser alcançado de forma indireta. Idem, p. 67.

um espaço, permite que possamos recuperar dimensões psicológicas, uma forma de expressão considerada como uma linguagem.

Observamos os espaços vazios, nomeados ou não, espaços particulares e comuns, o espaço tolerado entre as pessoas e o significado de distância como forma de regular o intercâmbio afetivo e correspondendo a um modelo inconsciente. Uma gaveta vazia, um armário onde não há espaço para as roupas dele, tudo informa, denuncia. Se um cômodo da casa não possui denominação, como uma palavra em branco que circula sem ser dita, ou se aquele espaço permanece sem modificação no tempo, sem nominação ou apropriação, podemos indagar acerca do seu sentido particular. A casa não pode ser indeterminada para aquele casal, deve ser *a nossa casa*.

Utilizando-se da noção de *abrigo* de Xenofonte, Foucault[5] alude que ao criar o casal humano, os deuses teriam, de fato, pensado na descendência e continuidade da raça, na ajuda de que se tem necessidade na velhice, enfim, na necessidade de não se viver ao ar livre como o gado[6]:

(...) *para os humanos é evidente que é necessário um teto. À primeira vista, a descendência dá à família sua dimensão temporal e, o abrigo, sua organização espacial. O teto determina ao homem uma região externa e uma região interna, uma das quais concerne ao homem e a outra constitui o lugar privilegiado da mulher; mas ele é também o lugar onde se junta, acumula e conserva o que foi adquirido; abrigar é prever para distribuir no tempo, de acordo com os momentos oportunos. Fora, haverá, portanto, o homem que semeia, cultiva, labora e cria o gado; ele traz para casa o que produziu, ganhou ou trocou; dentro, a mulher recebe, conserva e atribui na medida das*

---

5 Foucault, M. (1976). *A história da sexualidade I — A vontade de saber*. Rio de Janeiro: Graal.
6 Idem, p. 141.

*necessidades, é a gestão da mulher que, o mais frequentemente, regula o gasto.*

Neste contexto histórico, os dois papéis se complementam e a ausência de um tornaria o outro inútil. Barthes[7] fala de dois lugares, o de homem e o de mulher, duas formas de atividade e duas maneiras de organizar o tempo e o espaço; e sobre as técnicas de arrumação da casa, onde cada um dos cônjuges tem uma natureza, uma forma de atividade e um lugar que se define em relação às necessidades.

O espaço habitado transcende o espaço geométrico, e aqueles que projetam casas sabem da dificuldade de condensar no papel manteiga *a casa natal* e a *casa sonhada* de Bachelard. Para ele, a casa sonhada deve ter tudo e, ainda, *por mais amplo que seja seu espaço, ela deve ser uma choupana, corpo de pomba, um ninho, uma crisálida. A intimidade tem necessidade do âmago de um ninho.*[8]

É verdade que Bachelard refere logo de início que, para um estudo fenomenológico dos valores de intimidade do espaço interior, a casa é, evidentemente, um ser privilegiado. Uma espécie de atração de imagens: *A casa não é vivida somente no presente, nosso bem-estar tem um passado. Todos os abrigos, todos os refúgios, todos os aposentos convergem para um canto do mundo, que buscamos na memória e imaginação.*[9]

Vivemos fixações, diz o autor, *fixações de felicidade. Reconfortamo-nos ao viver lembranças de proteção. Nossa casa nos protege e nos permite sonhar em paz.* Sem ela, o homem seria um ser disperso. *Ela mantém o homem através das tempestades do céu e das tempestades da vida. (...) Antes de ser jogado no mundo, (...) o homem é colocado no berço da casa (...)*

---

7 Barthes, R. (1970). *Como viver junto*. São Paulo: Martins Fontes, 2003.
8 Bachelard, G. (1957). *A poética do espaço*, p. 78. São Paulo: Martins Fontes, 2005.
9 Idem, p. 24,25.

*A vida começa bem, começa fechada, protegida, agasalhada no regaço da casa.*[10]

## A clínica

Eles chegaram num momento de intensas brigas e dúvidas quanto à continuidade do casamento. Disseram que ainda havia amor, conviviam desde a adolescência e tinham um filho de cinco anos. Ele, que chamarei de Paulo, trabalhava com o pai dela. A ela chamarei de Teca. Residiam no prédio da família dela, no mesmo andar, inclusive, mantendo as portas dos apartamentos sempre abertas, para que o filho/neto pudesse circular livremente, de um lugar para outro. Os pais de Teca já estavam separados. O pai havia constituído outra família com uma das muitas namoradas que teve, e possuía um comércio na parte de baixo do prédio, onde trabalhavam Paulo e o cunhado. Todos acabavam almoçando juntos, por ser mais cômodo, pelo fato de Teca trabalhar muito, e sua mãe cozinhar bem e estar acostumada com o gosto de todos, principalmente do ex-marido, que *não gostava de comer fora.*

O negócio do pai de Teca havia falido há meses e Paulo não recebia salário. Pretendia procurar outro emprego, mas não tomava iniciativa, sentia-se culpado em abandonar o sogro/pai naquele momento. Tinha desistido da faculdade depois de não poder se rematricular, por falta de pagamento das mensalidades do semestre anterior. O sogro pagava um salário pequeno ao genro e se responsabilizava pela faculdade. Com a falência, tanto o salário, quanto as mensalidades do curso, deixaram de ser pagas.

---

10 Bachelard, G. (1957). *A poética do espaço*, p. 26. São Paulo: Martins Fontes, 2005.

O apartamento em que moravam estava hipotecado e o nome de Paulo comprometido depois de haver emprestado cheques para o sogro/patrão. Nem mesmo a luz da residência era individualizada. O pai de Teca costumava pagar a conta total da luz pelo fato de o negócio ser no mesmo prédio e consumir muita energia. Com a desorganização financeira, deixara de pagar a conta, que reunia os dois apartamentos e a sala comercial, e o casal teve a luz de sua residência diversas vezes cortada.

A casa é a projeção espacial do vínculo, a deles *não tinha luz própria*. Custou muito trabalho psíquico separar, individualizar as contas de luz. Todos os sinais indicavam funcionamento endogâmico: a forma como ocupavam o espaço habitacional, o tempo dedicado ao convívio familiar e a circulação dos bens e dinheiro.

No mito familiar havia a fantasia de que as separações são trágicas, pois histórias de traições e suicídios marcaram as famílias de ambos os lados. Traziam seu sofrimento juntamente com o desejo e a impossibilidade de um corte com a família doadora. Apresentavam, porém, muita dificuldade de viver dentro de um contexto próprio do casal e aceitar as diferenças de cada um.

## Mais da clínica

Uma mulher telefona no início da manhã e solicita um horário. Diz que está muito mal e que não dormiu na noite anterior. Ela custa a compreender onde fica o consultório. Liga do celular duas vezes até conseguir chegar no endereço. A mulher, chamada Leonora, é magra, elegante, bonita, com mais de cinquenta anos, e demonstra estar sofrendo muito. Comenta que já havia ligado meses atrás, mas que achou que poderia resolver o problema sozinha.

Diz ela:

*Não estou aguentando mais e acho que estou ficando louca. Estou separada há três anos, mas ao mesmo tempo não estou. Eu e o meu marido moramos no mesmo terreno em casas separadas, em condomínio, como diz a advogada.*

*Ainda possuímos conta conjunta. Só para tu teres uma ideia, ele lavou o carro no fim de semana e me pediu o aspirador emprestado. Joga futebol com os filhos no pátio de casa, que é comum. Eu vejo ele entrar e sair; escuto o barulho do chuveiro quando ele está no banho e, depois dele se perfumar, escuto ele abrir o porta-malas do carro e sei que vai dormir na casa da outra. É uma tortura diária. Às vezes não sei onde está a realidade.*

*Essa mulher, ele já tem desde dois anos antes da separação, um dia eu resolvi encarar. Numa noite, liguei para aquele número do celular dele, o número que se repetia, e foi ela que atendeu o telefonema e colocou meu marido na linha. Ele não respondeu nada, mas a mulher fez uma gritaria. Disse que ele não tinha contado que era casado.*

*Meu casamento terminou ali, ou antes, mas nem sei se terminou direito, porque ele não admite sair desta casa. Justifica-se dizendo que nasceu aqui, que adora o bairro. Mas esta casa é minha e dos meus filhos. Sempre fui muito apegada à casa e à família dele. Minha família mora em outro país. Eu era considerada como uma filha e muitas vezes eu tinha horror disso. No início do nosso casamento, fomos morar numa casa bem modesta e distante. Mas meu sogro não sossegou enquanto não nos trouxe para junto deles. Eu era muito jovem, ingênua e não me dava conta da sutileza do controle que eles exerciam sobre mim. Não achei ruim quando meu marido deu uma cópia da chave da nossa casa para eles, apesar disso ter-nos tirado, aos poucos, muito da nossa privacidade.*

*Nossas conversas eram cortadas, muitas vezes, pelo som de uma campainha que eles instalaram para chamar o filho, e o faziam com muita frequência. Eu não tinha a liberdade de receber nossos amigos sem a presença deles. Se eu não convidava, consideravam uma ofensa. Aos poucos era como se morássemos juntos. Até nos passeios de final de semana ou caminhadas matinais não estávamos sozinhos.*

*Quando eu queria dar um limite, diziam que me amavam, que eu era como uma filha, que nunca fui nora, e se eu tentava ser mais incisiva, eles me ignoravam. Meus sogros costumavam dizer que não tinham perdido um filho, mas que tinham ganhado uma filha. Quando os pais dele morreram, eu pensei: agora vou ter meu marido só para mim! Peguei na mão dele e senti algo muito estranho, como se ele não estivesse mais ali, como se a alma dele tivesse morrido com os pais* (a traição coincide com o agravamento da doença da mãe, meses após a morte do pai). *Meu marido, quer dizer, meu ex-marido, ainda dorme na cama deles, por cima dos corpos mortos.*

Solicitei que Leonora fizesse um desenho das residências[11]. Mesmo sabendo da proximidade das casas, surpreende-me a forma como as representa naquele papel. Vejo duas casas dispostas lado a lado, quase grudadas, com um pátio em comum na frente, a sacada de onde costumava ver o marido tomando banho na casa ao lado, e as garagens na parte inferior da casa dela, o que possibilitava saber quando ele chegava e saía diariamente. Se não fossem as garagens, as casas seriam idênticas e quase geminadas, em condomínio, conforme dissera a advogada. O desenho da planta baixa da

---

11 Berenstein, considera a representação gráfica das casas como uma mensagem que nos informa sobre a estrutura familiar. O desenho como intermediário entre o real e a imagem mental dos moradores, p, 158, 159 (1976) *Família e Doença Mental.* São Paulo: Escuta,1988.

residência e todo o relato denunciam o tipo de *relação gemelar*[12], endogâmica, de repetição e de morte nessa família. Quando o casal não encontra um espaço privado para seu desenvolvimento, o vínculo de aliança permanece débil. Se os pais possuem a chave da casa, o espaço privado ou íntimo não existe, é como se não houvesse porta entre uma residência e outra. Não existe delimitação entre o íntimo, o privado e o público. A ex-esposa sabe que o ex-marido sairá para encontrar com outra mulher. O filho (marido) permanece na casa dos pais e a lei que circula é a da família dos pais dele. A esposa é convertida em irmã para que nada mude, para negar a passagem do tempo e o vínculo de aliança.

Os pais morrem. O casal deveria ficar livre, mas ambos estão deprimidos, desamparados e o marido atua, através da traição, o luto impossível de ambos. Um espia e controla o outro através da campainha e da proximidade dos aposentos. Todos os ruídos são compartilhados como se não houvesse paredes, divisórias. Toda vez ela escuta os movimentos dele, no banheiro, na garagem, é obrigada a compartilhar de sua cotidianidade e sua sexualidade, como se estivessem juntos. Não há separação entre os pais dele(s) e o casal, entre uma casa e outra. Convivem no mesmo pátio, ela e o ex-marido, como se não houvesse separação de fato, gerando constrangimentos e confusão. Ela se questiona sobre se está separada, e se está lúcida. Os vivos ocupam o mesmo lugar dos mortos. O ex-marido habitando a casa dos pais (a casa ao lado, gemelar), repete-se a situação invasiva dos pais dele, como se entrasse na casa da ex-esposa, sem ser convidado, em função da proximidade. Existe apenas uma casa ou as casas são iguais, gêmeas.

---

12 Relação dual ou gemelar significa o desejo de repetir na relação a primeira experiência de satisfação.

Leonora diz:

*Não estou aguentando mais e acho que estou ficando louca. Estou separada há três anos, mas ao mesmo tempo não estou. Eu e o meu marido moramos no mesmo terreno em casas separadas, em condomínio, como diz a advogada. Ainda possuímos contas conjuntas.* Ela se refere ao marido e não ex-marido, as casas não estão em terrenos separados assim como as contas bancárias.

O jardim é considerado como um *espaço intermediário,* que serve de transição entre um fora aberto e um dentro fechado. Contíguo à casa, amortece a diferença entre o interior confiável e um exterior potencialmente hostil. Nessa família não existe esse espaço intermediário, o pátio é comum, não há distanciamento entre uma casa e outra, diferença entre a casa dos pais e a casa deles ou a casa de um e de outro, na atualidade.

Habitualmente, *o fora* se apresenta como desconhecido, azaroso e ilimitado, e *o dentro,* como tranquilizador, já que podemos delimitá-lo.[13] Leonora não se sente tranquila dentro de sua própria casa, não se arrisca a sair desse condomínio. Foi difícil achar o consultório, lugar *fora,* desconhecido e possível para pensar a relação. Essa mulher, que provém de um vínculo de funcionamento gemelar, poderá abrir espaço para um terceiro (analista)?

## Outros fragmentos clínicos

O casal chega encaminhado pela terapeuta da filha. Falam pouco do problema da filha, e muito de suas histórias

---

13 Valtier, A. (2003) *La soledad en pareja — Islas del sentimiento amoroso,* p. 203. Buenos Aires: Paidós, 2003.

das famílias de origem. Nas primeiras entrevistas, relatam espontaneamente essas histórias e parecem encontrar imenso prazer nisso. A mãe, daquele que chamarei de Celso, teve uma filha, e depois, diversos abortos espontâneos. O último deles ocorreu após uma briga do casal, que culminou no retorno deles para o sul do país, onde residia toda a família materna. Após esse aborto e essa mudança, nasceu Celso, de oito meses, depois da mãe permanecer deitada quase todo o período de gravidez. O tratamento que os pais tiveram que fazer para que levassem a gravidez a termo endividou a família. Celso nasceu no meio de sete tias e muitas dívidas. Sempre muito *paparicado*, vivia de colo em colo, e só caminhou aos três anos de idade. As tias costumavam chamá-lo de *florzinha de estufa*. Enquanto a mãe foi viva, ganhava café na cama e muitas gentilezas. O pai casou-se novamente e foi morar numa praia. Apesar disso, o filho está sempre por perto ajudando o pai.

Celso é muito dedicado e perfeccionista no que faz, trabalha sem parar até ver o fim de um serviço. A esposa, Marta, se queixa dele não ter horário para ela e a filha. Diz ainda que ele é prestativo demais. Que a família dele vive chamando-o para tudo e ele acaba trabalhando mais para os outros do que para ele próprio. É como se fosse o *faz-tudo,* e a família se aproveita. Até a família da ex-mulher o chama para *quebrar esses galhos* ou pedir opinião.

Desde que a filha nasceu, Marta não trabalha e engordou muito, sente-se desvalorizada, mas não consegue deixar a filha com outra pessoa para poder retomar a profissão nem possui vida social independente do marido ou famílias. A escola solicitou uma avaliação psicológica para a filha do casal. A queixa é de falta de limites, agressividade, impulsividade, imaturidade emocional, desorganização na realização das tarefas.

No início do casamento, moravam com a mãe de Marta. Dormiam na cama de solteiro de Marta, costumavam tomar banho juntos e usavam a mesma escova de dentes. Depois de alguns anos, conseguiram comprar um apartamento pequeno, de um quarto, motivo pelo qual a filha dormia com eles e frequentemente na mesma cama. Marta se dedicou muito para essa filha, e diz não gostar mais de ter relações sexuais como antes, quando dormiam amontoados na cama de solteiro de Marta. Celso não se sente tão carinhoso e sedutor; além disso, trabalha muito, muitas vezes *vira as noites* para concluir um serviço.

Essa filha leva o mesmo nome da mãe de Marta. Seu nascimento foi tido como traumático. O casal conta:

*Não havia vaga no hospital, e como eu estava com a pressão alta, não podia fazer cesariana. Léia veio de parto normal, no seco, sem qualquer anestesia, saiu a fórceps. Me rasgaram toda! Nunca mais pensei em ter filhos. A bolsa estourou aos oito meses, a Leia veio prematura, com 32 semanas, mas já pesava dois quilos, só que pegou amarelão e tivemos que ficar quinze dias no hospital. Acabei indo para casa sem minha filha e dando mamá de copinho. Via ela sendo picada pelas enfermeiras dia e noite para os exames, injeções até na cabecinha.*

Antes do nascimento da filha, costumavam passar os finais de semana na casa de praia da mãe de Marta, e dormiam todos juntos no único quarto da casa. Atualmente, Celso anda se indispondo com a sogra, e Marta não sente muita vontade de sair de casa. Apesar disso, se inscreveu num concurso. Ambos dizem estar assustados, pois se Marta conseguir ser aprovada no concurso, pode ser alocada em outra cidade.

Comentam que gostam de fazer tudo juntos. Que gostam de tomar banho os três juntos. Celso diz, num tom de brincadeira: *o meu ideal de casa era ter um banheiro com três privadas, uma para cada um.* Nesse casal a cláusula do contrato de casamento incluía a ilusão de atemporalidade, onde a passagem do tempo não existe, ficando comprometida a noção de espaço, que permanece indiferenciado. A menina continua dormindo no quarto dos pais, assim como o casal permaneceu dormindo em cama de solteiro e na casa da família materna. Era como se Marta permanecesse na condição de solteira e morando com a mãe, como se o tempo não seguisse seu curso.

A chegada da filha é prematura, traumática, rasgando essa ilusão de pele comum entre o vínculo de aliança e o de consanguinidade. Léia é tirada a fórceps do corpo da mãe. A filha leva o nome da avó (Léia) e permanece no meio do casal numa repetição que impossibilita qualquer novidade. Todos dormiam juntos desde o princípio na cama de solteiro, na casa de Léia, na casa da praia, nesse pequeno apartamento, onde há o ideal de um banheiro com um vaso sanitário para cada um, para que possam ocupá-lo ao mesmo tempo. Nessa família, não há divisão entre o espaço público e o espaço privado. A escova de dentes não é um objeto de uso pessoal, é usado pelo casal indiscriminadamente. Quando a sala é dividida, criando-se um espaço privado para a filha, ela não consegue habitá-lo sozinha.

Percebemos o quanto pode ser significativo e revelador observar como o casal ocupa o espaço habitacional, e como lida com a passagem do tempo e com o dinheiro. *O espaço familiar pode ser considerado como uma dimensão na qual se cristalizam as relações entre seus membros*, afirma Berenstein[14]. *O espaço reflete a organização mais próxima do inconsciente*[15]. Ainda assim, encontramos pouco material a respeito desse significado no processo de tratamento do casal.

---

14 Berenstein, I. (1976). Família e doença mental, p. 158. São Paulo: Escuta, 1988.
15 Idem, p. 161.

## A função, o significado e a circulação dos bens e do dinheiro

A *casa* incorpora tudo aquilo que o casal vem a possuir, como terras e bens. Estão intimamente implicados os bens da família e a expressão *a casa,* território que o casal necessita para prover suas necessidades. A circulação dos bens e do dinheiro é outro fator que nos dá indício do funcionamento do casal, Berenstein[16] caracterizou os nomes próprios, o espaço familiar e o ordenamento do tempo como indicadores da *Estrutura Familiar Inconsciente,* onde poderíamos perceber o predomínio do vínculo consanguíneo sobre o vínculo de aliança, ou o predomínio da linhagem materna ou paterna.

Outros autores, como María Cristina Rojas, ampliando a teoria proposta por Berenstein, acrescentaram a circulação do dinheiro e dos bens[17]. Também a distribuição e o manejo da economia doméstica, tal como aparecem no relato das sessões vinculares, como reveladores de intercâmbios inconscientes e clandestinos, onde poderíamos perceber, ainda, relações de monopólio e apoio, situações de exclusões, preferências e antagonismos, entre quem deve receber os bens da herança e como gastá-los[18].

O dinheiro não é um simples objeto, ele representa uma relação social e afetiva, não é simplesmente uma aparição comercial, num determinado momento histórico. Os homens inventaram o dinheiro para tornar possível a divisão internacional do trabalho, o emprego mediante remuneração, nossos mutáveis desejos e múltiplas necessidades. Para

---

16 Berenstein, I. (1976). *Família e doença mental.* São Paulo: Escuta, 1988.

17 Rojas, M. C. (1991). *Fundamentos de la clínica familiar psicoanalítica,* p, 152-202 in, *Família e Inconsciente.* Buenos Aires: Paidós, 1991.

18 Gomel, S. & Czernikowinski, E (1997). *Loucura Vincular.* In I. *Psicoanálises de pareja. Del amor y sus bordes.* Buenos Aires: Paidós, 1997.

Buchan[19], *o dinheiro, provavelmente não foi inventado num determinado lugar e numa determinada época, mas surgiu em múltiplas essências, por múltiplos propósitos.* Permitiu que os seres humanos expandissem não apenas as suas posses, mas os seus desejos.[20] Ele se torna dinheiro no instante em que incorpora um desejo. O dinheiro dá a medida do sucesso ou fracasso, felicidade ou infortúnio. Só ele pode recompensar ou punir. Seu valor é estabelecido pelo senso comum e serve para expressar nossas necessidades, nossa propriedade, nosso poder, nossa sujeição. O dinheiro personifica a liberdade e a sujeição a outro ser humano.

O valor que é posto no dinheiro pela humanidade, afirma Buchan[21], *é extrínseco ao dinheiro, e tem sua real localização naquelas boas coisas, através da avaliação posta oportunamente nelas, que ele é capaz de comprar (...) pois a coisa não tem valor em si mesma, é a opinião e a moda que os põem em uso e lhes dão um valor.* Diz ainda o autor: *O dinheiro é puramente uma função. O dinheiro não é o valor pelo qual os bens são trocados, mas o valor através dos quais são trocados: o uso do dinheiro é para comprar os bens.*[22] E mais adiante, complementa: *O dinheiro (ou alguma outra álgebra) avaliaria não apenas produtos tangíveis de terra e trabalho, mas Arte, Opinião, Favor, Convivência, Interesse, Amigos, Eloquência, Reputação, Poder, Autoridade. Os seres humanos são dessa forma intercambiáveis.*[23]

Outra questão interessante encontrada na leitura desse autor é a de que o dinheiro fortalece a desigualdade. Para

---

19 Buchan, J. *Desejo congelado. Uma investigação sobre o significado do dinheiro.* Rio de Janeiro: Record, 2000.
20 Idem, p. 362.
21 Idem, p. 145.
22 Idem, p. 187.
23 Idem, p. 146.

uma mulher, o dinheiro vem por três canais principais: o primeiro é a herança, o segundo é o trabalho e o terceiro é o sexo. O autor lembra do trabalho serviçal da mulher medieval carregando água e carvão, um trabalho interminável: *o trabalho de uma mulher nunca está feito.* O sexo pode ser uma forma de trabalho que se converte em dinheiro.

Historicamente, o noivo pagava o preço da noiva aos seus parentes com a intenção de oferecer garantia de que a mulher não seria maltratada ou no sentido de uma compensação para a família devido à perda. Buchan afirma que no Islã uma esposa conserva a sua propriedade no casamento mesmo que o marido a administre, e pode exigi-la de volta quando desejar.

Na Inglaterra, esposas sem casamento constituído não podiam adquirir, manter ou dispor de propriedade sem a intervenção de um curador, até o aparecimento da Lei da Propriedade da Mulher Casada, de 1882. As mulheres, portanto, tiveram um papel menor na grande expansão das operações monetárias[24]. Posteriormente, a mulher passou a trabalhar fora mediante remuneração, sendo libertada da tarefa ilimitada de dona de casa, *pois há sempre uma panela para lavar ou camisa para costurar.*[25]

Até a fase inferior da barbárie, a riqueza duradoura limitava-se mais ou menos à habitação, às vestes, aos adornos primitivos e a utensílios necessários para a obtenção e preparo dos alimentos; (...) *o barco, as armas, os objetos caseiros mais simples. (...) o alimento devia ser conseguido todo dia, novamente. (...) Agora com suas manadas de cavalos, camelos,*

---

24 Buchan, J. *Desejo congelado. Uma investigação sobre o significado do dinheiro*, p. 226. Rio de Janeiro: Record, 2000.
25 Idem, p. 146.

*asnos, bois, cabras e porcos, os povos pastores iam ganhando terreno e adquirindo riquezas.*

Com a introdução da criação de gado, nasceu a propriedade da família monogâmica. Os rebanhos passaram a ser propriedade das famílias e, para cuidá-los, precisava-se de mais pessoas; passou-se então a utilizar prisioneiros de guerra e escravos. A domesticação de animais e a criação de gado abriram mananciais de riquezas até então desconhecidos, criando relações sociais inteiramente novas.

Esta evolução modificou as relações de trabalho da família: ao homem cabia procurar os alimentos e os instrumentos de trabalho necessários para isso. O homem passou a ser proprietário do gado e, consequentemente, do escravo, e passou a ocupar uma posição mais importante que a da mulher na família. Antes disso, a divisão do trabalho era espontânea, Acompanhemos Engels:

> *O homem vai à guerra, incumbe-se da caça e da pesca, procura as matérias-primas para a alimentação, produz os instrumentos necessários para a consecução dos seus fins. A mulher cuida da casa, prepara a comida e confecciona as roupas: cozinha, fia e cose. Cada um mantém seu domínio: o homem na floresta, a mulher em casa. Cada um é proprietário dos instrumentos que elabora (...) o homem possui as armas e os petrechos de caça e pesca, a mulher é dona dos utensílios caseiros. A economia doméstica é comunista, abrangendo várias e amiúde numerosas famílias. O resto é feito e utilizado em comum, é de propriedade comum: a casa, as canoas, as hortas (...) Com o desmoronamento do direito materno, a grande derrota histórica do sexo feminino em todo mundo, o homem apoderou-se também da direção da casa; a mulher viu-se degradada, convertida em servidora, em escrava da luxúria do homem, em simples instrumento de reprodução. Essa baixa condição da mulher, manifestada, sobretudo entre os gregos*

*dos tempos heroicos e, ainda mais, entre os dos tempos clássicos, tem sido gradualmente retocada, dissimulada e, em certos lugares, até revestida de formas de maior suavidade, mas de maneira alguma suprimida.*[26]

O homem passou a ocupar um espaço que pertencia exclusivamente às mulheres, e o trabalho doméstico começou a perder sua importância comparado com o trabalho produtivo do homem, que passou a ser o chefe da casa e mantinha sobre seu poder a mulher, os filhos, os escravos. O homem passou a ser o dono da casa, a movimentar as finanças e a se ocupar das compras e vendas mais importantes, sobretudo as de terra, atribuições anteriormente femininas. Seu pátrio poder lhe dava o direito de vida e morte sobre todos eles, e sua herança era transmitida por testamento.

A família passou a ser monogâmica, há o predomínio do homem e sua finalidade é procriar filhos cuja paternidade é indiscutível. Os filhos, na qualidade de herdeiros diretos, estarão, um dia, de posse dos bens do pai.[27]

Em *O caráter e o erotismo anal,* Freud, partindo de suas experiências clínicas, propôs algumas hipóteses sobre a formação do caráter. Já em 1897, havia concebido que o excremento, o dinheiro e a neurose obsessiva estavam intimamente ligados, e que os pacientes, retendo suas fezes, exibiam de um modo típico os traços de caráter relacionados com a ordem, a parcimônia e a obstinação. Sobre esse conflito e vicissitudes suscitadas pelo controle esfincteriano, a criança organizará seus vínculos objetais.

A noção de propriedade privada aparece durante a fase anal do desenvolvimento psicossexual; o progressivo

---

26 Engels, F. (1884) *A origem da família, da propriedade privada e do Estado, p.* 178, 61. Rio de Janeiro, Civilização Brasileira, 10° edição, 1985.

27 Idem, p. 66.

domínio do controle esfincteriano permite à criança reter ou expulsar o que crê lhe pertencer, visto que suas fezes podem ser oferecidas ou negadas. Quase simultaneamente, a criança desenvolve a noção de poder e de posse.

Sempre que pensamos nos bens do casal e da família, levamos em consideração os aspectos históricos, sociais e econômicos para podermos dimensionar o significado desses conceitos (dinheiro, bens, propriedade privada, herança) em cada família, ao longo das gerações, bem como avaliar a importância das relações de poder ligadas ao gênero.[28]

Uma das questões mais difíceis de acordar na maioria dos casais, e que costumeiramente aparece como fonte de conflito ou formação de sintomas, é a forma como se organizam em relação ao dinheiro, bens, propriedades, heranças, dívidas e legados. Essas combinações, ou a falta delas, juntamente com os acordos e pactos inconscientes, pretendem ser explicitados, e entendidos seus significados, ao longo do tratamento; também as expectativas e frustrações referentes a valores, investimentos, gastos, enfim, toda a economia doméstica. Por exemplo: quem se responsabiliza pela contabilidade? Como lidam com o dinheiro recebido de herança? Ambos trabalham e são remunerados por isso? O dinheiro não tem o mesmo valor para ambos. Foucault, no seu livro *As palavras e as coisas,* diz: *As relações entre riqueza e moeda estabelecem-se pois, na circulação e na troca, não mais na preciosidade do metal*[29].

Qual o significado do dinheiro nas famílias de origem e para o casal? Sua relação com a competitividade, o poder ou

---

28 Mencionadas no capítulo: *A dinâmica das relações de poder na conjugalidade* do livro *Encontros & desencontros — A complexidade da vida a dois.* São Paulo: Casa do Psicólogo, 2010.

29 Foucault, M. (1966). *As palavras e as coisas,* p. 246. São Paulo: Martins Fontes, 2007.

a afetividade? Através da psicanálise passamos a compreender um pouco mais a respeito do processo psicológico envolvido e sua relação com o dinheiro.

A forma como os casais realizam as trocas é outro fator a ser observado, pois o sistema de troca não tem somente nem essencialmente um caráter econômico, *mas é dotado de significação social e religiosa, mágica e econômica, utilitária e sentimental, jurídica e moral.* Lévi-Strauss[30] assinala que a troca é feita por ocasião de acontecimentos importantes, como nascimentos, casamentos, tratados de paz, delitos e culpas. Esse sistema de trocas, também chamado de dotes recíprocos, tem as seguintes funções:

1) Proceder a restituição dos presentes recebidos, acrescido de juros (que podem chegar a 100%).

2) Estabelecer publicamente a reivindicação de um grupo familiar ou social a um título ou uma prerrogativa.

3) Anunciar oficialmente uma mudança de situação.

4) Superar um rival.

A troca constitui um conjunto de manobras conscientes e inconscientes para adquirir garantias e prevenir contra o risco no duplo terreno das alianças e das rivalidades. O importante não é o bem em si, mas a posse de um bem ou riqueza que confira prestígio ao seu dono e, principalmente, a distribuição dessa riqueza. A mulher já foi considerada o bem mais valioso de troca, comparada a um presente supremo. Trocando mulheres de uma tribo com a outra, estava garantida a sobrevivência do grupo através da exogamia e do princípio de reciprocidade.[31]

---

30 Lévi-Strauss (1949) *As Estruturas Elementares de Parentesco*, p. 92. Petrópolis: Vozes, 1982.

31 Na atualidade, constatamos que uma das formas de restituição pela saída dos filhos é a chegada dos netos.

O direito das sucessões define a herança, mas muitas famílias não respeitam as leis e determinam, através de testamento, quem herdará determinado bem, apontando preferências entre os filhos e formando alianças com uns em detrimento dos demais.

Quando se trata de casais, muitas vezes o que é despesa para um, é receita para outro. E quando se está em dívida ou se tem dificuldade para pagar uma dívida, ocorre uma depreciação, uma série de desvalorizações. A circulação do valor, do afeto, da autoestima se esconde, e há uma redução do capital, entre outras consequências. Não é incomum um dos cônjuges pagar adiantado as contas, e o outro entrar frequentemente no cheque especial e isso ser motivo de discussões. A maneira como lidam com o dinheiro costuma ser diferente e provoca mal-entendidos. O casal não é composto de dois seres que formam um conjunto de linhas simples e sólidas. No tratamento analítico, o dinheiro forma parte do contrato e, juntamente com o tempo e o espaço, constitui material a ser visto com cautela, por todo o seu sentido simbólico e relacional.

## Fragmento clínico

Recebo para atendimento um casal que estava vivendo seu início do casamento. A queixa era a falta de divisão entre o tempo de trabalho e o tempo para uma vida privada. Ambos tinham a mesma profissão e trabalhavam juntos em casa. As despesas eram divididas igualmente, embora ele ganhasse o triplo. O pai dele se propôs a emprestar dinheiro, para que o casal pudesse dar entrada em um apartamento. Posteriormente, o pai deu o mesmo valor da entrada desse apartamento para outro filho, e considerou esse empréstimo como um adiantamento de herança. A dívida do casal foi extinta. Ainda assim, a mulher achava que deveria devolver a metade do dinheiro para o sogro. Como ele não aceitou, sentia-se em dívida.

Quando o apartamento começou a ser mobiliado e decorado, novamente combinaram dividir igualmente as despesas, embora ele tivesse uma remuneração muito superior à dela. Anotavam os centavos que gastavam e que deviam um para o outro sem conseguir compartilhar o dinheiro. Havia sempre a sensação de que um devia para o outro, que um tinha dado mais do que o outro. Se a conta não fechava, pairava sempre uma pergunta: *Onde foi parar o dinheiro?* A forma como lidavam com as finanças denunciava uma fissura no vínculo de aliança, um aspecto *não casado*.

Um dos parâmetros que definem o que é um casal é a forma como organizam sua cotidianidade, onde consideramos a realização de atividades compartidas ligadas ao consumo e ganho dos bens e do dinheiro, a organização do tempo, entre outros. Pensando no sistema de trocas, é como se o marido não estivesse satisfeito com a mulher recebida, e ela tivesse que pagar o resto da vida, em agradecimento pela *saída* exogâmica. Ela não consegue receber o presente do sogro, por não se sentir pertencente a essa família (como se não tivesse sido doada).

Evidentemente que todas essas questões apareciam na transferência. Foi custoso acordarem um horário, cada um pagava metade do valor do tratamento, aparecia muito mais a divisão do que a soma.

Em seguida, ficaram grávidos e apareceu a dificuldade de criar um espaço para o bebê, assim como não havia espaço para a intimidade do casal. A barriga crescia, e a mulher seguia trabalhando no mesmo ritmo, apesar dos enjoos e da recomendação médica para fazer pequenos lanches e repousos. O marido achava ruim que ela não conseguisse ter a mesma disposição e ritmo para finalizar tarefas. Não conseguiam escolher um nome para a criança, que continuou sendo chamada de *bebê* até o último mês de gestação. O enxoval não era preparado porque não teriam onde guardá-lo, já que o quartinho do bebê também não havia sido providenciado, motivo pelo qual parentes e amigos foram solicitados a não comprarem nada para o enxoval, até que o armário e a cômoda fossem entregues pelo marceneiro. Não havia ainda espaço no vínculo para o terceiro.

A chegada do bebê empurrou o escritório para fora de casa, e um par que ainda não havia se constituído em casal a transformar-se em uma família; como que desarranjando seu modo próprio de funcionamento. O bebê alterou, interferiu, desorganizou o que estava estruturado. Eles alugaram uma sala comercial, próxima da residência, para ser o novo escritório. O quarto foi montado, mas continuava com a aparência do antigo escritório, pela permanência do computador, que a mãe usaria para trabalhar, e a ausência de uma cadeira para a amamentação.

Não havia a delimitação do tempo: um dedicado para a família, um dedicado para o trabalho, outro dedicado ao bebê. A distribuição do espaço também denunciava, juntamente com o dinheiro, o predomínio do vínculo consanguíneo sobre o vínculo de aliança.

No discurso desse casal em tratamento, o tema do dinheiro aparece como área de conflito e de sofrimento vincular. Há uma clara relação entre os acordos e pactos, seu manejo, administração. Neste casal o acordo de dividirem as despesas não é baseado na realidade, pois seus ganhos são diferentes. Pensam que, dividindo as contas, estão fazendo o certo e vivendo como parceiros, mas o sentimento dela é o de sentir-se prejudicada com a combinação que fizeram e acordaram desde o tempo do namoro. Por outro lado, se não entra com a mesma quantia que o marido, sente-se em dívida. A mulher estava sempre em dívida, até mesmo pelo fato de não ter uma família de origem tão *nobre* e com tantos bens, por não ser um bem precioso, valioso no momento da troca.

## Outro fragmento clínico

No caso de Paulo e Teca já comentado anteriormente, a circulação do dinheiro denuncia o predomínio da família materna. Paulo participa de todas as falências da família da esposa e, enquanto os familiares dela se reorganizam financeiramente, permanece falido e não consegue ganhar o dinheiro que levaria Teca para longe da família de origem. Os bens do casal (apartamento e carro) pertencem à família de Teca. O acordo ou pacto inconsciente é o de permanecerem ligados e dependentes da família dela, um acordo endogâmico.

Paulo emprestou cheques para o sogro e agora seu nome está *sujo* no comércio. Os únicos cheques que circulam são os de Teca, o único dinheiro que circula é o de Teca, que passou a assumir todas as contas, assim como o pai dela pagava a faculdade de Paulo e a conta de luz da residência (que estava no nome dele). O *nome sujo* de Paulo não inspira segurança, não é forte o suficiente para realizar o corte com a família doadora da mulher.

# Cap III
## O SENTIDO DO ESPAÇO RESIDENCIAL[1]

*Toda grande imagem simples revela um estado da alma. A casa é um estado da alma... Mesmo reproduzida em seu estado exterior, ela fala de intimidade.*
Gaston Bachelard

*A minha casa vive toda aberta
Abre todas as portas do coração.*
Vinícius de Morais[2]

A casa é o cenário físico da família. Corresponde à sua organização e contém grande número de informações sobre as características desse grupo. A muitas temos acesso mais

---
1 Esta é uma versão revisada da publicada no livro: *O suave mistério amoroso – Psicanálise das configurações vinculares*, cap. 9. De minha autoria. Porto Alegre: AGE, 2014.
2 Vinícius de Morais, em filme de Miguel Faria Jr.

evidente, através do estudo da planta e do uso que a família dá aos aposentos, móveis e utensílios. A ocupação ou não dos lugares na mesa, no quarto, nos demais espaços. A maneira como é feita a circulação dentro da casa e o regime das portas abertas ou fechadas. Daí o interesse e o fascínio pelo estudo das casas. Existe relação entre o ser humano e o espaço que o rodeia. Para a arquitetura, esse estudo pressupõe correspondência entre os acontecimentos e os ambientes, que costumam ter uma função sempre igual. Há previsibilidade. Uma preconcepção de como deveria ser a casa. Quando uma família faz uso diferente de uma porta, parede, janela, ambiente, ficamos atentos ao significado dessa alteração, dessa particularidade.

Para a psicanálise, o estudo das casas é uma das formas de acesso à Estrutura Familiar Inconsciente e, por isso, sua relevância clínica. Na casa está posto em cena o funcionamento familiar.

Observamos a representação e o significado dos espaços vazios, particulares e comuns, nomeados ou não. O espaço tolerado entre as pessoas e o sentido do fator distância e proximidade, tanto em relação aos membros desta família como em relação às famílias de origem. As características e localização da casa são um forte indicador da endogamia, isto é, o regime pelo qual o indivíduo se casa no interior da sua tribo ou classe, ou exogamia, onde os matrimônios se efetuam com outras famílias. A passagem da endogamia à exogamia irá depender da disponibilidade e da capacidade de criar um vínculo inédito. Utilizando esses conceitos oriundos da Antropologia de Lévi-Strauss, queremos demonstrar se houve a necessidade de perpetuar o conhecido ou do corte com a família de origem para que a nova família possa nascer.

## Podemos ler uma casa

Durante muito tempo o homem sustentou a posição de provedor. Mas o imaginário dessa família mudou com o ingresso da mulher no mercado de trabalho, a maior independência dos filhos e as mudanças do vínculo de casal. Começo pela fala do casal: *Tu não podes sair de casa porque não sabes fechá-la. Não tens competência para isso. Por isso não podes ir para a casa de campo sozinha.* Essa frase do marido não parecia tão louca de início. No decorrer do tratamento, a esposa disse: *Não quero seguir vivendo dessa maneira. Se algo não mudar, prefiro a separação. Sei viver de uma maneira bem menos complicada. O casamento me transformou numa pessoa dependente e incapaz de administrar a vida doméstica. Uma destrambelhada, alienada, como ele costuma se referir.*

Muitas das maneiras de descrever a loucura e o controle exercidos nas famílias são explicitadas através do espaço da casa. Passarei a um breve relato do casal e pequenos comentários.

A esposa toma a palavra: *Vou te explicar,* dirigindo-se à analista, *tudo o que tem que ser feito para irmos para a fazenda todo final de semana. Eu arrumo a mochila das crianças, as compras, tudo o que precisamos levar, e carrego o carro. Recuso-me a encarregar-me da comida do cachorro, que se acumula em potes de sorvete no congelador. Retiro o lixo. Dou descarga e organizo tudo para sair enquanto meu marido começa o ritual de fechar a casa, o qual vou descrever: ele começa testando as pilhas dos alarmes, uma por uma, em todas as portas e janelas da casa. Depois vai até o andar superior, onde fica nosso quarto e parafusa as janelas. Liga uma luz com fotocélula e desarruma a cama que já estendi, criando com as cobertas um monte que se assemelha a um corpo, para enganar possíveis invasores. Chaveia a porta e esconde a chave embaixo de um baú. Desce as escadas e fecha o quarto das crianças. Parafusa a janela da sala de jantar e da sala de estar. Dirige-se ao pátio. Fecha o gás e o registro de água. Tranca com cadeado a porta dos fundos. Chaveia as demais portas. Manda todo mundo para o carro. Tranca todo o escritório. Chaveia a porta da frente e gira as trancas. Desce pela escada da garagem e gira as duas fechaduras* dobermann *da grade. Retiro o carro da garagem e ficamos nos arriscando na rua, enquanto ele fecha o registro de água que fica na calçada. Tranca a porta eletrônica da garagem por dentro e depois a porta menor, lateral, com cadeado e esconde a chave embaixo de uma pedra ou folhagem. Sai e tranca o portão. Aciona o alarme, entra no carro e finalmente podemos partir. Desnecessário dizer que quando retornamos, ficamos novamente expostos na rua porque o portão eletrônico não pode ser acionado até ele desligar o alarme, entrar pelo portão pequeno que dá acesso à escada externa, abrir o cadeado da porta lateral, a fechadura e depois abrir as duas trancas laterais da porta da garagem, e o restante você já sabe, até chegar ao quarto do casal, no último andar. A casa mais parece uma prisão. Ele quer gradear as janelas por segurança. Eu não quero viver assim. Se for para ter grade como uma jaula, prefiro me mudar. É muito complicado viver assim. Eu não posso mais, não concordo. Quando chegamos do campo é o mesmo processo. Sai do carro, abre o cadeado do portão, abre o portão, desliga o alarme, abre a porta, liga a luz, registros....*

Chamamos topoanálise o estudo psicológico sistemático dos locais de nossa vida íntima. Existe uma psicologia dos projetos arquitetônicos. A psicanálise multiplicou suas observações sobre o comportamento projetivo, a exteriorização de impressões íntimas.[3]

É nesse sentido que estudamos os abrigos e aposentos. *A casa se desdobra*, diz Bachelard, *fiel ao nosso ser*. Ela pode crescer, estendendo-se quando os integrantes possuem maior elasticidade de devaneio. Suas paredes podem condensar-se ou expandir-se conforme o seu desejo. O inconsciente permanece nos locais. Ela não é uma caixa inerte, é uma casa viva. O espaço habitado transcende o espaço geométrico. No espaço da casa há um misto de imaginação e memória. Por isso, podemos ler uma casa.

Isidoro Berenstein[4] foi o primeiro psicanalista a me introduzir no estudo do espaço como revelador da estrutura familiar inconsciente. Trabalhei esse tema no livro *Encontros & desencontros — A complexidade da vida a dois*.[5]

O que percebi de imediato é que a vida diária se retirava cada vez mais para o interior da casa ou da fazenda. O casal não recebia ninguém. Nem as festas habituais de aniversários continuavam ocorrendo. Deixaram de visitar pessoas amigas ou de comparecer em atividades culturais. Tudo se resumia aos fins de semana no campo.

Na residência está refletido o novo estilo de vida. A sala de visitas perdeu a sua finalidade original e se reduziu a uma sala de passagem ou de ligação entre um andar e outro. A casa se complica um pouco quando tem porão e sótão, cantos e corredores. O marido costumava passar o dia no porão onde ficava seu local de trabalho. O porão é o lugar mais obscuro da casa e participa das potências subterrâneas.

---

3 Bachelard, G. (1957). *A poética do espaço*, p. 26–30. São Paulo: Martins Fontes, 2005.

4 Berenstein, I. (1976). *Família e doença mental*. São Paulo: Escuta, 1988.

5 Severo, Ariane. *Encontros & desencontros — A complexidade da vida a dois*, p. 46 e 65–77. São Paulo: Casa do Psicólogo, 2010.

O quarto do casal, o cantinho de refúgio da mulher, ficava no sótão. Ele nas profundezas e ela no andar mais elevado, ligado aos sonhos e devaneios. *No porão, agitam-se seres mais lentos, menos saltitantes, mais misteriosos. No sótão, os medos racionalizam-se facilmente, no porão há trevas dia e noite.*[6] Outra observação importante é que a despensa passou aos cuidados do marido. Ele a organizava e criou um segundo local para armazenar alimentos, nos fundos da casa, junto à churrasqueira, e o mantinha chaveado. Só ele tinha acesso ao local, repondo, quando necessário, os alimentos na despensa original, junto à cozinha. As crianças, logo que perceberam a existência da tal despensa, solicitavam refrigerantes, vidros de azeitonas, palmito, bolachas. Uma vez encontraram a chave, e retiraram, por conta própria, alimentos desse local, o que originou um controle ainda maior e um sentimento de traição, desmando, incompreensão, por parte do pai. A mãe custou a tomar conhecimento da existência desse compartimento secreto. Parecia estar distante, alienada ou submetida. A justificativa dada pelo marido foi o medo de que faltasse comida. Ele comprava a cesta básica e estocava. Ela comprava os complementos. Essa situação que, do ponto de vista do marido surgiu para resguardar a família, virou um problema. Abastecer a casa de provisões virou uma preocupação do marido. Os filhos estavam sempre requisitando algo que imaginavam existir na despensa do pai. A mãe ficava irritada quando faltava um ingrediente para cozinhar e precisava aguardar a chave do marido. Mas aceitava a situação, que parecia sem solução. Estavam falidos. O provedor sem trabalho há meses.

---

6 Bachelard, G. (1957). *A poética do espaço*, p. 37. São Paulo: Martins Fontes, 2005.

## Conflitos visíveis nos espaços da casa

Como muitas das queixas giravam ao redor da casa, fui me interessando cada vez mais pelo tema. Observei que os conflitos se espacializam.

Nessa época, tomei conhecimento de que o uso do banheiro era outra complicação. O do casal nunca fora concluído e eles tinham que descer para usar o do andar térreo. No escritório do subsolo havia um lavabo usado pelo marido. Ainda assim, usava o banheiro comum quando subia na hora das refeições. De manhã, na saída para a escola, havia uma superpopulação usando um único banheiro no mesmo horário. O problema foi amenizado com a solicitação de que o marido só o usasse após a saída da esposa e filhos.

Transcrevo aqui uma vinheta de sessão: *Sempre que íamos escovar os dentes, maquiar, colocar lentes de contato, o Ronaldo se enfiava no banheiro, atrasando a saída de todos e infestando-o com um cheiro desagradável. Eu sonho com um banheiro só para mim. A senhora acredita que, por ordem dele, as crianças não costumam dar descarga, para economizar água...*

Incomodavam outros detalhes no banheiro que não valem a pena mencionar. Também eram motivos de brigas as torneiras que não eram bem fechadas e que ficavam pingando. Todo um sistema de esgoto, e um abrir e fechar de portas e janelas que denunciam o controle, a avareza e outros traços da analidade. Controle dos gastos, de saída e entrada de alimentos ou pessoas, onde e no que gastar, investir. Dificuldade de demarcação entre espaço próprio de um e espaços de uso comum de todos.

A palavra *lar* reúne os significados de casa e família, de moradia e abrigo, de propriedade e proteção. *Home significava o lar, a casa, mas também tudo que estiver dentro ou em torno dela, assim como as pessoas e a sensação de satisfação e contentamento que emana de tudo isso.*[7] A casa dessa família não era mais um lar e estava longe de ser um lugar confortável, onde seus habitantes sentissem bem-estar.

A planta original abrigava apenas sala de dois ambientes, cozinha e copa, um banheiro e dois quartos. O pequeno porão foi escavado para que surgisse o escritório e a sala dos arquivos. A casa cresceu. Construíram a sala de visitas e a escada, interna, de ligação, entre um andar e outro, um lavabo e escritório para a esposa. Com o passar dos anos, a mulher se independizou, tirou o escritório de casa. Esse espaço foi ocupado pelo marido, que já havia se apropriado da churrasqueira e do antigo quarto de empregada, onde ficava a despensa secreta. Sem contar que a garagem estava cheia de seus pertences. Ele acumulava muitas coisas. Materiais de construção, material de trabalho, ferramentas, papéis. Não conseguia desfazer-se de nada, juntando para o dia em que pudesse precisar.

Retomemos o estudo, a descrição do modo de viver dessa família. A casa foi projetada e construída por eles durante anos. Crescia, moldava-se, lentamente, às suas necessidades e sonhos. O mesmo cuidado havia na sua conservação, para mantê-la viva. O colorido das flores e as notas musicais preenchiam tardes de domingo. Os trabalhos domésticos eram alegres e devolviam à casa sua originalidade, e todas as manhãs a casa era refeita nos cuidados. O casal se mantinha.

Aos poucos, tudo foi passando à categoria de antigo. Era difícil fazer mudanças na casa. Nada estava velho o

---

7 Rybczynski, W. *Pequena História de uma ideia*, p. 73. Rio de Janeiro: Record, 1996.

suficiente para ser substituído. Além disso, o marido consertava ou reaproveitava tudo. Nenhuma peça da casa foi projetada com móveis sob medida. Tudo foi feito por ele ou foi o resultado do seu garimpo em lojas de móveis usados.

Em um livro chamado *Pequena história de uma ideia*, o autor afirma que os móveis dizem tudo. Assim como um paleontologista pode reconstruir um animal pré-histórico a partir de um fragmento de osso do maxilar, pode-se reconstruir o interior doméstico e o comportamento dos seus habitantes a partir de uma única cadeira. Rybczynski, o autor dessa obra, afirma ainda que os móveis internos das casas surgiram junto com os móveis internos da mente.[8] E Bachelard, na sua *poética do espaço,* traduz um pouco do que penso sobre um móvel qualquer para decorar uma casa: *Guardar uma coisa de qualquer maneira, em um móvel qualquer, indica uma enorme fraqueza da função de habitar.* [9]

## A casa vê, vigia, esconde

Qual o sentido de algo escondido? Aprendi que o oculto nas coisas e o oculto no ser humano pertencem à mesma topoanálise[10]. É preciso entender melhor a despensa secreta.

O espaço interno da casa foi perdendo seu uso original e o marido foi ocupando um espaço que, tradicionalmente, era da mulher. Ela trabalhando fora cada vez mais e ele trabalhando menos e ficando mais dentro de casa e assumindo funções que eram do domínio feminino. Além da luta de poder, e de um conflito entre o espaço e funções próprias e

---

8 Rybczynski, W. *Pequena História de uma ideia*, p. 48 e 211. Rio de Janeiro: Record, 1996.
9 Bachelard, G. (1957). *A poética do espaço,* p. 80. São Paulo: Martins Fontes, 2005.
10 Topoanálise seria, segundo Bachelard, p. 28, o estudo psicológico sistemático dos locais de nossa vida íntima.

compartilhadas e o confinamento, toda modelização do espaço denuncia uma produção conjunta e ao mesmo tempo anônima dessa família. Uma verdadeira produção vincular. Uma formação psíquica intersubjetiva construída pelos sujeitos desse vínculo.

A casa nunca finalizada tornou-se incômoda, desbotada e esburacada pela falta de manutenção. Um verdadeiro protocolo ditava quais portas e janelas abrir e fechar. A porta dos fundos que se abria para o jardim e piscina passou a ficar trancada pelo perigo dos ladrões. A sacada da frente também. Todos ficavam trancados dentro da casa. Cada aspecto da casa era rigorosamente estratificado. O item conforto era relacionado à funcionalidade e estava diretamente ligado à personalidade do seu dono. Passava-se frio no inverno e calor no verão. Não era permitido passar a noite com a estufa ligada. Os ventiladores eram desligados certa hora da noite, para economizar. Brigas giravam em torno de não terem apagado a luz, mesmo ele tendo instalado chaves hotéis[11] em muitas das peças e todos os corredores. Reclamações pelo fato das crianças esquecerem a televisão ou computadores ligados, não ajudarem na economia doméstica.

A ideia de conforto nessa família era muito estranha. Assim como a de prazer. A casa, que costuma ser lugar onde nos sentimos seguros, onde nos sentimos *em casa*, passou a ser lugar de controle.

Tiveram que demitir a empregada por falta de dinheiro, pelo desemprego do marido. A mulher perdeu o gosto em arrumar a casa, cuidar dos detalhes. A moradia começou a ficar suja. Ele perdeu a vontade de consertar, fazer a manutenção. Só o jardim seguia preservado, embora não tivesse o colorido

---

11 Interruptor elétrico instalado na entrada e na saída de um corredor ou ambiente da casa para que se possa acender a luz ao entrar e apagar ao sair.

de antes. A piscina deixou de ser limpa desde a compra da fazenda, pois lá havia uma bem maior e que teoricamente seria mais utilizada. Deixou-se de lado a preocupação com o lixo, os detritos, os bichos, que foram tomando conta. Poderiam ser roubados a qualquer momento.

O dirigismo é total; tudo é previsto e a liberdade é eliminada. Alguns aspectos do funcionamento dessa família coincidem com a estrutura da loucura a dois, também mencionada por Roland Barthes: Ociosidade de um dos parceiros que decide não mais trabalhar. Caráter inquieto, difícil. Um dos parceiros não se sente bem em nenhum lugar (nem sozinho, nem no casamento). Inércia física.

Viver se tornou algo pesado, caro demais, sem perspectivas. A casa empobreceu, deixou de crescer, se deteriorou. Passou a ser um reflexo da importância dada à família. No quarto do casal, passaram a registrar-se infelicidades profundas e persistentes.

## A casa é onde acontece a vida interior

Quando observamos o funcionamento das casas, estamos tendo acesso ao modo de funcionamento da família. Ainda que este seja inconsciente para seus membros. As pessoas, muitas vezes, pensam diferente sobre a função da casa ou de como deve ser o ambiente doméstico. Para alguns, está ligado à utilidade e atributos de beleza, estética, conforto e bem-estar. Para outros, esses atributos podem não estar associados. O senso de intimidade doméstica é algo inventado e pode deixar de ocorrer a qualquer momento.

Nessa casa/família, não há relação equilibrada entre praticidade e economia, entre economia e conforto. O sintoma imediato é a perda do bem-estar e da beleza.

Interessei-me em saber mais a respeito do local de trabalho dela. Contou-me que, inicialmente, dividia um escritório com uma colega e, em seguida, alugou sozinha uma sala comercial ótima. Depois que casou, o marido comprou uma sala, para investimento. Convidou-a para transferir o escritório para essa sala *deles*. Comenta que não foi uma boa ideia. Antes dividia as despesas com a colega. Além disso, o novo não tinha boa localização. Quando engravidou, passou a trabalhar em casa, por insistência dele, e a sala comercial foi alugada. Quando decidiu tirar o escritório da residência, voltou para a condição inicial. Alugou uma sala com uma amiga. Quando se movimentou para alugar sozinha, o marido comprou outra sala para investir e deu a ela de presente no dia das mães. Mas o imóvel, assim como todos os bens, está no nome dele.

## Mecanismos de poder

Com o passar dos anos, ocorreu a consolidação de um mecanismo sutil, complexo e rigoroso de vigilância. Um policiamento mais estreito, técnicas bem mais ajustadas de captura e punição. São gestos aparentemente sem importância que atuam sobre a subjetividade, a identidade e liberdade de ser. Esse incremento do controle ocorreu proporcionalmente à decaída da lei paterna. Sua perda da capacidade laborativa, o aumento da depressão. Ocorreu como que uma disfunção do poder de autoridade. O pai se arrogou o direito de limitar ao sentir-se perdendo a força. Sentia-se frustrado, fracassado e sozinho. Foi perdendo seu absolutismo e concentrando o poder que restou em certos pontos e conflitos que daí resultaram. Ocorreu um aumento da ilegalidade. Pequenos furtos da carteira do marido, contrabandos da despensa, reservas escondidas. O roubo tende a tornar-se a primeira das grandes escapatórias à legalidade; na passagem do regime absolutista para uma espécie de capitalismo selvagem. O que não foi dado por bem, com alegria e por direito, será transferido de forma violenta, mediante a iminente separação.

O furtar, em Winnicott, está relacionado com a deprivação.[12] O furto é uma reação à retirada do cuidado. Neste caso, pensei no cuidado do qual as crianças se viram privadas, como se houvesse uma usurpação da função materna. Instituiu-se entre os membros da família relações que eram, ao mesmo tempo, de rivalidade e concorrência de conflitos de interesse, de apoio recíproco e de cumplicidade. Um jogo destrutivo correndo solto na brecha alargada pela derrocada do pai. A tolerância da mulher com essa situação funcionava como um estímulo. Uma inobservância de barreiras contra a pulsão de domínio. O casal abandonou antigas obrigações, consolidou práticas irregulares, provocando uma espécie de reação em cadeia. Práticas perversas que asseguravam a sobrevivência do vínculo. Os filhos, divididos em subordinado e rebelde, denunciavam a loucura vincular.

A casa onde jorravam fontes e flores perfumadas passou a expor na vitrine ferro velho, trapos e maus-tratos. Circulava de forma simultânea e clandestina o dinheiro falso da mulher, onde o produto escasso era o açúcar. Digo *dinheiro falso* porque não havia admiração e legitimação do trabalho da esposa. E o açúcar, vocês sabem, corresponde a tudo que é doce e gostoso. E a circulação clandestina do dinheiro e,

---

12 No livro *Da pediatria à psicanálise*, Winnicott associa o furto à tendência antissocial. Aqui me refiro mais à ideia de furto encontrada no livro *O brincar e a realidade*, p. 120. Winnicott, W. (1978). *Textos selecionados da pediatria à psicanálise*. Rio de Janeiro: Francisco Alves, 1993. Winnicott, W. (1971). *O brincar e a realidade*. Rio de Janeiro: Imago, 1975.

consequentemente, da lei, caracteriza o funcionamento perverso.

Com a ameaça de rompimento do vínculo afirma-se a necessidade de uma vigilância constante, que se faça essencialmente sobre esse desmando. Procura-se desfazer a antiga economia do poder, sobre a repartição do poder. A rebelião nasceu no ponto de junção entre a luta contra o superpoder do soberano e a luta contra o infrapoder das legalidades conquistadas e toleradas. Um resultado provisório desastroso. Entre esse superpoder e esse infrapoder, se estendia uma rede de relações. O soberano com um poder ilimitado deixava seus súditos livres para uma ilegalidade constante. Os dois objetivos estavam em continuidade[13].

Mas muitos casais fazem do espaço, que deveria ser um lar, lugar de controle, de aprisionamento. Arendt afirma: *Ser livre significa ao mesmo tempo não estar sujeito às necessidades da vida e nem ao comando de outro, e também não comandar. Não significava domínio, como também não significava submissão.*[14]

No reino dos valores, a chave fecha mais do que abre, e a maçaneta abre mais do que fecha. Dessa casa era complicado sair. Tudo deveria ser chaveado. Conforme Bachelard, *o gesto que fecha é sempre mais nítido, mais forte, mais rápido que o gesto que abre.*

Hoje penso que poucas relações são geradoras de tanta violência como as de casal.

---

13 Foucault, M. (1975). *Vigiar e punir - Nascimento da prisão*. Petrópolis: Vozes, 1988.
14 Arendt, H. (1958). *A condição humana*, p. 41. Rio de Janeiro: Editora Forense Universitária, 2005.

## Outro fragmento clínico de uma família

Como já vimos anteriormente, a distribuição e a localização dos cômodos no espaço doméstico, seus usos e o que representam, revelam a estrutura familiar inconsciente.

Quando a planta da casa foi desenhada, expressava através do sistema de circulação pela presença de portas abertas e fechadas o tipo de relação existente nessa família.

A mãe e o irmão compraram uma casa. A mãe vendeu sua casinha antiga, de madeira, onde criou os filhos. Entrou com cinquenta por cento da casa comprada, utilizando o dinheiro com que ficara após a morte do marido. Uma das filhas abriu mão da herança em nome da mãe e os demais entraram com seu percentual na compra da nova moradia. No andar de cima ficaria o irmão com sua família e, na parte de baixo, a mãe, a filha mais nova e seu escritório. Um negócio bom para todos.

As casas foram construídas para serem preenchidas. Os membros da família iriam ocupá-las à sua maneira. No entender dos filhos, a mãe ficaria numa casa bem melhor e perto da neta. A filha menor ficaria com um ótimo escritório no andar térreo, com entrada separada pela frente da casa. E o filho, que não teria conseguido comprar a residência sem a ajuda da mãe e irmãs, ficaria com todo o andar superior. A reforma levou um ano e foi realizada com dinheiro da mãe e do irmão. Foi planejada e gerenciada pela irmã mais nova, que é arquiteta e me procurou para atendimento, há algum tempo.

Desde o início, ficou claro que tinha dificuldade para sentir-se bem em sua moradia. A casa era sentida como do irmão, que regularmente descia as escadas e fazia as refeições com ela e a mãe. A mãe/avó costumava lavar a roupa e cuidar da filha desse casal. Muitas vezes, a paciente manifestava desejo de sossego. Chegar em casa e estar só, ou poder conversar com a mãe sem interferência. Mas o que passou a ser um problema foi o modo como esse irmão e sua família usavam o espaço que deveria ser a casa delas, no andar inferior. E como extensão, o próprio escritório de trabalho. A luz e a *internet* eram compartilhadas. Isso justificava que entrassem no escritório. Minha paciente não podia trabalhar até mais tarde, porque o alarme precisava ser acionado numa determinada hora. Como era um alarme com sensores, ela não podia decidir ir à cozinha ou ficar trabalhando até tarde no escritório. Nos fins de semana não conseguia exercer suas atividades laborais com tranquilidade. O espaço do escritório, que deveria ser privado, era, com frequência, invadido, sendo considerado uma extensão da casa da mãe e do irmão.

Quando precisou colocar uma funcionária, veio o problema da chave. Não queriam que uma pessoa estranha tivesse a chave da porta. Justificativas razoáveis a respeito da segurança começaram a dificultar a entrada e saída do escritório. O padrão da casa era de ordem prática e, paradoxalmente, não era prático entrar e sair dela. Veio a ideia da paciente de colocar um porteiro eletrônico. Levou um ano para ser instalado pelo irmão; situação que foi tolerada para não gerar desentendimentos. Havia dificuldade de conversarem sobre limites, combinações referentes ao uso do portão de entrada, área comum de estacionamento, circulação, privacidade. A fantasia era a de que não dava para falar sobre esses assuntos, porque poderiam ter desentendimento que acabaria em rompimento definitivo.

Passado algum tempo, a paciente vai morar com o namorado em um apartamento. Muitas das reclamações são contemporizadas, mas persiste o desejo de mudar o escritório para outro endereço. O trabalho está num ritmo intenso e outras duas funcionárias são contratadas. Novamente, retorna a questão da chave da porta de entrada, horário de funcionamento, alarme. E a necessidade do escritório ser respeitado como um local separado da residência, com dinâmica de funcionamento próprio. Essa demarcação dos lugares, em próprios e comuns gerava sofrimento vincular. Foi neste período que a paciente comentou que seguia almoçando diariamente na casa da mãe, apesar do casamento. Repetia, sem dar-se conta, a situação do irmão. Como se em cada período de crescimento houvesse um retorno do reprimido. Falava também da sua dificuldade em fechar à chave uma porta de ligação entre o escritório e a casa da mãe. Fez o desenho da planta da casa e ficou evidente que ela mesma, ao invés de utilizar exclusivamente a porta da frente do escritório, entrava pela lateral que dava acesso conjuntamente à casa do irmão e da mãe, através de um *hall*[15] que levava à escada do andar superior. Com o desenho, ficou visível que a dificuldade em fechar a porta (corte) era de ambos os lados. O que iriam pensar se ela chaveasse a porta?

*A arquitetura é a primeira manifestação do homem criando seu universo.*[16]

Num determinado momento, a arquitetura abriu-se para o jogo das metáforas.[17] O estudo do espaço permite recuperar dimensões psicológicas. E a psicanálise multiplicou

---

15 Ver mais sobre o *hall* no capítulo Morando em condomínio e o sentido do *hall*. E o sentido das portas abertas e fechadas no capítulo E se o apartamento falasse? Também no capítulo Turistas do Mundo e Não Lugares, no subtítulo: O portão, endogamia versus endogamia.

16 Le Corbusier (1989). *Por uma arquitetura,* p. 45. São Paulo: Perspectiva, 2012.

17 Araújo, Anete. *Estudos de gênero em arquitetura, um novo referencial teórico para a reflexão crítica sobre o espaço residencial,* p. 11–22. Cadernos do Programa de Pós-Graduação em Arquitetura e Urbanismo (PPGAU) da Faculdade de Arquitetura da Universidade Federal da Bahia — FAUIBA. Ano IV — número 1 — 2006.

suas observações sobre o comportamento projetivo, sempre pronto a exteriorizar suas impressões íntimas[18].

O desenho e descrição da residência é uma representação das relações familiares, tal como existe no inconsciente de seus membros. O espaço das casas tem geralmente uma distribuição convencional. O *hall* é o lugar de entrada. A paciente pode entrar por ali. A questão que fica encoberta é a dificuldade de respeitarem o escritório como um espaço de trabalho, como um lugar que deveria ficar mais preservado, não uma extensão da casa do irmão ou da mãe. O escritório como algo apenas dela, privado. Neste caso, o espaço reflete a organização mais próxima do inconsciente. Ela não tem autonomia a respeito das decisões do seu local de trabalho. O escritório de arquitetura não é algo separado e privado. Essa percepção é sentida por ela como um impedimento para o seu crescimento, como uma falta de reconhecimento profissional pelos familiares. Não percebe sua dificuldade em fechar a porta que permite o trânsito de um lugar para outro. Sente-se impedida de tomar decisões referentes ao bom funcionamento do escritório. E essas atitudes são necessárias para o funcionamento desejado, imprescindíveis ao crescimento profissional. A necessidade de separar e delimitar a família de origem do escritório é a mesma que a paciente vivencia em relação ao relacionamento amoroso.

As categorias do privado e do público ou do particular e do comum surgem como produções de sentido em cada vínculo de casal ou família. Isto é, de que maneira cada sujeito vai vivenciar movimentos de crescimento e autonomia. Em algumas famílias, esses movimentos são considerados um ataque ao vínculo, uma ameaça.

---

18 Bachelard, G. (1957) *A Poética do Espaço*, p. 31. São Paulo: Martins Fontes, 2005.

A casa vive, respira, exige mudanças. Nessa família, com frequência, o conflito aparecia na forma como usavam os espaços da casa.

Percebam como essa família lida com a separação, individuação, apesar da passagem do tempo e de ter acontecido o casamento. Persistem características endogâmicas. Essa situação aparecia também no uso do dinheiro, já que algumas contas, como a de luz e *internet*, não eram separadas. Divergiam na forma de investimento. Os modos de circulação do dinheiro se entrelaçavam com a economia libidinal, vincular. Apareciam questões de gênero e geracionais com sua potencialidade de abuso de poder. O irmão ocupava um lugar privilegiado.

Na arquitetura, o conceito de ocupação está ligado ao conceito de privacidade e de apropriação exclusiva, uma posse de exclusão. Se foi construída e concebida de acordo com os princípios dessa família, deveria corresponder às suas aspirações. Mas a casa, para essa paciente, não é um abrigo adequado.

A necessidade de isolamento para dar evasão à criatividade aparecia de um modo particular, como necessidade de isolamento acústico. Havia queixa dos gritos das crianças e outros ruídos provenientes da casa contígua ao escritório. A falta de isolamento acústico revelava a incapacidade de resolução de problemas simples, do ponto de vista arquitetônico, como o uso de materiais para tais fins. Essa situação submetia a paciente a experiências desnecessárias e nocivas, não apenas por provocar irritação e desconcentração, mas pelo sentimento de desconsideração, desvalimento. O problema do isolamento acústico revelava a necessidade de um isolamento individual numa família com dificuldades na delimitação dos espaços de cada um. A casa deve ser um espaço de convivência individual e coletiva. Acontece que moram nela duas famílias onde a convivência individualizada só acontece no andar superior, na casa do irmão. O zoneamento espacial, que divide as casas em três áreas, dava-se de outra forma nessa família. O espaço íntimo se restringe ao andar superior; o andar térreo e o escritório funcionam como um espaço coletivo ou social. A zona de serviço fica ao redor da mãe.

As casas mistas, onde se convive, descansa-se e se trabalha, exigem dos seus membros um labor psíquico redobrado. Nessa casa os papéis apresentam dificuldade de variação no tempo e no espaço. Tudo funciona como se ainda vivessem na pequena casa de madeira.

## O ato de habitar
## uma casa - A casa desabitada

Como o habitar doméstico é percebido e sentido pelo morador? Habitar, ter um teto sobre nossas cabeças que nos sirva de proteção e abrigo, e, mais ainda, criar nossa existência diária no mundo, estabelecendo relações de identificação e pertencimento.

Cada indivíduo atribui significados e estabelece associações muito íntimas com o lugar em que mora. A cotidianidade implica num nível de complexidade, pois define um espaço-tempo, lugar simbólico do vínculo. Na relação diária ocupamos lugares mentais e vinculares que são a projeção no espaço das relações estabelecidas e incorporadas como uma identidade. Nossa identidade está feita desses elementos. Nosso dia a dia ativa modalidades primárias de relação baseadas em ações estáveis, tais como ritmos. As visões humanistas e fenomenológicas nos ensinam que o habitar humano, ou o seu estar no mundo, está condicionado a laços de apego que se estabelecem com o lugar.[19]

Considero a casa, lugar onde moramos, o umbigo de nossa identidade. Nossa casa nos define como pessoa. Portanto, perder o lugar é perder nossa identidade, mesmo que momentaneamente.

Através de fragmentos clínicos transmito dois temas propostos por uma família: podemos nos desorganizar a partir de uma mudança de endereço? De quanto tempo necessitamos para conhecer um lugar? Para nos sentirmos em casa?

Uma família que chamarei de Barcelos. A mãe e três filhos, com idades entre dezenove, quinze e doze. O filho mais velho inicia a fala nesta sessão familiar:

– *Tudo começou com a separação dos meus pais e a necessidade de sairmos da casa onde nascemos. Fomos para um apartamento alugado no bairro onde mamãe trabalhava. A proximidade a tranquilizava, mas o aluguel a deixava com a sensação de botar dinheiro fora. A ideia era morarmos ali apenas por um ano. Por isso não nos instalamos no apartamento novo como gostaríamos. Custamos a pendurar quadros nas paredes porque em meses teríamos que tapar os buracos. Não colocamos cortinas nas inúmeras janelas. As janelas permitiam a entrada total da claridade, tão necessária à minha mãe e tão amaldiçoada à minha irmã adolescente e notívaga. De noite, ela abria a janela e inundava os ouvidos dos vizinhos com suas gargalhadas inadequadas e sua música tida como subversiva. Mamãe corria e fechava as janelas com medo de ser denunciada.*

---

19 Camargo, Érica N. de. *Casa, doce lar - O habitar doméstico percebido e vivenciado*, p. 215. São Paulo: Annablume, 2010.

O menor interrompe e complementa. (Transcrevo um pequeno diálogo entre os filhos, e a mãe).

– *Comigo era diferente, a preocupação era com o som. Ah, se tivéssemos vidros à prova de bala: fui confundido com* Rap, *maior ofensa.* Não sabem o que é Heavy Metal.

– *O síndico, em vigésima queixa, disse ter escutado palavrões junto à fechadura da porta do nosso apartamento*, diz o filho de dezenove anos.

– *Mamãe vivia preocupada com os barulhos, com os vizinhos, em preservar sua imagem profissional e pessoal*, afirma a adolescente de quinze anos, num tom de ironia. Olhando para a mãe, que permanece em silêncio até o momento.

– *Os vizinhos não me veem com bons olhos. Sinto-me fragilizada pela condição de mulher divorciada e desprotegida, fora da minha casa. Na verdade, esta casa alugada é escura e triste.*

Depois de um silêncio, o filho menor dirige-se à irmã:

– *Também, cada* cabeludo *que tu botava lá dentro. E aquele cheiro de maconha que vinha não se sabe de onde, mas que só poderia ser de* lá.

– *E tu, não pensou duas vezes quando jogou bexiguinhas e ovos na madrugada ou esvaziou alguns extintores de incêndio.* O menor ri, uma risada meio sem graça, o clima fica tenso.

– *O nosso viver nesses apartamentos, todos esses meses, é tão caótico como nossas vidas, com todas as mudanças,* complementa a mãe.

Que expectativas teriam os vizinhos com a chegada dos novos inquilinos? O fato era que o som das risadas, da música, que compunham o ambiente acústico familiar, incomodava. As janelas estabelecem um modo de conexão entre o dentro e o fora. Ali estavam expostos, precisavam fechar as janelas. A casa, metáfora de proteção frente às próprias angústias e necessidade de privacidade, perdera sua função primordial.

Não havia privacidade naquele prédio, considerando, em especial, que vinham de uma casa ampla, no bairro da infância. Estava claro que não poderiam se inserir naquele mundo. Todos pareciam privados de um espaço doméstico acolhedor da diferença e individualidade.

A preocupação do condomínio com os horários de silêncio em meio ao barulhento adolescer dessa família contribuiu para que, em poucos meses, perdessem a ilusão de um lar que os devolveria à tranquilidade e um respeito à sua maneira de ser no mundo.

Pretendiam incorporar à estrutura física suas escolhas em termos de funcionalidade, conforto, privacidade. Queriam revesti-la de novas possibilidades do viver, mas a nova dimensão espacial determinava como deveria ser o modo de habitar.

Novamente um fragmento de sessão da família Barcelos:

*Estabeleceu-se um sistema de controle, um fechar das janelas e das nossas bocas a uma determinada hora. Eu não faço absolutamente nada. Ninguém mora em parte alguma. Não somos uma família*, denuncia a filha de quinze anos.

Eu (analista) comecei a ficar apreensiva, com a repetição que poderia se instalar ali.

O espaço físico que abriga o habitar funciona como um meio de seus moradores estabelecerem uma identidade com o mundo em que se inserem. A casa deve ser um canal de comunicação entre seus ocupantes e a organização do tempo, do espaço, do cotidiano que indicam padrões de relacionamentos. E, através dessa relação contínua e evidentemente projetiva, os indivíduos passam a perceber e sentir o espaço e aquilo que nele acontece, através do seu psiquismo muitas vezes inconsciente.

Essa família mudou de uma casa, no bairro da infância, casa ampla, farta, que se tornou de difícil convivência, para um apartamento alugado, próximo do local de trabalho da mãe e perto demais dos vizinhos. Há um sentimento de que a família não pode ser reconstituída.

Antes de completar um ano, antes da renovação do contrato, decidiram comprar a casa própria. Os prazos de uma compra casada os levaram a uma moradia provisória em um apartamento emprestado, até que a obra do *novo lar* fosse concluída. A mudança provisória determinou um estilo de vida até então nunca imaginado. Tudo ficou encaixotado, aguardando a quarta e definitiva mudança. Na cozinha se instalou apenas o necessário para um café ou lanche. Não chegaram a ligar o telefone ou *internet*. O relato de um dos filhos traduz a situação que acabou se prorrogando por quarenta dias.

*– Para começar, eu não considero este lugar a nossa casa. Não quero estabelecer nenhum vínculo com essa gente daí. Se eu pudesse ficaria só dormindo. A mamãe vem menos ainda em casa. Para ela, que gosta de arrumar tudo do jeito dela, deve ser ainda mais difícil. Não temos uma sala, nem sala de jantar, se não fossem os bancos emprestados, comeríamos em pé. Só os quartos oferecem maior conforto, mesmo com as caixas de roupas empilhadas. Tiramos apenas as roupas da estação para suportar este mês. Do jeito que entramos no apartamento, o mantemos, apenas tirando os móveis ou objetos que nos incomodam (...). Eu não me sinto acolhida neste lugar. Não recebi um só amigo e me sinto isolada. Sei que é por pouco tempo. Que precisamos ficar aqui.*

Mais tarde, ao lembrar esse tempo comentam:

*– Foi uma experiência da qual não gosto nem de lembrar. Tudo parecia provisório. Pouco investimos* (financeira

e afetivamente). *A única coisa que só hoje consigo reconhecer como boa era a facilidade para pegar ônibus e a proximidade com qualquer lugar que desejássemos ir.*

A família relata o compromisso de ter apenas uma cama para dormir e um teto para se abrigar. A casa, de tão provisória, não cumpria nem com as necessidades funcionais, quanto mais de afeto, conforto e bem-estar. Nem um canto ou objeto era personalizado. Nada do que era deles estava instalado lá. Não podiam modificar o espaço habitado e transformá-lo em algo que correspondesse a sua atual necessidade interna.

Estavam ali de passagem e não tinham condições de apropriação do espaço. Essa vivência foi sentida como traumática numa família que ainda tentava acomodar-se diante de tanta mudança. As mudanças de residência apenas refletiam suas tentativas de reconstrução de um novo mundo. Acompanhem a fala da filha:

*– Não me sentia à vontade lá. Eu não sabia onde estavam as minhas coisas. Ela encaixotou tudo e eu não encontrava nada. Meus livros dentro das caixas. Eu já sou atrapalhada, ali fiquei mais bagunçada, fiquei até preguiçosa. É tudo muito confuso. Até para dizer. Mas ali não tinha nada visível que mostrasse que aquele quarto era meu. Nem o porta-retrato do meu cachorro que ficou na casa do pai. Passava fora a maior parte do tempo. Comprei um monte de incenso e tentava impregnar o quarto com o meu cheiro. Ali cheirava a mofo, sabe?*

Nessa família, mudar de casa se tornou uma regra. Sentiam-se como se fossem turistas ou imigrantes. Esse deslocamento dava uma ideia de desconexão.

As escolhas estéticas e arquitetônicas são, na verdade, um espelho de nossas escolhas internas. Na materialização da casa, o nosso modo de ser. Nenhum dos habitantes nesse espaço provisório podia sentir-se bem, autorreconhecer-se, sentir-se inserido, aceito, abraçado. A sensação era de estranhamento. A confusão interna se intensificou num espaço confuso. Qualquer modificação no ambiente era desorganizador, por estarem em um momento mais regredido.

O excesso de mobilidade em algo que deveria ser estável levou essa família a um sentimento de desterritorialização. A visão subjetiva está localizada no umbigo do cotidiano. Essa casa emprestada não falava deles, ali não imprimiram suas marcas, não estabeleceram um ritmo de viver, não a impregnaram de lembranças e história. Não a carregaram de afeto a fim de torná-la um lar. E a casa não tinha condições de subjetivação.

Essas moradias temporárias, marcadas pela mobilidade, pelo provisório, locais desenraizados, são chamados de não lugares.[20] Um lugar que não pode se definir como identitário, relacional e histórico, é um *não lugar*.[21] Nesses espaços provisórios, tornam-se sujeitos sem identidade prévia, sujeitos de situação e afetados pela situação de mudança constante.[22]

Sentir um lugar não é algo espontâneo, mas sim um processo que leva tempo. Precisamos sentir o espaço, com seus cheiros e luminosidade, com seus ruídos e temperatura, e tudo resulta em experiências singulares. Aos poucos, pela repetição, certas vivências tornam-se hábitos e habitamos uma casa.

---

20 Camargo, Érica N. de. *Casa, doce lar — O habitar doméstico percebido e vivenciado*. P. 194. São Paulo, editora Annablume, 2010.

21 Augé, Marc (1992). *Não lugares — Introdução a uma antropologia da super modernidade*, p. 73. São Paulo: Papirus, 2012.

22 Ver mais no capítulo: *Turistas do mundo e não lugares*.

## Para terminar, mas não para concluir

O sentido da casa é complexo, denso. A casa possui muitos significados reunidos em um pequeno espaço, o que o torna profunda. Seu estudo nos permite entender a identidade entre os espaços e seus moradores e ilumina a conexão com nosso mundo interior, com nossa própria vida.

Uma personagem fala:

*Quando meu amado me recebeu em sua casa sei que deixei de ser uma estrangeira. Sua hospitalidade é plena. Sua hospitalidade não estava condicionada a nada. Nesta noite, ele, meu anfitrião, se tornou meu hóspede. Minha chegada desconstruiu a ambos. Eu não esperava, nem ele, mas eu cheguei. Ele sempre chega. A vinda dele é um acontecimento. Nascemos como casal. E conseguimos existir na diferença. E não há um sem o outro. E não se pode dizer onde começa um e onde começa o outro. Somos feitos desse movimento que nos constitui e que nos desloca. Estar com ele significa alegria. Há uma qualidade no exercício da própria vida, há uma tendência para viver bem. Alargamos as janelas da nossa casa, recriamos a amplitude dos movimentos, libertamos um pé direito total que vai do piso térreo até o topo do mundo. Ele é a minha casa no mundo.*

**Cap IV**
**CASA, METÁFORA DO NOSSO HABITAT INTERIOR**[1]

*A forma de habitar faz o lugar*
Alejandra Tortorelli

## Como era a casa na Idade Média?

A casa medieval era um lugar público. O salão era constantemente usado para cozinhar, comer, entreter convidados, fazer negócios e, à noite, para dormir. Essas diferentes funções eram conciliadas movendo-se os móveis conforme a necessidade. Isso explica por que tantos móveis medievais eram portáveis e desmontáveis.

---
1 A ideia do título veio de Janine Puget. *Subjetivación discontinua y psicoanálisis: Incertidumbre y certezas*, p. 35. Buenos Aires: Lugar Editorial, 2015.

Na Idade Média, as pessoas mais acampavam do que viviam em suas casas. Os nobres tinham várias residências e viajavam muito e, quando o faziam, enrolavam os tapetes, enchiam os baús, desmontavam as camas e levavam os pertences consigo.

Dormir era uma atividade comunitária. Não só havia muitas camas em cada cômodo, mas geralmente várias pessoas dormiam no mesmo leito. Por isso, o tamanho das camas medievais era de três por três metros. Quatro casais podiam dormir lado a lado.

O banho era mencionado como representação do íntimo e do erótico. Era, habitualmente, ritual social, e assim o é em algumas culturas orientais. Frequentemente, era parte de festividades como casamentos e banquetes, sendo acompanhado de conversas, música, comida, bebida e, como não podia deixar de ser, sexo.

O leito, que compreendia segundo o psicanalista Turkenicz: *o entramado, a cama e o conjunto de tecidos acima e ao redor isolavam o usuário da luz, das correntes de ar, e dos olhares* [2]. Ressalta também que o que costumava caracterizar a aristocracia era o mobiliário, as armas e demais elementos do interior das residências, em primeiro lugar a cama[3].

Do ponto de vista arquitetônico foram concebidas como fortalezas pela necessidade de defesa[4]. A casa ou alojamento dos pobres eram sumárias, de barro com palha. E complementa o autor: A pobreza reduz o espaço privado, comprime a família. Nessas casas, as peças únicas serviam para todos os usos[5].

---

2    Turkenicz, A. (2012). *Organizações Familiares Contextualização Histórica da Família ocidental*, p. 152. Curitiba: Juruá, 2012.

3 Idem, p, 152.

4 Idem, p. 162. E próprias ao cotidiano familiar dos séculos XI e XV.

5 Idem, p. 162.

A casa medieval não tinha praticamente qualquer vestígio de conforto. Não eram rústicas, nem toscas naquela época, e também não devemos pensar que seus moradores não tinham prazer nisso. Faltava aos ancestrais a noção objetiva e consciente do conforto.

Nas palavras de Lukács: *Enquanto as pessoas na Idade Média tinham pouca autoconsciência, o interior de suas casas era vazio, incluindo os salões dos nobres e dos reis. Os móveis internos das casas surgiram junto com os móveis internos das mentes.* Faltava uma atmosfera doméstica que é decorrente da atividade humana. O que faltava a estes interiores (referindo-se aos hotéis de 1630) era o senso de intimidade que é provocado por um aposento e sua decoração.

Mario Praz, no seu artigo sobre filosofia da decoração de interiores, fala da maneira como o aposento comunica a personalidade do seu dono, o modo como reflete sua alma, como poeticamente o colocou.

A transição da moradia feudal pública para a casa de família particular estava a caminho. O senso de intimidade doméstica que estava surgindo foi uma invenção humana como qualquer outro implemento tecnológico.

O surgimento da casa particular era um reflexo da importância que a sociedade holandesa começava a dar para a família.

A palavra *home* (lar) reuniu os significados de casa e família, de moradia e abrigo, de propriedade e afeição. Home significa a casa, mas também tudo que estiver dentro ou em torno dela, assim como as pessoas e as sensações de satisfação e contentamento que emanam de tudo isso. Pode-se sair de casa, mas sempre se retorna ao lar.

A privacidade e a domesticidade, duas grandes descobertas da Era Burguesa.

A casa deixou de ser meramente um abrigo perante os elementos da natureza, uma proteção contra o invasor. Apesar de ter continuado tendo funções importantes, tornara-se ambiente para uma unidade social nova e compacta: a família. A casa estava se tornando um lar e, após a privacidade e a domesticidade, o palco estava armado para a terceira descoberta, a noção de conforto.

Os móveis dizem tudo. Assim como um paleontologista pode reconstruir um animal pré-histórico, a partir de um fragmento de osso do maxilar, pode-se reconstruir o interior doméstico, e o comportamento dos seus habitantes, a partir de uma única cadeira. Marcamos nosso território de maneira específica, inclusive colocando móveis.

Ricardo Rodulfo afirmou: *A casa é um lugar simbólico, construído por processos de ocupação.*[6] Esses atos podem ser inscritos pelos seus ocupantes até mesmo na escolha dos *enfeites* (pondo um enfeite).[7]

O bem-estar doméstico é uma necessidade humana fundamental que está profundamente enraizada em nós e que precisa ser satisfeita.

As mudanças tecnológicas influenciaram a evolução do conforto ao longo da história. Aquecimento central, encanamento interno, água corrente quente e fria, luz e força elétricas, elevadores, não existiam antes de 1890.

O conforto doméstico envolve uma gama de atributos: conveniência, eficiência, lazer, bem-estar, prazer, domesticidade, intimidade e privacidade, tudo isso contribui para uma sensação; o bom senso fará o resto. A beleza tem de voltar a ser colocada na esfera da vida cotidiana como medida

---

6 Rodulfo, R. (2004) *Desenhos fora do papel. Da carícia à leitura-escrita da criança*, p. 104. São Paulo: Casa do Psicólogo, 2004.

7 Idem, p. 77.

intuitiva e global da qualidade do ambiente em que vivemos. A beleza realizada na vida como diz Mondrian.

## A vida doméstica

*A experiência doméstica é vivida em uma sucessão de espaços nos quais as diversas atividades da espera privada correspondem a lugares afetivos em harmonia com o temperamento daquele que nela mora.*
Lúcio Costa

No século XX, deu-se a grande transformação da casa, principalmente de seu espaço interno. Passamos a valorizar mais a privacidade e a estabelecer um zoneamento espacial que divide a moradia em três setores: social, íntimo e de serviço. Nas casas, apartamentos, trens, aviões, carros, o artigo de luxo é ter espaço. Antigamente era ter as ferramentas e esses objetos tinham que ser fabricados, e por isso, adquiriam enorme valor. Com o passar dos anos, o dom passou a ser o espaço. A partir de Nietzsche, a distância conquista um valor forte e raro[8].

Não se tinha nem mesmo com o que pensar o espaço, a não ser em termos tradicionais de geometria, até início do século XX. Só a partir de 1900, com a Psicanálise, irão nascer disciplinas fundamentais para uma nova ou mais ampla abordagem do espaço. Há uma relação entre espaço mental e espaço físico[9].

Freud insiste justamente nesta consciência precisa do valor de um estado exterior e um interior para os povos primitivos; nessas sociedades, indivíduos deveriam manter-se

---

8 Barthes, R (1970) *Como Viver Junto*. São Paulo: Martins Fontes, 2003.
9 Netto, J, Teixeira Coelho (2012), *A Construção do sentido na arquitetura,* p.12. São Paulo: Perspectiva, 2012.

(por uma norma impositiva) em determinados espaços exteriores ou interiores: Em alguns grupos, o jovem de uma certa idade não penetra no espaço interior onde estão a mãe ou a irmã (tabu do incesto), impõe-se o afastamento para evitar a tentação da violação[10]. O mesmo acontece com o guerreiro que mata um adversário; após o combate, o vencedor não pode entrar ou sair de determinados espaços (da comunidade).

Como psicanalistas temos que lembrar dos diferentes usos e sentidos que se faz de um certo espaço, conforme a cultura, o grupo social e a época. O interior e o exterior podem ser percebidos de modo distinto, e até mesmo oposto, por indivíduos e culturas diversas.

Desde os primeiros tempos, quando a sociedade nem mesmo existia, a passagem de um espaço interior a um exterior constitui a manipulação do espaço mais importante para a humanidade. Encontrei uma pesquisa valiosa ao longo destes anos, achei ser importante compartilhar[11].

Na arquitetura ocidental, a disposição interna das paredes é fixa. Enquanto que, na moradia japonesa (pelo menos na tradicional) as divisões são sempre semifixas. Na moradia ocidental prefere-se, muitas vezes, dispor os móveis ao longo das paredes, enquanto que, no Japão, a ocupação de um espaço interno começa pelo centro. Se um arquiteto segue um modelo americano de moradia ao pé da letra, por moda ou comodismo, provoca modificações nos comportamentos e nas sociedades, mesmo que de forma ingênua. Pode,

---

10 Freud, S. (1912) *Totem e Tabu,* Obras Completas, vol, VII. Rio de Janeiro: Delta Editores, 1953. Outra menção é em relação à mulher menstruada que, em alguns grupos, devia permanecer afastada dos demais, em determinados espaços interiores.

11    Alexander, C. et al. (1977). *Uma linguagem de padrões.* Porto Alegre: Bookman, 2023.; Bryson, Bill (2009) *Em casa - Uma breve história da vida doméstica.* São Paulo, Companhia das Letras, 2011; Certeau, Michel; Giard, Luce; Mayol, Pierre (1997). *A invenção do cotidiano 2: Morar, cozinhar.* Petrópolis: Vozes, 2013.

inclusive, provocar perturbações psicológicas nos usuários do espaço.

Na França, até o século XVIII, os cômodos de uma casa não tinham funções absolutamente fixas (nas casas mais abastadas, naturalmente). Funções como comer ou dormir eram exercidas no mesmo lugar. No Palácio de Versailles, onde os aposentos se sucedem em linha reta, sem corredor que leve de um quarto a outro e que, por conseguinte, os isolasse, para passar do aposento primeiro ao terceiro não havia outro caminho, a não ser atravessando o segundo. Rosselini, em seu filme *A tomada do Rei-Sol*, sobre a tomada do poder por Luís XIV, mostra (com base em exaustivas pesquisas históricas) que a criada de quarto dormia no quarto do rei (daí a denominação criada de quarto). O que a separava do Rei, e sua companheira de cama, era o tecido que circundava o leito, à guisa de cortina.

Será, apenas a partir do século XVIII, que os cômodos passarão (especialmente os quartos) a se dispor ao longo de um corredor, para o qual se abrem suas portas. A ideia de espaço individualizado, hoje tão natural, foi uma revelação. As pessoas queriam mais privacidade. No Renascimento, o quarto era usado não só para dormir, mas também para refeições privadas e entreter alguns visitantes.

O francês médio, especialmente o parisiense, conduz a vida social nos cafés; ele recebe no bistrô. O espaço que dispõe em sua casa, por ser pequeno ou mínimo, deve ser compartilhado com os membros da família e, praticamente, não pode ser estendido a terceiros. Atualmente, o apartamento comum mede cinquenta metros quadrados, com cozinha, banheiro, quarto e sala, e é considerado moradia de classe média. Como percebemos em uma cultura, o espaço como sendo privado ou comum? Quando o psicanalista for explorar a descrição do espaço das casas, o modo de moradia, deve pesquisar a antropologia e a dimensão socioeconômica das culturas abordadas e a análise-histórica do momento social.

Hannah Arendt fala do moderno encantamento das pequenas coisas, ao qual me identifico. Na obra *A condição humana*, afirma que, na poesia do século XX, o povo francês encontrou representação no *petit bonheur*, dentro do espaço do quarto, entre o armário e a cama, entre a mesa e a cadeira, entre o cão, o gato e o vaso de flores, dedicando a estas coisas cuidado e ternura, num mundo em que a rápida industrialização tudo destrói[12].

Eu diria entre a poltrona e o divã.

O alemão valoriza particularmente o *hall*, cômodo fechado, a porta fechada, enquanto o americano sente-se à vontade em um cômodo aberto e admite a porta aberta ou a ausência de portas. O alemão necessita de porta fechada para poder produzir. Os italianos se expõem mais à apreensão visual dos outros e não se importam que alguém se aproprie de suas opiniões ou pontos de vista: o tom de voz utilizado em conversa é considerado elevado, exatamente o oposto do inglês, que domina a voz para que ela alcance apenas, e tão somente, o interlocutor específico.

*A maçaneta serve tanto para fechar como para abrir, mas naturalmente abre mais do que fecha. Mas a chave fecha mais do que abre*, diz Bachelard. Uma porta fechada detém um inglês que a percebe como barreira a não ser transposta, salvo se expressamente convidado a fazê-lo. No entanto, uma porta fechada, sem estar fechada à chave, obviamente, não constitui um impedimento para um italiano. Quando um italiano deseja isolar-se, deve girar a chave.

---

12 Arendt, H. (1958). *A condição humana*, p. 62. Rio de Janeiro: Imago, 1990.

Ou, quem sabe, diz Paulo Luis Rosa[13], no monumental *A Chave, possas encontrar fôlego para seguir, vida a fora, o que te cabe apenas: abrir portas incessantemente, do primeiro ao último dia. [...] A porta principal, esta é que abre / sem fechadura e gesto. / Abre para o imenso. / Vai-me empurrando e revelando / o que não sei de mim e está nos Outros. / [...] / É dentro em nós que as coisas são, / ferro em brasa - o ferro de uma chave.* Carlos Drumond de Andrade.

## A geografia vincular

Em 2015, escrevemos juntos, Andréia Ponsi, Marcelo Niedersberg, Rogério Tubino e eu, um livro chamado *Os dois lados do espelho – Relato de uma experiência em psicanálise vincular*. Em 2012, montamos um grupo de estudos com o objetivo de pensar a teoria e a técnica que nos instiga tanto. Dos encontros surgiu a ideia de um projeto de atendimento vincular na sala de espelhos da instituição onde lecionamos, o Contemporâneo Instituto de Psicanálise e Transdisciplinaridade. Rogério se ofereceu para ser o analista e os demais eram observadores do outro lado do espelho, e anotavam as sessões. A família atendida autorizou e assinou o termo de consentimento. Após as sessões, permanecíamos uma hora a mais, refletindo a respeito da experiência. Por três anos acompanhamos o casal, e depois a família. Levamos o material para congressos, supervisionamos com psicanalistas como Angela Piva e Elisabeth Roudinesco. Tudo o que estudamos e produzimos foi reunido nesse livro.

E aqui irei compartilhar um fragmento do capítulo: O que Deus uniu, o homem não separa.

---

13 Sousa, Paulo Luis Rosa, *Mimetricamente Drummond*, ensaio para o jornal de Pelotas, RS, 2023.

## A casa é o lugar do vínculo

A residência deste casal que nomeamos José e Maria, deveria ser um lugar acolhedor, de descanso, de harmonia, de restituição de condições de enamoramento. No decorrer das sessões, percebemos que a casa deixou de ser um lugar acolhedor e converteu-se em um lugar de recusa e intolerância. Ali se infiltrou o aborrecimento. A exaltação do eu, da própria identidade, e do próprio território é letal para o vínculo. A casa é lugar de frustrações. As obrigações geram cansaço e sensação de que o outro não colabora. Sentem-se sozinhos, distantes, sobrecarregados.

O marido fala das suas contribuições para a rotina da casa. Usa a expressão na *minha* casa, como se a casa fosse apenas dele. A mulher responde ironizando, como de hábito. Mas em outra oportunidade também se refere à *minha* casa. A casa é de cada um e não dos dois, ou de todos?

Maria: *Na minha casa! Na nossa casa! Arrumo a casa quarta, mantenho de quinta a sábado (...) ele quer almoçar na sala, mas o café está ainda lá (...) Saímos no sábado, domingo continua a bagunça e aí estou cansada.*

José: *Quem ouve pensa que nossa vida social é bem dinâmica (...) Falando de rotina, ela só reclama. Eu queria ficar com os guris de noite, mas senti que invadi o território dela e ela não gostou.*

O analista pergunta se sentem que o espaço é um lugar para combater o pensamento. Na verdade, costumamos deixar o outro entrar, desde que não interfira na nossa rotina, que não nos desloque, do contrário, nos sentimos invadidos.

A casa é o lugar onde permanecemos mais tempo quando experimentamos a vida; e fazer da casa um lar é responsabilidade dos pais e não das crianças. Algumas casas são um corpo rígido, como uma armadura. Casas são para serem usadas.

O casal vinha discutindo, a algumas sessões, sobre colocar ou não o filho pequeno na creche. Novamente estão em oposição e com dificuldade de conversar e tentar resolver um assunto que, os angustia no momento. A mãe não gostaria de colocá-lo numa creche. O marido sugere que aguardem o filho ter idade para ir direto para a escolinha. A outra solução apontada é a contratação de uma babá, uma vez que não querem e não podem contar com as famílias de origem, mas estão preocupados em preservar o espaço íntimo do casal. Teriam que fechar uma porta que nunca fecharam. Se fechassem a porta, como poderiam atender os filhos à noite, caso necessitassem? Além disso, argumentavam que a babá iria circular em área que consideram íntima. A babá deveria ficar na parte de fora e eles na parte íntima. Deveriam trancar a área de serviço. A babá passou a ser ameaçadora. O que vem de fora ameaça? Em uma sessão familiar, o filho mais velho desenhou a casa e não representou o espaço íntimo; a folha não deu, disse ele.

Referem pouco espaço para a intimidade. Em alguns relatos, a mulher fica no computador e ele assistindo a um filme. Ela no computador falando com outras pessoas, e ele sozinho, ou ele no computador e ela sozinha com as crianças. O tempo e o espaço costumam refletir uma relação mais próxima com o inconsciente. Aparece o fator proximidade e distância.

Na sala de atendimento, sentam-se algumas vezes mais próximos e, em outras, mais distantes, mas invariavelmente nas mesmas poltronas ou posições previamente arranjadas. Um ocupa a da direita e o outro a da esquerda. Ele mais perto do espelho e ela no fundo da sala. A distância espacial pode ser uma projeção da distância afetiva. Em uma sessão, após terem deixados os filhos pequenos sozinhos em casa para virem à terapia (sessão interrompida pelo risco delas permanecerem sem o cuidado de um adulto), a esposa sentou-se mais próxima e de costas para o espelho. Havia um modo habitual de ocuparem o espaço. Estas mudanças tinham um significado e eram registradas pelo grupo e depois refletidas.

E a forma como os conflitos se manifestam no tempo e no espaço de diferentes maneiras:

José: *Para mim o ideal de família era como meus pais, mas sem as brigas. Meu pai era um mulherengo, mas fora isso ele fazia comidas diferentes, brincadeiras legais. A mãe era bastante organizada. Nós sentávamos na mesa. Lá em casa tem uma sala de jantar, a sala que não podemos usar para não estragar. A Maria, ela já falou aqui na família dela, é família de pastor.*

Outro diálogo:

José: *Ela não me dá espaço para ser pai. Era ela e a mãe dela. Ela não me deu o direito de ser pai do mais velho; o mais velho eu não curti, eu não vivi. Ela me roubou essa fase e acha que é tudo da minha cabeça.*

Maria: *Eu reconheço que a gente agiu errado. A gente, porque ele permitiu.*

José: *A minha sogra entrava em conversas e comportamentos.*

Maria: *Da minha parte eu me incomodo, porque não concordo com um monte de coisa da família dele, mas é o sangue.*

José: *Ela resiste muito a ter uma família comigo. Temos que exorcizar as famílias. Vamos ao* shopping, *Maria?* Ela responde*: Não, só no fim de semana. Vamos fazer uma comida juntos? Não, tem que ser no sábado. E aí no sábado tem a igreja, tem coral e não acontece nada.*

Maria: *Que mentira, José!*

José: *Desde que o filho nasceu ficou difícil. Era ela e eu, e depois quando veio a sogra a mudança foi muito estressante. Nós perdemos um pouco da identidade porque houve uma mudança drástica na estrutura.*

Maria: *Tipo assim, a mãe ficou uns três anos. A gente não ficava à vontade, não tinha a mesma intimidade.*

Em outro fragmento:

Maria: *Eu não gosto de sair para namorar com a casa bagunçada. Tenho que dar banho, comida. Tem os planejamentos do setor... olho a casa para arrumar e daí... aí eu pensei que de manhã ele ia sair com os guris e eu conseguiria arrumar a casa. Ontem eu fiz o trabalho até às cinco horas da manhã. No domingo estava arrumado como eu gosto. Aí consegui trabalhar. Mesmo dormindo tarde eu acordei cedo e nada do José. Eu pensei em cozinhar, mas não tinha nada. E nada do José.*

Mais um fragmento:

José: *Eu sugeri da gente jantar na sala. Sei que não pode ser todos os dias. Quarta não dá. Terça eu estava de serviço e ela me xingou porque eu esqueci de arrumar a mesa, varrer o chão.*

Maria: *Na minha casa tem muita formiga. Então, se ele deixar comida não dá. E as crianças podem virar iogurte, suco. Tem a mesa da cozinha.*

José: *Mas não é a mesma coisa. Na sala é bem melhor.*

Maria: *A gente tem uma cozinha boa, mesa boa.*

José: *Mas é na sala que a gente reúne a família.*

Maria: *Pode comer, só não precisa ser todos os dias; na sexta eu acho bom. O Lucas quase derramou um copo de iogurte na semana passada.*

José: *Eu limpo.*

Maria: *Que limpa que nada! Compra uma mesa maior para a cozinha.*

Perde-se o corpo, na inabilidade das palavras. A casa desta família está suspensa em um inacessível espaço, lá fora ou lá longe. Esta casa é a ruína de um casal.

Finalizo com o a ideia do título, geografia vincular[14] de Isidoro Berenstein que encontrei no livro; *Do ser ao Fazer*:

*O que despertava a irritação? Ultimamente a vida na casa estava marcada pela intolerância. No entanto, haviam detectado que esta não parecia se saíam o fim de semana, ou se viajavam. O hotel configurava outro espaço. A diferença estava em que a mulher não o fazia notar os* defeitos: *manchar a toalha se apoiava os talheres sujos em vez de o fazer no prato; tampouco a mãe dela interferia por telefone nem ele depois ia jogar futebol ou, como era habitual na casa, se o olhava pela televisão, o que provocava nela recriminações por que não encontravam um momento para conversar. Nada disso aconte-cia quando estavam* fora, *espaço que se separa nitidamente do* dentro. *Com certa frequência estes espaços estão entrelaçados, mas a idealização ajuda a separá-los na geografia vincular[15].*

A casa é onde se coloca espacial e temporalmente o vínculo. Esse setor da vida representada pela vida doméstica vincular. Pode deixar de ser um lugar acolhedor e se conver-ter em um lugar de recusa e de intolerância à vida de ambos. *Ou se cria vida, ou se produz algo da ordem da morte, que se estende sobre a mesa e sobre a cama* [16].

---

14 A geografia vincular também é o nome de cursos que ministro a respeito deste tema.

15 Berenstein, I. (2011) *Do Ser ao Fazer- Curso Sobre Vincularidade*, p. 113 e 114. São Paulo: Via Lettera Editora, 2022

16 Idem, p. 108 e 114.

# Cap V
## TURISTAS DO MUNDO E NÃO LUGARES

Em uma ocasião, atendi um casal que morou alguns meses na Áustria. Na época era um projeto definitivo. Mas, ao chegarem, instalou-se a pandemia e nada seguiu como planejado. Não puderam realizar cursos; os dois ficaram confinados, sem trabalho, e tiveram que retornar em poucos meses. O apartamento no Brasil ficara desocupado e haviam-no colocado à venda. *Não sabíamos se queríamos vender ou não. Tanto que ficou fechado e estragou muita coisa.*

Em uma sessão falam do assunto: *Ao voltar, colocamos o apartamento à venda novamente, com o preço lá em cima. Meu marido não quer mais o duplex, não usamos mais a parte de cima, por causa da nossa cachorra, que não consegue mais subir a escada, que é escorregadia. Nós gostamos de mudar, mas acabamos ficando mais exigentes e não encontramos o lugar, nem sei se procuramos muito. Teria que ser um apartamento com pátio ou até mesmo uma casa.*

Em outra sessão *online,* me apresentam o apartamento: *Aqui é a sala, o escritório, o nosso quarto, que tem uma abertura para um balcão pequeno e o banheiro, e aqui o quarto que, quem sabe, vai ter gente dentro.* Era um quarto vazio, com uma cortina branca. O casal faz tratamento para engravidar. O motivo da busca do atendimento gira em torno dos planejamentos que não se efetivam, dos projetos em compasso de espera por conta dessas expectativas frustradas e incertezas.

*Aqui sobe para o outro andar, tem uma área grande. Aqui é a sala de TV, tem este lavabo social, a área do deck, com teto retrátil, onde fica a mesa grande de churrasco e que se liga com a churrasqueira que se abre para esta área aberta. Aqui é a lavanderia. É bem grande. Aqui tinha um monte de plantas. Doamos todas para viajar. Tinha uma árvore da felicidade, a coisa mais linda, rosas, vasos pendurados ali. Mas agora que a nossa cachorra não pode subir, não usamos mais. Só subimos uma vez por semana quando vou dar o banho nela.*

Este casal tem dificuldade de habitar o espaço, preenchê-lo com plantas, algo vivo que necessita cuidado e que se perde em uma mudança. O espaço da casa poderá, a qualquer momento, ser deixado para trás; é como um lugar que está pronto para ser transportado para outra localidade.

A cachorra é a filha deles; a doença os impede de se expandirem, ocuparem o espaço da casa, do vínculo. O tema do filho doente se conecta com o que não vinga. A infertilidade promove ou reativa feridas narcísicas.

Explicaram que a casa está uma bagunça, que antes da viagem faziam almoço de família e, desde que retornaram da Áustria, foi ficando assim. Casa de dentro ou casa de fora?

Existe dentro e fora? Nossa casa não reflete o que somos? Como vivemos?

Primeiro tiraram os móveis do quarto de hóspedes, e aquele lugar virou um depósito com as caixas da mudança que vieram do exterior. *Eram caixas bem grandes e ali virou o quartinho da bagunça. E agora temos dois colchões no escritório, caso alguém venha dormir aqui.*

*Meu marido gosta de pegar esses colchões que guardo para visitas e colocar no chão da sala de baixo para ver televisão. Lá em cima temos sofás retráteis, mas não usamos porque a cachorra não pode subir e ela gosta de deitar com a gente. Ela está muito doente e velhinha, procuramos fazer o que podemos por ela. Se subimos e ela fica aqui embaixo, ela chora.*

Ao longo do tempo em que o apartamento vem sendo habitado, passou a incorporar novos hábitos desses moradores, tornando-se um lugar onde conseguem viver os fins de semana em família. Apenas nesses momentos estão todos juntos.

Em outra sessão, ainda falando do apartamento: *A localização é boa, tem tudo que a gente precisa por perto: açougue, padaria, farmácia, posto de saúde, posto de gasolina. Mas meu marido acha que não tem sentido morar em um apartamento em que usamos só uma parte.*

Ele fala muitas vezes em sessão que se sente viver pela metade. Não conseguem planejar nada por conta do tratamento para engravidar. Acha que a vida deles gira em torno disso. Os tratamentos demandam muito. Essas vivências provocam lutos ancorados no próprio corpo. Sentimentos de vazio, tristeza, perda, angústia.

A esposa segue trabalhando à distância, no escritório que montaram em casa. Dessa forma consegue cuidar do animalzinho. O marido viaja com frequência. Ficam longe um do outro por vários dias. Sentem-se sós, a casa que antes era cheia de plantas e abrigava uma árvore da felicidade está cada vez mais restrita e sem vida. Há frustrações e cobranças de ambos os lados pelos projetos interrompidos. A vida nova que aguardam não vinga e a vida a dois está murchando aos poucos. *O quarto vazio denuncia o casal órfão de filhos. O filho que não vem não reassegura o narcisismo parental.*[1]

O antropólogo francês Marc Augé[2] afirma que *a supermodernidade impõe novíssimas experiências de solidão, produzindo* **não lugares**, *espaços que não são em si antropológicos, lugares de memória, isto é que não podem definir-se como identitários, relacionais e históricos.*[3] Faz referência ao conceito de sujeito multidão de Starobinski, que impõe às consciências individuais novíssimas vivências de solidão e similitude. Augé diz que ocorre um afastamento de si mesmo; não se cria nesses espaços uma identidade singular. É um lugar não simbólico *e diametralmente oposto ao lar, ao espaço personalizado; representado pelos lugares impessoais, são os domicílios móveis, os meios de transporte, gares, aeroportos,* shoppings centers, *caixas eletrônicas, até mesmo hotéis.* Lugares caracterizados pelo temporário e efêmero.[4] *O acesso ao não lugar é impessoal. Faz-se através de senhas, de códigos de identificações, de números. O indivíduo reduzido a uma sequência de números é anônimo, a-histórico, carece de subjetividade. Ser número constitui a forma mais regressiva e impessoal de identificação, promovendo o encontro com o zero, o nada.*[5]

---

1 Lia Mara Dornelles, na conferência *Precisamos falar sobre infertilidade*, proferida no Contemporâneo — Instituto de Psicanálise e Transdisciplinaridade, dia 17 de junho de 2023.

2 Augé, Marc (1992). *Não lugares — Introdução a uma antropologia da supermodernidade.* São Paulo: Editora Papirus, 2012.

3 Idem.

4 idem, p. 74, 75 e 194.

5 Ver também no livro de Fruett, Ana Cássia. *Um divã dentro de casa - Vínculos tóxicos na psicoterapia familiar domiciliar*, p. 73. Porto Alegre: Editora Letra & Vida, 2007.

Os não lugares estão numa relação contratual de não permanência; são marcados pela mobilidade, efêmeros, desenraizados. Ocorre a sensação de deslocamento e desconexão.[6]

Numa oportunidade supervisionei um material onde o sofrimento maior era em decorrência do trabalho do marido. Ele fazia a manutenção de máquinas em plataformas, a maioria petrolíferas, e chegava a ficar sessenta dias entre uma e outra, antes de retornar para a família, *para a terra*, como costumava dizer. Muitas vezes trabalhava no turno da noite, o que dificultava a comunicação com a mulher e aumentava o sentimento de solidão. Também mencionava uma certa desorientação por trabalhar no turno invertido; ao retornar; tinha dificuldade de adaptação à *rotina da terra*.

O psicanalista Isidoro Berenstein[7], fala do sentimento de um casal ao separar-se, das experiências de rupturas que produzem dessubjetivação, despersonalização e desrealização. A separação é vivenciada como um descentramento, como estar fora de si mesmo. A separação implica em perda de um lugar. Essa vivência acompanha as pessoas até que possam dar lugar a outro lugar. Sem a presença, o outro é recoberto pela projeção, expectativa, ideais. No reencontro sofrem os efeitos da presença, rechaçam o não coincidente. A incerteza, a inevitável espera do outro que não vem, que faz ter saudade, investe-se de ambivalências: há o desejo amoroso, mas também a hostilidade pela demora, pela ausência em datas e momentos importantes. A demora pelo reencontro é sentida, muitas vezes, como um sentimento de inexistência na mente do outro. E, quando estão juntos novamente, a

---

6 Também faz referência ao conceito: Camargo, Érica Negreiros. *Casa doce lar - O habitar doméstico percebido e vivenciado*, p. 194. São Paulo: Annablume, 2010.
7 Berenstein, Isidoro (2011) *Do ser ao fazer - Curso sobre vincularidade*, p. 108. São Paulo: Via Lettera Editora, 2011.

presença gera perplexidade, não coincide com o imaginado, e se desentendem. Algumas reações chegam a ser, de certa forma, violentas, ações defensivas por não tolerarem que o outro modifique a rotina estabelecida ou a própria subjetividade, exigindo que seja semelhante. Se é semelhante, identifico-me, se é dessemelhante, rechaço. O rechaço à *ajenidad* provoca mal-estar e até mesmo ódio.

Para esse casal a cotidianidade é difícil de ser construída. O dormir juntos, acordar e tomar o café da manhã, depois o almoço ou jantar, assistir a uma série na TV ou às notícias, tudo o que faz parte da rotina de um casal, ocorre ocasionalmente. Não conseguem ter um ritmo que se transforme em hábito. Cada vez que se encontram precisam reconstruir um *estar juntos*.

Espaço privado, território onde se desdobram e se repetem dia a dia os gestos elementares das artes de fazer, é antes de tudo o espaço doméstico onde nos sentimos bem, em paz; lugar onde todo o visitante pode ser um intruso.

Como se comunicam pouco, por celular ou chamadas de vídeo, porque muitas vezes a *internet* ou os horários não permitem, não conseguem contar tudo o que fizeram durante o dia, aumentando a sensação de que um não participa da vida do outro. Há um sentimento de descontinuidade, certa confusão. Contaram ou não determinado fato? Isso ocorreu antes ou depois de tal coisa? A intimidade do casal também é afetada.

Janine Puget[8] enuncia o conceito *turistas do mundo* para pessoas que trabalham como diplomatas, em companhias aéreas, ou empresas multinacionais com sedes em diferentes países e que exigem viagens constantes, obrigando os

---

8 Puget, Janine. (2015) *Subjetivación discontinua y psicoanálisis: Incertidumbre y certezas*, p.76–78. Buenos Aires: Lugar Editorial, 2015.

funcionários a uma vida itinerante, a morar em hotéis ou alojamentos e, portanto, viver em trânsito. São os turistas da vida, situação imposta pelo trabalho, às vezes *online*.[9] Puget cita Silvia Amati[10], quando afirma que essas pessoas devem adaptar-se a qualquer coisa obrigada pelo seu trabalho; não conseguem ter pertencimento social ou uma situação amorosa estável. A vida itinerante tem consequências na vida afetiva. Ocorre desarticulação entre a vida de família e a laboral.

Outro conceito interessante é o fenômeno de solidão apontado por Hannah Arendt, quando o ser humano perde seu lugar, seu lar privado, mas sente-se resguardado contra o mundo. *O nosso refúgio seguro contra o mundo público e comum está entre as quatro paredes da nossa propriedade particular. Se perdemos este lugar só nosso, não podemos nos esconder.*[11]

Se o lugar apoia e define o ato de ser, perder o lugar é perder a identidade.

É necessário proteger o território privado dos olhares indiscretos. O apartamento e a moradia revelam a personalidade do seu ocupante. Mesmo um quarto anônimo de hotel diz muito sobre o seu hóspede no passar de algumas horas. Um lugar habitado pela mesma pessoa, durante um certo tempo, esboça um retrato semelhante, a partir dos objetos (presentes/ausentes) e dos costumes, o jogo das exclusões e preferências, a disposição do mobiliário, a escolha dos

---

9 Vejam que este livro é anterior à pandemia de covid-19, onde muitas pessoas passaram a trabalhar por outras plataformas em *home office*; Janine mencionava o trabalho por *Skype* no original.

10 Amati, S. *Recuperar la verguënza*, p. 107-119 apud Puget, J. e Kaës, R. *Violencia de Estado y psicoanálisis*, p. 75. Buenos Aires: Lumen, 2006.

11 Arendt, Hannah (1958). *A condição humana*, p. 81. Rio de Janeiro: Editora Forense Universitária, 2005.

materiais, a gama de formas e de cores, as fontes de luz, um livro aberto, a ordem e a desordem, a harmonia e as discordâncias, a austeridade ou a elegância, o cuidado ou a negligência, o convencional ou o exotismo, o visível e o invisível. Para esse casal, pelo tipo de trabalho dele, era difícil sentir-se em casa, ter um lugar para chamar de seu. Ou seja, o *lar*, palavra que vem do latim e significa casa, interior da casa, chaminé, fogão.

A casa, como espaço físico que abriga o habitar doméstico, funciona como um meio de seus habitantes estabelecerem identidade com o mundo em que se inserem. Também como canal de comunicação em relação aos seus próprios ocupantes, mandando-lhes mensagens cotidianas.

Deve-se organizar o espaço, por mais exíguo que seja, para as funções diárias: refeições, toalete, conversa, estudo, lazer, repouso. Aqui se repetem os gestos indispensáveis ao ritmo do agir cotidiano. Aqui o corpo dispõe de um abrigo fechado onde pode estirar-se, dormir, fugir do barulho, dos olhares, garantir seu entretenimento mais íntimo. Morar à parte, fora dos lugares coletivos, é dispor de um lugar protegido. Aqui os corpos se lavam, se embelezam, se perfumam. Temos tempo para viver e sonhar. Aqui as pessoas se estreitam, se abraçam e depois se separam (a intermitência é erótica). Aqui a criança cresce, acumula na memória mil fragmentos de saber, cultura, tradição, herança, que determinarão sua maneira de ser.[12]

---

12 Certeau, Michel de; Giard, Luce; Mayol, Pierra (1994). *A invenção do cotidiano, vol. 2 - Morar, cozinhar*. Petrópolis: Vozes, 2013. Este livro foi sem dúvida inspiração.

## O portão, endogamia versus exogamia

Há muitos anos atendi um casal que construíra sua casa num terreno da família dela. A casa dos pais era de frente para uma rua, e a deles, voltada para a rua de trás. Um portão, no meio do terreno, permitia a passagem de uma residência para a outra, sem a necessidade de fazerem a volta na quadra. Quando o filho do casal nasceu, os avós passaram a usar o portão com maior frequência, e o marido/genro sentiu-se incomodado com a situação. Solicitava à mulher que conversasse com os pais dela e que mantivessem o portão fechado. Dessa forma, quem desejasse visitar a outra família teria que contornar a calçada e apertar na campainha para ser recebido pelo dono da casa. Mas a esposa não sabia como dizer aos pais que desejavam fechar o portãozinho, achava que eles iriam se ofender.

A porta é todo um cosmos do entreaberto. Às vezes o portão está *aferrolhado, fechado com cadeado. Outras vezes está* aberto, *escancarado.*[13] O portão estabelece a permeabilidade em relação à presença física de quem desejamos ou não em nosso espaço privado.[14]

Passados alguns meses, o problema se intensificou e o marido ameaçou que teria, ele mesmo, a conversa com os sogros. Ela se encheu de coragem e abordou o assunto. Seus pais não entendiam a solicitação. *Como? Então a nossa presença não é mais bem-vinda? Nós não podemos mais ver nosso neto? Vamos até lá para ajudar. O acesso pelo portão facilita muito, encurta caminho...*

---

13 Bachelard, G. (1957). *A poética do espaço*, p. 225. São Paulo: Martins Fontes, 2005.
14 Camargo, Érica Negreiros de. *Casa doce lar - O habitar doméstico percebido e vivenciado*, p. 110. São Paulo: Annablume, 2010.

Observamos o sistema de circulação pela presença do portãozinho aberto e vemos que a casa da filha e a dos pais se intercomunicam[15].

Ficaram alguns dias sem se comunicar. O jovem casal ficou magoado. Pensaram em mudar definitivamente dali, irem morar bem longe. Mas depois as coisas se acomodaram. Decidiram colocar uma piscina no pátio, aumentar a parte da churrasqueira e aproveitaram para fechar o portãozinho.

Presenciamos o quanto é difícil para algumas famílias delimitarem os espaços, o território privado. Famílias endogâmicas dificultam a saída dos filhos. Este é mais um exemplo de famílias que vivem em condomínio. O casal, recém-formado, desejava construir uma demarcação entre a casa deles e a dos pais dela. Afinal, costumamos escutar: *vivem no mesmo lar aqueles que comem do mesmo pão, aqueles que compartilham o mesmo vinho.* Para o jovem casal, lar é apenas a casa deles com o filho recém-nascido. Lutaram por um território próprio, claramente definido. O portão representava uma continuidade entre a casa dos pais e a da filha; aberto, significava a não demarcação entre uma casa e outra. O genro queria fechar o portão, fazer uma interdição na continuidade entre os terrenos, para que não fossem apenas uma cópia do casal endogâmico. A mulher teve medo de perder o pertencimento com a família de origem. *Abandonar os seus para criar uma aliança nunca é simples, nunca se faz sem tensão.* O casal é o encontro entre dois territórios. Se ela concordar com a solicitação do marido e fechar o portão, estaria traindo as tradições familiares? Aqui se jogam as lealdades e fidelidades com a família da origem que, mesmo de forma inconsciente, é núcleo do conflito com a família atual.[16]

---

15 Berensein, I. (1976) *Família e Doença Mental*, p. 175. São Paulo: Escuta, 1988.
16 Severo, A. *Novas configurações vinculares - Uma fotografia do nosso tempo*, cap. 10, p. 234. In: *O suave mistério amoroso. Psicanálise das configurações vinculares.* Porto Alegre: AGE, 2014.

Até poucos anos, a nossa sociedade, em algumas culturas, especialmente a italiana, no Rio Grande do Sul, era baseada na família estendida: uma família de pelo menos três gerações, com pais, filhos, avós, tios e primos vivendo juntos em um lar múltiplo único. Talvez essa memória ancestral dificulte a aceitação dos pais dela. Cada família concebe seu espaço de forma diferente, e o estudo desta dimensão pode nos dar dados sobre a organização inconsciente do grupo.[17]

O psicanalista Miguel Alejo Spivacow[18] chamou a atenção que a endogamia não é pior nem melhor que a exogamia. Mas que a prevalência e intensidade do investimento endogâmico pode atrapalhar o necessário reordenamento de códigos e valores comuns e novos do casal em formação, ou impedir a consolidação do casal. Aponta para as deslealdades e a dificuldade de manterem alguma distância dos mandatos familiares.[19]

O portão, ou a porta, significa passagem entre mundos, entre o conhecido e o desconhecido, a luz e as trevas, o dentro e o fora. A porta tem um valor dinâmico, psicológico, pois indica passagem e também convida a atravessá-la. Porta fechada indica segredo, algo oculto. Nesta família o portão fechado significa restrição, proibição. Aberto, representa um convite para a sua travessia.[20]

Janine Puget incorporou o termo *extimidade*, de Lacan, para referir-se ao paradoxo de que o interior pode ser o exterior. Ressalta a dificuldade de organizar, definir clara-

---

17 Berenstein, I. (1976) *Família e Doença Mental*, p. 154. São Paulo: Escuta, 1988.

18 No seu livro: *Clínica psicoanalítica con parejas - Entre la teoria y la intervención*, (2008) Buenos Aires, Lugar Editorial, 2008. Endogamia é o regime pelo qual o indivíduo se casa no interior da sua tribo.

19 Idem, p. 128–130.

20 Ver mais no artigo: Carvalho, Thâmara Talita Costa de; Gaudêncio, Edmundo de Oliveira; Gaudêncio Mahayana de Paiva: *A cartografia afetiva da porta*. Revista Arquitextos, ano 19, nov. 2018.

mente o próprio e o *ajeno*. Que devemos organizar novas categorias dirigidas ao público e privado. *Cada espaço pretende delimitar o dentro e o fora, o próprio e o aproprio, o conhecido e o estrangeiro. Entre esses espaços se produzem fraturas, quebras, hiatos[21].*

Gaston Bachelard diz: *O exterior e o interior são ambos íntimos; estão sempre prontos a inverter-se entre tal interior e tal exterior, essa superfície é dolorosa dos dois lados[22].*

O cotidiano é aquilo que nos é dado a cada dia (ou que nos cabe em partilha), aquilo que nos prende a partir de um interior. Não penso o cotidiano apenas como algo rotineiro ou que nos oprime, é da vida, do mundo que amamos, mundo da memória olfativa, memória dos lugares da infância. O cotidiano é humano, nele não temos nome, figura, não há sujeito ou dono, ele nos escapa, é vivo e produz seus efeitos.

Esse casal construiu uma envoltura imaginária que passou a funcionar como um continente e sustentação para ambos, chamada de pele vincular[23], que filtra e limita, contornando o que é do interior e o que é do exterior do vínculo. Conseguiram estabelecer um corte com a família doadora da mulher. Armaram uma pele comum, desenhada pelos dois, promotora da fantasia de proteção, abrigo. Formaram um lar, o deles. Aos poucos, aconteceu o reconhecimento de que ali existia um casal, uma nova família.

---

21 Puget, J. *Subjetivación discontinua y psicoanálisis: Incertidumbre y certezas*, p. 22, 23 e 35. Buenos Aires: Lugar Editorial, 2015. Citou Lacan, 1971.

22 Bachelard, G. *A poética do espaço*, p. 221. São Paulo: Martins Fontes, 2005.

23 Conceito de Isidoro Berenstein, inspirado em Anzieu, o Eu pele. Encontra-se no livro: *Psicanálise do casal*. Porto Alegre: Artes Médicas, 1994. Anzieu, D. *Crear y Destruir*. Madrid: Biblioteca Nueva, 1996. Livro onde estudamos este tema.

# Cap VI
## MORANDO EM CONDOMÍNIO, O SENTIDO DO HALL

> *É nas casas velhas, onde parece flutuar ainda a penumbra dourada do passado, que se recebe, mais perdurável, a impressão da família e do lar.*
> Júlio Dantas

O casal e um fragmento de sessão:

Alfredo: *Eu peço e tu não me escutas, eu falo, mas tu não levas em consideração. Estou implorando... por favor, não se intrometa na cor do hall. Evita confusão. Eu sei que és tu que estás fomentando isso. Teu irmão não iria se incomodar com isso.*

A analista pergunta o que está acontecendo com o *hall*.

Margarida: *Meu irmão vai mudar para o nosso prédio e só conseguimos um apartamento no andar que a cunhada do*

*Alfredo mora. E ela pintou de forma bem artesanal o* hall, *de uma cor horrorosa, que incomoda quem chega. A proprietária do apartamento comentou que não gostava da cor e meu irmão concordou. Então, ele ficou de falar com a cunhada dele e reagiu assim, diz que a cunhada não pode ser frustrada.*

Alfredo: *Não é bem assim, se isso for em frente vais criar uma animosidade desnecessária. Já tivemos uma situação anterior em que ficamos sem nos falar. Agora que estamos resgatando esse laço, por favor, eu imploro, deixa isso do* hall, *não interfere.*

Começam uma discussão. Margarida se ampara nas regras do condomínio, e Alfredo tenta explicar que não se trata de ter razão, mas de não ter intriga na família neste momento; não conseguem se entender.

Temos aqui um casal que chamei de Alfredo e Margarida. Moram em um apartamento no mesmo imóvel do irmão dele e sua mulher. Residem em condomínio, isto é, cada um tem uma fração de uma área de uso privativo onde está localizado o apartamento, e o restante da área em copropriedade: garagem, escadas, alguns corredores, *hall*, pátio, churrasqueira...

Margarida e o cunhado ficaram um bom tempo distantes por intrigas. Ela não tem amizade com a mulher dele, e agora seu irmão alugou um apartamento no mesmo andar. Um impasse se estabeleceu, pois ele não gostou da cor com que a cunhada de Alfredo decorou o *hall* e pretende retirar a pintura artesanal que estava ali antes da sua chegada. Prenúncio de desavenças familiares. O que fez Margarida permanecer no mesmo prédio da cunhada que nem a cumprimenta no elevador? E agora trazer o irmão para morar no mesmo local e no mesmo andar que essa mulher? O que significa essa discordância pela cor do *hall*? Sabemos que as cores carregam significados emocionais.

O que é o *hall*? O espaço das casas tem geralmente uma distribuição convencional. O *hall*, substantivo masculino, é o saguão, lugar de entrada. Aquele ambiente da casa ou do condomínio onde entramos logo que abrimos a porta; também chamado de vestíbulo ou antessala. A partir dele, acessamos cômodos mais privados. Pode funcionar como uma câmara, que impede o ar, quente ou frio, vindo da rua, de seguir direto para o interior da casa. Existe, ainda, o objetivo de evitar que, ao abrir-se a porta de entrada, olhares penetrem no lar. Nas residências, estranhos podem ser recepcionados ali mesmo. Os familiares normalmente usam para tirarem os casacos, depositarem o guarda-chuva, as chaves. Pode ter um banco para calçar os sapatos, sapateira, cabideiro, algum aparador.

Se for numa residência, é uma área à qual o proprietário tem domínio exclusivo por ser privativa. O *hall*[1], dentro da construção civil, funciona como o cartão de visitas da edificação, seja ela residencial ou corporativa. Costuma ser funcional e decorado por profissionais. Pode servir, em algumas situações, de sala de espera; neste caso colocam-se sofás ou poltronas. Pode ser clássico ou alegre, com uma parede colorida ou com textura, mas o resto, em branco ou neutro, para parecer mais amplo e claro. No presente caso, é preciso pensar que se trata de um ambiente coletivo e, portanto, não se costuma colocar peças de gosto particular, e sim, certa neutralidade na escolha de todos os aspectos.

Na opinião dos antigos, o privativo, implícito na palavra, significava, no sentido literal, um estado no qual o indivíduo se priva de alguma coisa. Hoje, diz Hannah Arendt, pelo

---

1 Em muitas edificações contemporâneas, o *hall* tem sido eliminado pela falta de espaço, por economia, e acabou se tornando lugar de baixo nível de investimento.

individualismo, a palavra tem outro sentido, o de proteger o que é íntimo [2].

Se o prédio é familiar, no caso da família de Alfredo, entende-se melhor o fato da cunhada ter feito a decoração do *hall* de forma artesanal, ou artística, e que tenha sido aceita pelos moradores antigos. O novo morador não gosta da pintura e pretende substituí-la. O *hall* é um espaço entre um apartamento e outro, espaço relacional, virtualmente intermediário. O conflito, que já existia entre as duas famílias, fica visível e até ressaltado no espaço habitacional.

Os moradores desse edifício entendem o *hall* como uma área privativa, prolongamento do seu espaço habitacional? E, portanto, pensam que podem fazer tudo o que desejam, sem obedecer às regras condominiais? Margarida pensa que a mulher do irmão de Alfredo, ou qualquer proprietário, não pode decorá-lo a seu gosto, e que tudo feito nessa área de uso comum deve ser deliberado em assembleia. Mas, e se a convenção permite decoração diferente por andar? Se o vizinho resolve pintar uma porta de vermelho, isso precisa ser acordado antes? Suponhamos que a cunhada tenha conseguido autorização dos antigos vizinhos para pintar de forma artesanal o *hall*. O novo morador pode modificar o que estava preestabelecido?

Os gostos não combinam. Há iminência de atrito entre as duas famílias: a de Alfredo, e a de Margarida. Nesta discussão está colocada uma situação anterior de tensão entre elas. Não se trata apenas de um conflito pela decoração do *hall*.

Cada lado quer demarcar seu território. Quem terá mais força? A chegada do irmão dá mais vigor, autoridade

---

2 Arendt, H. (1958). *A condição humana*, p. 34 e 48. Rio de Janeiro: Editora Forense Universitária, 2005.

para Margarida se opor ao irmão de Alfredo e sua esposa? O novo morador, porta-voz da família de Margarida, quer impor uma mudança ou se introduzir no processo de tomada de decisões do condomínio? Intervir no que está estabelecido, contrariando a parte que pertence à família do marido, tem um sentido. Alfredo pede para que Margarida não interfira no assunto do *hall*; o que isso significa?

Alfredo esteve afastado da convivência com o irmão dele, por um longo período, e teme a volta do conflito. Qual o risco? Destruição da pluralidade humana, onde cada um manipula a perspectiva do vizinho? Onde ninguém mais concorda com ninguém?

O problema está na área onde ocorre o fluxo de moradores, no local de ir e vir, dos deslocamentos, proximidades e distâncias, demarcação entre o íntimo e o coletivo. O que isso significa? O espaço potencializa as narrativas criadas pelos próprios usuários. O que está fragmentado pode ser reconectado? Encontrarão harmonia na forma de habitar o espaço? O *hall, mediação entre o interior e o exterior*[3], denuncia, materializa a desarmonia e a disputa entre as duas famílias. Ganha importante caráter simbólico de resistência, de provocação.

## Habitar espaços: autoriza-se, autorizar

A psicanalista Janine Puget[4] diz que a etimologia do verbo habitar alude a *haber, tener,* ter hábito, e cada uma dessas palavras tem seus caminhos próprios. Misturam-se ideias de possessão e repetição, como são os hábitos.

---

3 Pallasmoa, J. *Os olhos da pele: A arquitetura e os sentidos, p.* 15. São Paulo: Bookman, 2011.

4 Janine Puget. *Subjetivación discontinua y psicoanálisis: Incertidumbre y certezas*, p. 61. Buenos Aires: Lugar Editorial, 2015.

A autora fala da legitimidade dos lugares que habitamos e da necessidade de nos autorizarmos a ocupá-los: *A falta de autorização adequada coloca o sujeito e os grupos em uma posição que se reveste do significado de contravenção.*[5] Margarida quer convencer a todos que a pintura que a cunhada de Alfredo fez no *hall* é ilegal; a partir do seu ponto de vista, *a posição subjetiva adquire alguma das diferentes figuras que correspondem à ilegalidade.* A legalidade não se adquire de uma vez por todas (para sempre); o que pode parecer legítimo para Margarida e o irmão, pode não ser aceito por Alfredo. *As circunstâncias possibilitam adquirir ou não, momentaneamente, a ilusão de que um pertencimento é possível com certa qualidade possessiva*[6].

Silvia Gomel, outra psicanalista argentina, menciona as questões do espaço pessoal, essa área com fronteiras invisíveis ao redor do corpo de uma pessoa e que podemos aceder, apenas com sua autorização, sem risco de violentá-la[7].

O que a psicanálise teria a dizer sobre a arquitetura? Ao fazer esta pergunta, Lúcia Leitão[8] não se refere ao projeto em si, mas à ação humana, à construção do ambiente e como se organiza no espírito humano essa necessidade de *espacejar*. Para ela, mediante esse processo, o homem reconhece uma relação entre si e o mundo. *Espacejar é criar espaço, e a psicanálise é uma chave de leitura para que possamos compreender essa relação. O homem atribui um sentido ao lugar onde mora.*

---

5 Janine Puget. *Subjetivación discontinua y psicoanálisis: Incertidumbre y certezas*, p. 61. Buenos Aires: Lugar Editorial, 2015.

6 Idem, p. 62 e 65.

7 Gomel, S. (2022), *Famílias, parejas, analistas. La escena clínica*, p. 91, 92. Buenos Aires, Lugar Editorial.

8 Leitão, Lúcia. *A sensual vontade de criar: notas sobre a criatividade na arquitetura à luz da psicanálise.* Texto apresentado no Contemporâneo Instituto de Psicanálise e Transdisciplinaridade (CIPT), na reunião científica Criação e Desejo entre Arquitetura e Psicanálise, no dia 25 de outubro de 2022.

## A Literatura e os espaços que ocupamos

O indivíduo faz parte da cidade, e a cidade é parte fundamental do indivíduo. A pessoa vive na e da cidade, e ela não deixa de viver da pessoa. A partir de dois contos vamos pensar alguns aspectos do espaço.

### Pelas ruas de Pelotas

Cândida Fonseca[9]

Era o ano de 1991. Mariana saiu da agência da Caixa Econômica, na Rua Quinze, atravessou a Galeria Central e, chegando à Andrade Neves, não se lembrava se devia seguir para a direita ou para a esquerda, a fim de chegar a um consultório médico. Seu marido a instruíra direitinho:

– Não tem erro. O centro da cidade é como um tabuleiro de xadrez, as ruas são todas retas. Então é só chegar na Andrade Neves, andar quatro quadras para a esquerda e depois procurar o número.

Não é que ela estivesse com algum distúrbio: apenas sua mente se recusava a aprender o direcionamento da cidade em que fora morar. Não se localizava, não guardava o nome das ruas e não se fixava nas referências. Muitas vezes, era necessário que Alberto lhe fizesse um mapa do centro, partindo do seu endereço no Porto.

A dificuldade permaneceu por alguns anos. Sempre que alguém lhe perguntava algum endereço, tinha que fazer um enorme esforço para lembrar-se do nome e da sequência das ruas. Quando saía sozinha, pegava um táxi, pois as linhas de ônibus lhe eram desconhecidas, com seus nomes estranhos que não lhes definiam o destino.

---

9 Aluna da Oficina de Criação Literária Alcy Cheuiche que cedeu gentilmente este conto.

Passados dez anos e desenvolvido melhor seu senso de orientação geográfica, Mariana dirigia o carro sozinha pela cidade. Tinha memorizado o nome e localização da maioria das ruas, praças e avenidas: General Osório, Almirante Barroso, Marechal Deodoro, Avenida Duque de Caxias, Marechal Floriano, Major Cícero, Félix da Cunha, Coronel Pedro Osório, Dom Pedro II, Voluntários da Pátria, Quinze de Novembro, Sete de Setembro, Bento Gonçalves... Quase todas com nomes de militares nacionais e de revolucionários gaúchos, homens poderosos do passado e datas de guerras e revoluções.

Três décadas depois de sua chegada, Mariana assistiu na Universidade Católica uma palestra sobre memória afetiva. De repente, acendeu-se uma luz: compreendeu finalmente que também a cidade é memorizada afetivamente. Os nomes, as histórias, os eventos, os cheiros, as cores, os ruídos, a gastronomia, os amores...

À noite, compartilhou com o marido:

– Agora sei o que me aconteceu quando chegamos aqui. Pelotas não era a minha cidade do Recife. Lá eu cresci vendo as ruas com nomes lindos e queridos: da Harmonia, das Flores, da Aurora, do Sol, da Concórdia, do Bom Jesus, da Hora, do Hospício; também nomes de heróis e batalhas locais: Frei Caneca, Felipe Camarão, Henrique Dias, Padre Roma; Avenidas Guararapes e Conde da Boa Vista, Estradas do Arraial, e Belém... E também as referências: o colégio onde estudamos eu e minhas irmãs, as centenárias igrejas barrocas, o Hospital da Restauração, o percurso do ônibus do centro até o bairro e, sobretudo, as pontes que eu amava: Princesa Izabel, Duarte Coelho, Ponte Velha, Ponte do Imperador, Ponte Maurício de Nassau. Aqui não há pontes para serem atravessadas no meio da cidade.

Nestes trinta anos habitando em Pelotas, Mariana trabalhou, aposentou-se, voltou a estudar, viu os filhos crescerem, conhece bem a história da cidade, tem bons amigos, criou laços. Enfim, construiu sua memória afetiva na Princesa do Sul.

## Os espaços exigem mudanças

As abordagens psicológica, sociológica e histórica estão interligadas quando pensamos no sentido da arquitetura ou urbanismo.

O conto é ambientado na cidade de Pelotas, décadas atrás. A personagem de Cândida não sente a cidade com todos os seus cheiros e gostos, nem mesmo a sensação do vento em seus cabelos, como sentia antes, na sua cidade natal, ao passar por uma de suas pontes no trajeto para ir ao colégio.

A variedade de sons nas ruas, o subir e descer de escadas, a observação da igreja de um bairro mais elevado, do balcão de algum edifício histórico, através de uma janela. Todas estas percepções pertencem à sua memória de infância. E sabemos por experiência própria o quanto a audição, o tato, contribuem para a ampliação e enriquecimento da percepção de espaço, sua familiaridade ou estranhamento. O som acaba dramatizando a experiência espacial, dando vida a ela. O tato é necessário para que tenhamos senso de localização, espaço e equilíbrio. E esta percepção emotiva dá colorido às nossas experiências.

Mudanças de direção para nos levar a diferentes lugares, de uma situação a outra, ocupação dos espaços. Trata-se de um registro fotográfico, do modo como o percurso é visualizado pela personagem em movimento, mostrando as imagens ao longo do passeio. Esses registros, a personagem de Cândida não tem. A cidade de Pelotas é neutra, vazia de significados, não permitindo sua localização no mapa da cidade. De quanto tempo necessitamos para habitar o lugar?

Sair de casa, andar pela rua, inscreve o habitante em uma rede de sinais sociais que lhe são preexistentes. As relações dentro/fora, entrada/saída, casa/trabalho, conhecido/desconhecido. É sempre uma relação entre uma pessoa e o mundo físico social.

Nesse contexto, podemos relacionar a casa com o conceito de segurança ontológica, enraizada em nosso inconsciente. A segurança do hábito e previsibilidade do cotidiano oferecem uma identidade constante. Na cidade nova ela se perde, não consegue praticar as rotinas que lhe eram familiares. Por não estar inserida nesse ambiente, perdeu o sentido de continuidade. Gaston Bachelard[10] aponta para a casa como o lugar em que podemos sonhar em paz, lugar onde podemos criar meios emocionais e implementar planos para a próxima incursão pública.

Era penoso, inseguro, lançar-se fora de casa e percorrer lugares desconhecidos, sem continuidade nem constância. Lugar incompreensível, difícil de se localizar, portanto, desorganizador. Sair de casa para ir a qualquer lugar era aventurar-se, arriscar-se, angustiar-se.

A personagem tem que transformar um lugar indiferenciado na sua nova morada. E isso só acontece aos poucos, com boas memórias que se tramam com as ruas da cidade, a percepção dos sentidos e o tempo. Conhecer as ruas depende de aprendizado, da repetição de percursos, até que ocorra uma apropriação. Aos poucos, o bairro, que é uma privatização progressiva do espaço da cidade, a acolheu. O bairro é o

---

10 Bachelard, G. (1957). *A poética do espaço*. São Paulo: Martins Fontes, 2005.

lugar onde se manifesta o engajamento social. Nele, a arte de conviver com parceiros (vizinhos, comerciantes) que estão ligados pela proximidade e repetição.

A concepção de sentir-se inserido num lugar implica a ideia de sentir-se seguro, em vez de ameaçado; envolvido, em vez de exposto; à vontade, em vez de estressado. O lugar não é um elemento estático, mas sujeito a modificações resultantes das relações ocorridas no espaço.

Agora é aqui, ontem foi lá. O espaço não pode ser estático, encerrado, atemporal, mutilado do tempo. O espaço estático deve ser dinamizado, temporalizado, isto é modificado. O espaço exige mudanças e o tempo se define pelo espaço.

De repente, a cidade é poetizada pela personagem. A sensação de estranhamento se desfez. O sentimento de inautenticidade em relação ao lugar passou, ela sentiu-se inserida na comunidade de Pelotas, como antes, em sua Recife natal. O sentimento de apego veio com o tempo, à medida que passou a sentir-se aceita, abraçada pela cidade.

## Uma história cultural da sensibilidade

A sensibilidade é uma forma de apreensão do mundo. Muito além do conhecimento científico, ela é anterior à reflexão, uma experiência que brota no corpo. Dessa forma, a sensibilidade se apresenta como nossa maneira de ser e de estar no mundo, traduzindo-se em emoções e sensações humanas. Nossos sentidos reagem aos fenômenos físicos e psíquicos ao contato com a realidade. A percepção dá ordem e coerência às sensações e constrói um mundo emocional. É uma experiência ao vivo, reconfigurada pela presença do sentimento. O personagem reage e, pela reação, expõe seu íntimo. O leitor acompanha uma espécie de leitura da alma.

Sinestesia vem do grego *aisthesis* e significa aumento da sensibilidade. É a relação subjetiva que se estabelece entre uma sensação e outra. Está ligada aos cinco sentidos. É importante conhecer o equilíbrio entre eles. Um perfume evoca uma cor. Um som evoca uma imagem.

Nossas relações com o mundo se dão através dos órgãos dos sentidos. Os indivíduos significam o mundo através deles, praticando-os, colocando-os em jogo nas relações sociais, transitando nos espaços, articulando-se com o tempo e a memória. São primordiais para o aprendizado, para a convivência.

A arte está relacionada aos sentidos de maneira direta. Os cinco sentidos permitem que nosso corpo interaja com o meio (e inclusive evite situações de risco). Eles interpretam o ambiente, captam os diferentes estímulos ao nosso redor. Existem paisagens sonoras, paisagens olfativas. Um emaranhado de leituras simultâneas que revelam espaços imaginários.

Os espaços são sentidos, narrados e representados simbolicamente através da nossa percepção sensível.

A cidade vive dentro de nós. A cidade também é memória, uma fotografia que nunca é a mesma: uma hoje, outra amanhã. A cidade anda, as pessoas andam, a cidade muda, as pessoas mudam. No transcurso do tempo histórico, simultâneo, onírico, os sonhos dos personagens. Pelotas pede que a conheçamos de uma forma lenta, através de passeios a pé, às vezes com chuva, às vezes com vento... Como andarilhos, criamos uma estética do olhar, são *flashes* instantâneos da realidade, movimento impressionista de seres e objetos captados no instante e de acordo com a luz e a dinâmica do olhar. A caminhada como ferramenta para captar a espacialidade dos lugares, a beleza arquitetônica da cidade.

## Condomínios Elegantes

Katya Leitzke[11]

Cláudia caminha entre os convidados recebendo cumprimentos e forçando sorrisos. Toda a equipe está de parabéns. Estão muito orgulhosos da entrega de mais um incrível condomínio na cidade. Apesar do intenso trabalho dos últimos meses para apresentar casas lindas e confortáveis, o sentimento que Cláudia carrega é de desconforto.

Passeia o olhar pelos imóveis recém-construídos. Onde todos enxergam modernidade e sofisticação, ela vê caixas de concreto sem vida, que pouco variam em tamanho e altura. Apresentam colorações monótonas entre branco, bege ou cinza e, invariavelmente, abrem-se em pelo menos uma enorme parede de vidro que permite, a cada família, oferecer seu *big brother* aos vizinhos.

Para Cláudia, essas casas são como uma sequência de mulheres anoréxicas. Todas iguais, sem curvas, sem recantos secretos, com problemas de autoestima. São aceitas com tanto entusiasmo, apenas porque alguém importante decidiu que seriam a nova tendência do *design* arquitetônico, e o desejo de pertencimento a um grupo não permite aos novos moradores buscarem o que hoje se determina antiquado.

Cláudia para em frente à residência que serve de *show room* e pensa na casa dos pais, onde passou dias de sonhos e aventuras na infância. Paredes caiadas de branco, sem nenhuma vergonha de mostrar relevos e reentrâncias, ornadas por janelas e portas vermelhas, como brincos chamativos em pele clara, de onde, em dias de luz, voavam cortinas de *voil* respingadas de pequenas flores coloridas. O que Cláudia vê

---

11 Psicanalista em formação e escritora, cedeu gentilmente o conto.

agora são linhas retas com guarda-corpos de inox, tão frios ao toque quanto ao olhar. Na volta, jardins de *shopping center*, onde qualquer matinho sem graça está proibido de crescer entre as palmeiras importadas.

Ela entra na casa decorada e já sabe o que não vai encontrar (afinal, fez parte da equipe de projeto). No estilo arquitetônico da moda, não há quarto da bagunça (as crianças não terão um local secreto, com tesouros incríveis para encontrar); não há sala de TV (os pais não terão um cantinho aconchegante para se refugiar com cálices de vinho depois que as crianças forem dormir). As cozinhas, ah... as cozinhas morreram, perderam a alma. Não são amplas, espaçosas; não permitem à família sentar-se sem pressa, nem etiqueta ao redor de uma boa macarronada (as macarronadas familiares ainda existem?).

Em vez disso, a casa da moda apresenta um grande salão onde sofás, TV, mesa de jantar e aparelhos domésticos conviverão sob o pretexto de estarem integrados, na desesperada tentativa de manter a família junta. Não devia ser um desejo de cada um estar em contato com o outro, e não uma imposição do ambiente a forçar o convívio?

Cláudia acaba por sentir pena das casas recém-construídas. Quando, daqui a alguns anos, seus donos resolverem se mudar, não haverá reminiscências pessoais, vínculos comoventes de momentos íntimos.

Senta-se desanimada na banqueta de couro branco, que faz companhia ao balcão de mármore de Carrara que separa a cozinha e a sala. Quando o garçom passa, troca a taça de *champagne* vazia por outra, cheia. Observa as pessoas ao redor. Estão todas tão felizes, tão carregadas de elogios... Talvez ela esteja apenas de mau humor. Ou, quem sabe, esteja vivendo na época errada.

## Os cubos brancos, as casas sem dono

Os condomínios fechados são o resultado da urbanização complexa e cheia de contradições, onde há tensões sociais em jogo, interesses de classes, ocupação desigual e segregação.[12]

Redutos fortificados, oferecem segurança *intramuros,* condição intrínseca da segregação humana. Ligados à conjugação de problemas urbanos atuais como: aumento do individualismo, desigualdade social, insegurança e violência: são *bolhas* de grupos sociais e oferecem sensação de *status.*

Sabemos que moradia, habitação, lar, é um bem e deve ser de todos, mas tem sido historicamente negada a grupos de mulheres, negros, indígenas e pessoas em situação de pobreza. Pensar a interface arquitetura e psicologia é pensar nas relações de identidade, pertencimento, sentido do viver e produção de subjetividade. Não podemos deixar de mencionar os imigrantes e o risco de sentirem-se alienados, deslocados, vulneráveis. O risco de rompimento de laços horizontais promove o isolamento, o controle e a privatização de hábitos cotidianos.

Não há nessas casas uma separação nítida entre o espaço público e o privado. O espaço interno é visível, leva ao enfraquecimento da coesão entre as pessoas e prejudica a convivência familiar. Esses espaços homogêneos não permitem a interação entre os diferentes. A cidade é um imenso organismo vivo que segrega, hierarquiza e estratifica espaços e pessoas. E existem ainda os moradores de rua e carregadores de lixo reciclável, que fazem das calçadas um espaço de fluxo e de moradia. Seu corpo é sua casa e território de um trajeto.[13]

---

12 *Psicologia e moradia: Múltiplos olhares sobre a questão habitacional.* CRP SP, 2019.

13 Matos, Marcos Olegário Pessoa Godim de. *Arquitetura invisível: A casificação do espaço urbano pelo morador de rua.* Dissertação de pós-graduação em Artes Visuais, Escola de belas Artes da Universidade da Bahia, 2006.

Abro o jornal bem cedo, logo mais vou escrever, e encontro a matéria *Jornalismo e empolgação,* de José Henrique Mariante, na *Folha de São Paulo,* onde ele mostra recortes de reportagens: *Uma constatação banal.* Alguém detalhou o custo da maquete de um bairro planejado em São Paulo, o suficiente para comprar uma Ferrari e uma BMW, isto é, quatro milhões de reais. Mariante afirma que a comparação faz nexo com a intenção de venda em um bairro de luxo, mas que as imagens no *site* do jornal dividem a cena com fotos bem diferentes da construção: *as polêmicas casas de quinze metros quadrados erguidas em Campinas para abrigar famílias de uma ocupação.* A maquete é de cento e setenta metros quadrados, onde caberiam onze dessas casas. Ele finaliza dizendo que *dimensões e circunstâncias ajudam o jornalismo.*[14]

É interessante quando os livros querem se escrever, parece que tudo converge. Encontrei o seguinte trecho da obra *A construção de um sentido na arquitetura* [15]: *... mas em volta da Notre-Dame de Paris, de cada Palácio dos Doges, há uma centena de habitações menos ou mais pobres que o cronista não registrou e de cuja linguagem não se fala porque simplesmente não existem.* A arquitetura não se limita às catedrais e palácios, pelo menos não deveria se limitar, diz o autor.

## O isolamento radical

Qual o risco? A destruição da pluralidade humana, onde cada um manipula e prolonga a perspectiva do vizinho. Os seres humanos se tornam inteiramente privados de

---

14 Mariante, José Henrique. *Jornalismo de empolgação — Os 5 do submersível, os 750 do naufrágio e a maquete maior que 11 casas. Folha de São Paulo*, sexta-feira, 24 de junho de 2023, p. 6.
15 Netto, J. Teixeira Coelho. *A construção do sentido na arquitetura*, p. 8. São Paulo: Perspectiva, 2012.

ouvirem os outros, de serem vistos pelos outros. Onde ninguém mais concorda com ninguém. Todos prisioneiros da subjetividade de sua própria existência singular. O mundo comum visto somente sob um aspecto, uma perspectiva.

Esta pessoa, na ausência das demais, não se dá a conhecer e, portanto, é como se não existisse. O que tem importância para ela é desprovido de interesse para os outros. Nada lhe interessa fora dela mesma. É algo como o fenômeno de massa da solidão, onde o ser humano perde seu lar, seu lugar privado onde se sente protegido contra o mundo. As quatro paredes da propriedade particular oferecem o único refúgio seguro contra o mundo público comum. *O único modo eficaz de garantir a sombra do que deve ser escondido contra a luz da publicidade é a propriedade privada, um lugar só nosso, no qual podemos nos esconder*[16].

As paredes funcionam como se fossem uma segunda camada psicológica que promove relações intersubjetivas, deixando marcas de experiências de vida. Essas casas com fachadas transparentes expõem como vivemos e o que nela depositamos; mostram, excessivamente, o que não favorece o desenvolvimento da nossa autenticidade. Nessas *vitrines* a intimidade está exposta. Além disso, casas fixadas no asfalto não têm raízes, coisa inimaginável para um sonhador.[17]

## Casa, registro de uma vivência

A personagem Cláudia lembra-se da casa da infância, síntese mais completa dos valores de sua família. Para ela,

16 Arendt, Hannah (1958). *A condição humana*, p. 68. Rio de Janeiro: Editora Forense Universitária, 2005.
17 Bachelard, G. (1957). *A poética do espaço*, p. 44. São Paulo: Martins Fontes, 2005.

esses condomínios parecem casas sem dono. A experiência doméstica é vivenciada em uma sucessão de espaços nos quais diversas atividades de esfera privada correspondem a lugares afetivos em harmonia com o temperamento daquele que mora ali. É como se lembrasse do ambiente do café da manhã, distinto da sala de jantar, com aquela luz mais íntima que a reportava para um diferente estado de espírito. Na casa da infância, a decoração feita pela sua família apresentava uma intenção de acolhimento, sem a rigidez de linhas e formas. Ali, ela participou de experiências que são memórias, um projeto de afetividade doméstica bem diferente do que hoje ela ajudou a edificar, onde o espaço não anima a memória.

Na casa da infância havia um cantinho para a leitura, onde ela saboreava os silêncios, e para o namoro, onde o canto era quente. Ela levava a marca inconfundível da sua família e uma interação em equilíbrio com a natureza, onde se sentia feliz. A casa era testemunha de todos os acontecimentos familiares e servia de abrigo e proteção aos constrangimentos impostos pelo mundo exterior. Cláudia, a personagem, recorda o que aprendeu na faculdade de arquitetura: *A casa é o reduto da família, seu próprio espelho, refletindo também, de maneira mais abrangente, a sociedade da qual a família faz parte, ao mesmo tempo em que é sua geradora.*[18]

Nossos aspectos encantadores e genuínos são evocados de acordo com aqueles que nos rodeiam. O lugar em que nos encontramos, nossa casa ou espaço de trabalho, também estimula aspectos do nosso Eu. O nosso acesso ao Eu é em um grau modesto determinado pelos lugares onde estamos, pela cor dos tijolos, a altura dos tetos e o traçado das ruas[19].

---

18 Rybczynski, Witold. *Pequena história de uma ideia.* Rio de Janeiro: Record, 1996.
19 Li algo parecido no jornal *Zero Hora* por ocasião do aniversário de Porto Alegre em 2013.

Katya, por ser escritora, e provavelmente leitora de Bachelard, sabe que *a casa mantém a infância imóvel em seus braços*[20], e a personagem reclama destas casas de condomínio que não possuem refúgios de lembranças. Na casa da arquiteta Claudia o espaço mantinha o tempo comprimido.

## Se a casa é livre, seu habitante também é

O espaço não é uma realidade rígida e válida para todos da mesma maneira. O espaço é o que nos cerca. Ele tem que ser plástico, maleável, imaterial como o próprio tempo, variando com os indivíduos, com as gerações, com os costumes, as épocas e, principalmente, com os pontos de vista. Ponto de vista único não existe.

Nosso trabalho será no sentido de uma construção, para que os moradores possam habitar espaços onde vivam de forma mais harmônica e prazerosa. Um lugar que possam chamar de *lar* na acepção da palavra. Onde experimentem receitas novas na cozinha, e as crianças possam percorrer, se atirar, se espalhar e brincar em paz. Onde os adultos se afundem em gostosa poltrona, para ler ou escutar música. O mesmo espaço onde seja permitido comer, dormir, de vez em quando vendo um filme e escutando o ronronar do gato. Que a casa, seja, feliz, espaço de intimidade. E que possam ter espaços de solidão, que são *constitutivos, espaços com valor de concha*, como diz Bachelard.

Nossos aspectos encantadores e genuínos são evocados de acordo com aqueles que nos rodeiam. O lugar que nos encontramos, nossa casa ou espaço de trabalho, também estimula aspectos do Eu. O acesso ao Eu, é, em grau modesto,

---

20 Bachelard, G. (1957). *A poética do espaço*, p. 27. São Paulo: Martins Fontes, 2005.

determinado pelos lugares onde estamos, pela cor dos tijolos, altura dos tetos e o traçado das ruas.[21]

## A arquitetura do sentimento

Imaginei que a personagem do conto teria apreciado trabalhar com Luiz Barragán, se fosse possível, nascido em Guadalajara, em 1902, e que ganhou o Prêmio Pritzker, considerado o Nobel da arquitetura, em 1980, por cumprir os princípios de solidez, beleza e funcionalidade. Disse ele: *A casa não deveria ser uma máquina de morar.* Ele se manifestava em oposição às casas impessoais e começou a buscar uma arquitetura emocional: *Qualquer obra arquitetônica que não expresse serenidade é um erro.* Foi um arquiteto e paisagista mexicano que misturou elementos tradicionais e regionais com o movimento modernista em seu país. Empregava materiais rústicos que combinavam com seu criativo uso da luz.

A Cláudia do conto pensava em construir projetos personalizados e acabou trabalhando neste condomínio, aglomerados de casas onde o indivíduo não se sente pertencendo, e o espaço torna-se hostil. A escritora traduz sua percepção e sentimento, condensados na cena da macarronada. Assim nasce uma cena de culinária que escapa a qualquer impressão de trivialidade doméstica. De mão em mão, de geração em geração, se transmitem receitas, memórias da própria vida. Os gestos mais delicados, gestos iniciais. Somos parte de algumas imagens bem precisas da nossa infância. Nestas casas do condomínio que ajudou a edificar, os gestos se banalizam.

---

21 Li no jornal Zero Hora, por ocasião do aniversário de Porto Alegre, 2013.

A Katya, autora o conto, escreveu: *Oi, Ariane, li o capítulo que me passaste. Já estou louca para ler o livro. O teu desenvolvimento sobre o conto de Pelotas me fez lembrar muito da casa da minha infância, de como houve sempre uma relação emocional fortíssima a ponto de eu sonhar seguidamente com a casa, e como tudo pareceu tão pequeno, e ao mesmo tempo tão imóvel no tempo, quando voltei lá trinta anos depois. Também amei o que falas sobre o simbolismo do bairro, da vizinhança, de um pertencimento que hoje não existe mais, pois não se vive o bairro como antigamente. Hoje vamos ao supermercado e não mais na padaria do seu Zé, ao açougue do Antônio, à loja de roupas da esquina, à papelaria que vende papel de carta...*

*Mal conhecemos nossos vizinhos, porque também quase não cozinhamos em casa e não chega a faltar uma xícara de açúcar, uma lata de óleo que poderíamos pedir no vizinho.*

E a Katya escritora virou leitora. São as ressonâncias das quais Bachelard falava, as repercussões que nos convidam para um aprofundamento da nossa própria existência. O que Katya mostra é o que pretendemos como escritores: que a imagem que a leitura oferece possa tornar-se realmente *nossa*, de cada um. E que todos vocês possam sentir como se as tivessem escrito. No lugar do escritor, aparece o leitor. Quando falo de espaço, estou falando não apenas do físico, mas do imaginário, do espaço do desejo. *O espaço é polissêmico.*[22]

## A arquitetura como prisão

Algumas casas são excessivamente tediosas e se opõem ao criativo. Os moradores se deslocam em direções marcadas e definidas, não se movimentam com liberdade, como nas

---

22 Evidentemente, Gaston Bachelard.

praças. Os movimentos em lugares abertos são os primeiros escolhidos para os momentos de prazer, por serem lugares de libertação. Algumas casas foram feitas pela arquitetura da prisão. E se o espaço é sentido como inteiramente hostil, não pertencemos a ele. Se a casa, a sala, foram concebidas apenas para serem vistas e não para serem vividas, habitadas com prazer, não nos sentimos bem. Não temos vontade de voltar para casa. O fora se torna melhor que o dentro.

A casa, sua configuração espacial, mobília, cores, orientação solar, material de revestimento, todos esses aspectos físicos irão, de alguma forma, possibilitar, permitir, incentivar, ou impedir, intimidar, desencorajar formas de usos do espaço habitado que podem funcionar como um convite à ação ou como uma estrutura de controle. A arquitetura da destruição.

Sentir a casa como prisão é um conceito oposto à casa proteção, abrigo. O útero materno é abrigo. O parto, exatamente por permitir liberdade física ou psicológica, é necessariamente doloroso.

Bachelard[23] fala do que é uma não casa, um negativo da casa, uma inversão no sentido de habitar. E das cidades fortificadas nos horríveis períodos de guerra.[24] Em Berlim existe um local chamado *Topografia do Terror* (1933-1945), onde foram queimados, em maio de 1933, cerca de vinte mil livros. No ano seguinte, as obras de Freud foram incluídas na lista das proibições, com outros cientistas, poetas, romancistas, mais de três mil títulos.[25] Há uma instalação artística; vemos primeiro as prateleiras vazias e depois as fotografias que mostram a queima dos livros. É um memorial desta tragédia

---

23 Bachelard, G. (1957). *A poética do espaço*. São Paulo: Martins Fontes, 2005.
24 Idem, p. 57, 59 e 103.
25 Severo, Ariane. (2022) *Freud de Viena a Paris*, p. 205. Porto Alegre: BesouroBox, 2° edição, 2022.

da estupidez humana, um memorial às vítimas. Nesse local existe um cartaz com mensagens que dizem:

Que o planejamento Nacional Socialista de edificação atinge todas as áreas sociais, servindo não somente para integrar os camaradas nacionais. Mas também para implementar a agenda nacionalista, racista, excluindo e exterminando elementos alheios à comunidade.

Que a radicalização de planejamento e construção sob o regime nacional-socialista nazista e sua dinâmica tem sido representada sobre objetivos nem sempre realizados. Na construção de edifícios administrativos, complexos para armamento, sistemas de infraestruturas, barracas, *bunkers* e, mais significante, numerosos campos de concentração e extermínio.

Que incontáveis especialistas em edificação e contratantes em todas as áreas de planejamento e construção deveriam sofrer uma parte da responsabilidade pela brutalidade dos atos criminosos durante o período nazista. Isso inclui os arquitetos e os responsáveis por essas injustiças, pois continuaram com suas carreiras, depois de 1945.

Que mesmo durante o período nazista, planejar e construir tinham uma dimensão nacional e poderiam ser vistos dessa maneira. Com um olhar de concorrência, influência e demonstração de superioridade.

Que após 1945 políticas de memória centradas na construção incluíram atos de supressão e cisão e adotaram métodos congruentes para a era do legado de construção nacional-socialista, o que continua sendo uma tarefa desafiadora.[26]

---

26 Agradeço à psicanalista e amiga, Leila Bortoncello.

## O encarceramento ou casa de correção

Michel Foucault, no seu livro *Vigiar e punir — História da violência nas prisões*, conta como o suplício desapareceu e quando surgiu outro tipo de punição, mais discreta, velada e despojada de ostentação, na arte de fazer sofrer. Desapareceu o corpo como alvo principal da repressão. O corpo supliciado, esquartejado, amputado, exposto vivo ou morto, dado como espetáculo.[27] A pena passou a corrigir, reeducar e *curar,* dissociando-se da dor física e da figura do carrasco, anatomista do sofrimento que passa a ser substituído por um exército de técnicos: guardas, médicos, psiquiatras, psicólogos, educadores, religiosos, todos os funcionários da ortopedia moral.[28]

Mudamos da guilhotina, máquina das mortes rápidas, à prisão, máquina para modificar o espírito e dirigir a punição sobre a alma, coração, intelecto, corpo do condenado, que passa a ser preso, ter sua liberdade vigiada. E recebe tratamentos médicos obrigatórios, medidas de segurança que pretendem contribuir para neutralizar a periculosidade e modificar suas disposições criminosas. Com a entrada dos laudos, surgiu a impossibilidade de declarar alguém culpado e ao mesmo tempo louco. O culpado deve ser enclausurado e o louco, tratado.[29]

Começaram a ser construídos grandes edifícios carcerários. Verdadeiras cidades punitivas em locais fechados ou reformatórios. Segue uma pequena descrição de como eram as plantas: *O muro alto, não mais aquele que cerca e protege, não mais aquele que emana prestígio, poder e riqueza; um muro cuidadosamente trancado, intransponível, fechado sobre*

---

27 Foucault, M. (1975) *Vigiar e Punir, História da vida nas Prisões*, p. 14. Petrópolis: Vozes, 6° edição, 1988.

28 Idem, p. 16, 18, 19 e 20.

29 Idem, p. 22.

*o trabalho agora misterioso da punição. Será bem perto e, às vezes, no meio das cidades do século XIX. Figura monótona, ao mesmo tempo material e simbólica.[30]*

O autor passa a discorrer como era a vida nas prisões, repartida em horários estritos, sob vigilância ininterrupta, onde cada instante do dia era destinado a alguma coisa, algum tipo de atividade, que implica obrigações e proibições.[31] Onde o corpo passa a ser treinado, manipulado, adestrado, domesticado pelos rituais de obediência. *A disciplina fabrica corpos dóceis*, diz Foucault.[32]

Esta arte de distribuição do corpo no espaço hierarquizado produziu o que ele chama máquina de controle, que narra da seguinte maneira: *O aparelho disciplinar perfeito capacitaria, num único olhar, tudo ver permanentemente. Um ponto central seria ao mesmo tempo fonte de luz e lugar de convergência para tudo que devesse ser sabido.[33]*

Também menciona as medidas que se faziam necessárias, no fim do século XVIII, quando se declarava a peste numa cidade: *Em primeiro lugar um policiamento espacial estrito, fechamento da cidade, proibição de sair sob pena de morte (...) Olhar de alerta em toda parte. No dia designado ordena-se a todos que se fechem em suas casas. O síndico do quarteirão vem fechar, por fora, a chave da porta de cada casa...[34]*

Certamente, a esta altura, o leitor está fazendo analogia com os condomínios fechados, a pandemia e tantas outras situações cotidianas. Enquanto estudava, revisitando esta obra, lembrei de uma família que atendi em que os filhos

---

30 Foucault, M. (1975) *Vigiar e Punir, História da vida nas Prisões*, p. 103 e 115. Petrópolis: Vozes, 6° edição, 1988.

31 Idem, p. 110.

32 Idem, p. 127.

33 Idem, p. 156.

34 Idem, p. 173.

adolescentes conseguiam se eximir da pressão dos adultos, descartar o olhar controlador por alguns momentos. Depois, o quarto era arrombado, assaltado dos sonhos. Havia uma hierarquia nos trabalhos daquela casa. Com os mais jovens, o dever de tirar o lixo. O pai impunha uma vigilância panóptica, anunciando uma ordem de despejo.

Até que ponto determinada família convive e entende o espaço privado de cada um de seus ocupantes? Aceita que eles tenham este espaço, permite que ele exista? O espaço vive, respira, exige mudança, sua modificação deveria ser uma necessidade. No quarto, o adolescente foge do barulho das obrigações e vive a impaciência por mudanças. Longe dos olhares inquiridores, busca sua própria identidade. Se a casa não é livre, temos a arquitetura da guerra, a arquitetura como prisão, e todos sofrem, principalmente os adolescentes.

O arquiteto é responsável pela materialização do espaço, cujo sentido residencial não está na relação utilitária entre o cheio e o vazio. Qualquer sentido que se possa atribuir a ele está fora, muito além da superfície. Está no interior de quem o vivencia, nas pessoas que nele se deslocam constantemente.

Como psicanalistas, seremos capazes de ajudar os pacientes a transformar o espaço, o viver, a cotidianidade? Nosso trabalho é no sentido de recuperar a ilusão, o espaço dos sonhos, ou a casa será apenas lugar de rotina, enfadonha, monótona, banalizada, portanto desprezível ou triste. Essas casas, feitas para o controle, adoecem seus habitantes. Se a monotonia atinge o limite, temos a geometria do terror onde nem mesmo o espaço existe, a rigor. Algumas casas, pela sua própria geografia, denunciam uma cancerização onde todo o tecido relacional está afetado, doente, em decomposição, sofrendo de forma aguda ou crônica. Nelas, as relações são institucionalizadas, sem ilusão, imaginação, sem a audácia dos poetas.

## Cap VII
### CASA TOMADA

Nome do conto narrativo-descritivo do belga-argentino Julio Florencio Cortázar. Do gênero fantástico, escrito em 1946, foi primeiramente publicado na revista *Anales*, de Buenos Aires, por Jorge Luis Borges, e depois compilado com outros contos do autor no livro *Bestiário*, 1951. Foi inspirado no conto *A queda da casa de Usher*, de Edgar Allan Poe.

Casa: lugar de clausura, território de lembranças, impregnado de memórias, *tomada* de recordações.

*Gostávamos da casa porque (...) guardava as recordações de nossos bisavós, o avô paterno, nossos pais e toda a infância.*

*Casa tomada* é uma narrativa curta. O nome sugere uma imagem polissêmica, possibilitando ao leitor infinitas associações. A realidade objetiva da casa como representação da realidade subjetiva dos personagens. A casa também adquire o *status* de um personagem.

Os teóricos literários que se debruçaram sobre o conto afirmam que *a espiral cortazariana* (mote que dispara o subterrâneo do conto) ocorre em dada noite, *quando o irmão de Irene, que é o narrador da história em primeira pessoa[1], ao ir à cozinha para esquentar água, ouve um barulho na parte dos fundos. O fantástico ou mágico em Cortázar é pensar que a casa poderia ter sido invadida sem que se perceba, efetivamente, a presença de alguém ou então que se remeta a uma segunda chave de leitura, que a casa teria poderes sobrenaturais.*[2]

Podemos pensar a respeito dos motivos que teriam levado os irmãos a tal isolamento. Medo de expor a vida reservada? De que alguém pudesse descobrir o silencioso matrimônio que deveria ser mantido em segredo?

A voz endogâmica do narrador: *às vezes chegamos a crer que foi ela que não nos deixou casar.*

A casa poderia ter impedido o casamento dos irmãos? A casa os unia? A casa é o lugar simbólico dos desejos inconscientes dos personagens. Revelar o oculto da casa, segundo Freud, é revelar o recalcado, as entranhas, o esqueleto, o que faz funcionar e sustentar a casa. Desde 1896, sustentava que a obsessividade surgia por uma repressão à sexualidade. O caráter defensivo de remorso e penitência contra impulsos antitéticos.[3] Também a importância do erotismo anal; a superstição como uma das singularidades psíquicas dos neuróticos obsessivos.

---

1 Narrador onisciente seletivo.

2 Recomendo o ensaio de Luiz Gonzaga Lopes, publicado no *Caderno de Sábado* do jornal *Correio do Povo*, de 22 de fevereiro de 2020.

3 Karl Abraham (1921) escreve um trabalho, *Contribuições à teoria do caráter anal*, onde aponta para a vigilância, a oscilação entre buscar e evitar o desejo.

Os dois irmãos passam a viver na parte vazia da casa, na parte que consideram não estar *tomada* por esses fantasmas ou invasores. A casa é dividida por uma densa porta de carvalho,[4] que restringe a circulação dos irmãos. Não sabemos se os acontecimentos são reais ou frutos da imaginação paranoica, delirante, dos personagens. Eles são *tomados* pela casa. Os ruídos são delírios?

Eles nem sequer procuram saber o que significam os ruídos que tomam a casa. O problema seriam as lembranças? Os ruídos da memória que ultrapassam a porta de carvalho que os mantinha temporariamente afastados dos ecos do passado? A pesada porta maciça não consegue conter a manifestação do inconsciente? No final, o narrador foge com a irmã e diz: *Pode-se viver sem pensar.*

A casa é o centro de referência dos personagens. Personifica-se, ganha vida, decide-lhes o rumo. De início, os irmãos estão instalados na cena espaçosa e confortável: dentro da casa, vivem a paz. Depois, são ameaçados, a casa já não os protege mais. Estão sozinhos, ele e a irmã, afastados do convívio social, da intrusão de estranhos. Cumprem tarefas domésticas rotineiras, distraem-se mediocremente, ela tecendo, e ele revendo o álbum de selos do pai.

*Era agradável almoçar pensando na casa limpa e silenciosa e em como nos bastávamos para mantê-la assim.*

As características obsessivas, como a pontualidade e a mania de colecionar (do pai). A casa revela a personalidade dos seus ocupantes. Ambos são levados à monotonia, ao tédio, à repetição, substituem o prazer por rotinas (para estancarem o prazer?).

---

4 A madeira de carvalho é uma das mais utilizadas no mundo, desde a antiguidade, pela beleza e durabilidade. Também influencia no aroma dos vinhos. É madeira nobre, utilizada nos barris.

Ao limparem sua moradia, os irmãos têm a ilusão de estarem se purificando?

*Irene e eu nos acostumamos a persistir nela sozinhos, o que era uma loucura porque nessa casa podiam morar oito pessoas sem se estorvar. Nós fazíamos a limpeza de manhã, acordando às sete, e por volta das onze eu deixava para Irene os últimos aposentos que faltavam arrumar e ia para a cozinha. Almoçávamos ao meio-dia, sempre pontuais; nada mais a fazer além de uns poucos pratos sujos. Era agradável almoçarmos pensando na casa profunda e silenciosa, e em como éramos capazes de mantê-la limpa sozinhos.*

Ferenczi[5] diz que *os gestos e os atos obsessivos são medidas de proteção da consciência contra as próprias ideias obsessivas.* O ato dissimula a ideia obsessiva que dissimula o sentimento de culpa, e serve para desviar pensamentos desagradáveis. *A obsessão de limpeza, de asseio, é, portanto, uma forma desviada de apagar nódoas morais que suscitam a ideia obsessiva.*[6]

Estudiosos do conto afirmam que *Casa tomada* não significa só angústia e perda, mas também o preço imposto ao indivíduo que recusa sua história pessoal e social. Também o artifício do silêncio para encobrir a condição estéril de suas vidas.

A analogia da casa limpa com a vida que se estreitou, simplificou, e uma sociedade decadente banhada em literatura fácil, a burguesia fútil. A cidade suja, o governo sujo.

*Entrava-se na casa por um saguão com maiólica e a porta dupla que conduzia à sala. De maneira que você entrava pelo saguão, abria a porta de carvalho e ali começava o outro lado*

---

5 No seu texto: *As neuroses à luz do ensino de Freud e da Psicanálise,* conferência realizada na Sociedade Real de Medicina de Budapeste, em março de 1908. *In:* Obras completas - Psicanálise, vol. I. São Paulo: Martins Fontes, 2011.
6 Idem, p. 21.

*da casa, ou então, podia virar à esquerda, logo antes da porta e avançar por um corredor mais estreito, que dava na cozinha e no banheiro.*

O sociólogo David Chaney afirma que a configuração física com que o espaço é estruturado passa a representar, literalmente, o modo como o habitar doméstico é ali praticado. Tanto em termos de códigos de usos e funções desse espaço, quanto dos significados que a ele são atribuídos, assim como dos valores ali partilhados por seus habitantes.[7]

Estudiosos da obra de Cortázar mencionam a abundância de pontes, portas, galerias e passagens que conferem porosidade ao seu espaço ficcional.

Entrevista do autor em 1991 (para Omar Prego):

Casa tomada *é como um pesadelo; a única diferença entre o sonho e o conto é que, no pesadelo, eu estava sozinho. Mas, de repente, o escritor entrou em ação. Percebi que aquilo não poderia ser contado com apenas um personagem. Eu tinha que vestir o conto com uma situação ambígua, uma situação incestuosa.*

A descrição minuciosa da casa e alguns objetos merece nossa apreciação. No campo da teoria literária, a arte aparece como singularização dos objetos, o que consiste em obscurecer a forma, aumentando a dificuldade e a duração da percepção. Afastando-se da percepção automática e aproximando-se de suas singularidades.

*Casa tomada* gira em torno de duas histórias. De um lado, conta a convivência de dois irmãos que habitam a mesma casa de posse da família há anos. Assim, por meio da narração de seus hábitos e costumes, vai sendo desvelada

---

7Chaney, D. *Cultural Changes and Everyday life*, p.74–75. New York: Palgrave, 2002. *Apud* Camargo, Érica Negreiros de. Casa *doce lar - O habitar doméstico percebido e vivenciado*. São Paulo: Editora Annablume, 2010).

a maneira como eles vivem e o modo como interagem. De outro lado, o que move o conto é a relação de ambos com a casa e a presença anônima que vai tomando conta do lugar.

Os irmãos não precisavam trabalhar: *Não necessitávamos ganhar a vida, todo mês chegava a renda dos campos, o dinheiro aumentava.*

*Irene é dada às maneiras do tricotar, e o irmão ia aos sábados a outra parte central de Buenos Aires, para comprar lã. Mas o melhor momento desta saída era quando ia na livraria para trazer obras de literatura francesa*, nos diz Luiz Gonzaga Lopes.[8] É interessante a referência aos livros, especialmente à Literatura Francesa. Os bons livros vindos de outros países. *Desde 1939 não chegava nada de valioso na Argentina.* Nesta frase, ficamos sabendo o ambiente onde se passa o conto, seu contexto histórico.

A casa como representação da própria Argentina isolada na Segunda Guerra Mundial. A decadência na sociedade de Buenos Aires, da classe privilegiada e culta, até o início da metade do século passado.

Cortázar era uma espécie de jornalista da metáfora, um crítico dos regimes ditatoriais latino-americanos. Seu conto não deixa de ser uma forma de denúncia e de resistência.

O desfecho do conto é o aumento da profusão de ruídos e a evidência de que a casa fora tomada e a decisão impulsiva, ou precavida dos irmãos, de saírem apenas com a roupa do corpo. O governo peronista, preocupado com o social, fez com que a classe alta perdesse seu patrimônio, a sociedade restringisse sua liberdade individual. Aparece a censura à literatura e às artes em geral, como ocorre em todas as ditaduras, muito bem representada nesta metáfora política.

---

8 Nova referência ao ensaio de Luiz Gonzaga Lopes, publicado no Caderno de Sábado do jornal *Correio do Povo* de 22 de fevereiro de 2020.

O regime expulsou Cortázar de sua própria casa, a Argentina, pois teve que exilar-se na Europa, e conta em entrevistas que saiu com apenas a roupa do corpo.

Em outra situação, o proprietário lutaria pelo seu patrimônio de todas as formas. Mas contra um regime totalitário, não adianta pegar individualmente em armas para conter uma invasão ditatorial e intelectual. Cortázar critica também esta parcela da sociedade, que não trabalhava e que só enriquecia com suas rendas, não se preocupando com o social.

O clima asfixiante, opressivo, e a fuga sem solução causada pelo inimigo onipresente, dão o tom da realidade vivida na época, na Argentina. O clima opressor sob controle, fechando portas e mantendo-se distante?[9]

*Estávamos com a roupa do corpo. Lembrei-me dos quinze mil pesos no armário do meu quarto. Agora era tarde. Como ainda tinha o relógio no pulso, vi que eram onze da noite. Rodeei com o braço a cintura de Irene (acho que ela estava chorando) e fomos para a rua. Antes de sair dali, senti pena, fechei bem a porta de entrada e joguei a chave num bueiro. Sabe-se lá se algum pobre diabo não cisma de roubar e se mete dentro da casa a essa hora e com a casa tomada.*

Irene é fiadora. Ela tece, tricota, como qualquer mulher, mas os chales que se amontoam na cômoda, ela não tem como usá-los. O que fazer com tantos? O seu labor artesanal não encontra o mesmo prazer da verdadeira arte. É repetitivo, rotineiro, enfadonho, com a mesmice de quem não tem nada a ofertar, a inovar.

---

9 Outro trabalho interessante a respeito do conto é o de José Henrique da Silva Prado, do programa de pós-graduação da Faculdade de Letras e Ciências Humanas da USP, *Casa tomada, de Julio Cortázar*. 2013. Pesquisei também, do mesmo autor, O *mal-estar na literatura: uma leitura comparatista*. 2004.

A censura mata a criatividade e a capacidade de reflexão. A patologia mata a criatividade, também tudo que é da ordem do espontâneo e da curiosidade. O tricotar obsessivo, por não ser endereçado a ninguém, não pode ser ofertado com o dom do amor. A vida torna-se vazia, sem sentido. Os pontos, desfeitos logo ao terminar, um ir e vir sem rumo. O ocupar as mãos com o fiar para não se ocupar do quê?

Há uma descrição pormenorizada de cenas para significar o tempo desperdiçado e a aparente preocupação do narrador dando ideia de alienação do próprio enredo. Não sabemos o que Irene pensa a respeito da casa. Apenas a lógica do irmão-narrador, levando a uma ideia de duplo.

Cortázar, referindo-se ao processo criativo dos seus contos, afirma que busca instintivamente que ele (o conto) *seja alheio a mim enquanto demiurgo e que o leitor tenha a sensação de que ele nasceu por si mesmo ou até de si mesmo.* Para ele, o entendimento da obra de arte ocorre graças à ressonância de arquétipos mentais. *A grande maioria dos meus contos foram escritos independentemente da minha vontade, por cima ou por baixo da minha consciência, como se eu fosse um meio pelo qual passava e se manifestava uma força alheia.*

Um querer estranho, desconhecido.

Sócrates afirma que o conhecimento nasce do espanto. Ancorado na palavra grega *thaumazein*, refere à importância semântica da admiração, assombro, perplexidade. Ou seja, a realidade percebida por meio de mentes insólitas ou do sobrenatural (essencial ao pensamento filosófico).

Otto Rank afirma que, se o sonho assegura a capacidade de fabular durante o sono, a literatura a garante no período de vigília, fazendo-se o sonho acordado de todas as civilizações, em todos os tempos. Em suas múltiplas funções humanizadoras, porque resultado da atividade imaginativa

Casa: estudo psicanalítico, filosófico e literário do habitar

(ou mitopoética) da psique, a arte literária tem a força da palavra organizada como viga mestra de seu edifício narrativo poético, uma vez que tira as palavras do nada e as dispõe num todo organizado. Abala as prévias concepções de sentido para as palavras e para as coisas, procedimento que não necessariamente se efetua numa dimensão consciente.

Freud fala da experiência de estranheza depois de analisar *O homem de areia,* de E. T. A. Hoffmann. Experiência que se forja pelo retorno do familiar que se alienou pelo processo do recalcamento. Ele foi o primeiro a mostrar que os mecanismos do sentido passam pelo não sentido, pelo inconsciente. No ensaio de 1919, *O estranho* ou *A inquietante estranheza*, dependendo da tradução, ele procura demonstrar *Das Unheimliche*, a existência de um domínio da estética que escapa às formulações clássicas da teoria do belo. Freud fala da inquietante estranheza relacionada com o sobrenatural, algo de fantástico que emerge da realidade e que ocasiona o sinistro.[10]

A desorientação que Freud analisa não é tanto a relacionada pelo aparecimento do imprevisível, mas com algo que deveria ter permanecido oculto e saiu à luz. O fenômeno *Unheimliche* está nas coisas familiares, mas que, de repente, mostram-se desfamiliares, perturbadoramente estranhas. É a manifestação do recalcado.

E novamente, Freud referindo-se a Hoffmann: *O escritor provoca em nós, inicialmente, uma espécie de incerteza, na medida em que, decerto intencionalmente, não nos deixa perceber se nos introduziu no mundo real ou num universo fantástico por ele criado.*

---

10 Ver mais no artigo: *O sentido do espaço. Em que sentido, em que sentido? de* Fernando Freitas Fuão, publicado na seção Arquitextos da Revista Vitruvius.

# Cap VIII
## E SE O APARTAMENTO FALASSE?[1]

> *A casa é o lugar onde estabelecemos*
> *vínculos e meios de atuar neste mundo.*
> Érica Negreiros Camargo

Protagonistas[2]:
Pai: Júlio César
Mãe: Antonieta
Filha mais velha: Aurora
Filha do meio: Cândida
Filho: Joaquim

---

1 Nome inspirado no filme de 1960 dirigido por Billy Wilder com Jack Lemmon e Shirley MacLaine, *Se meu apartamento falasse.*
2 Os nomes são fictícios. Agradeço à supervisionanda que cedeu, gentilmente, o material. E todo relato é um relato ficcionado dos fatos.

A família chega pontualmente. Andaram pensando no tema da última sessão: *As mulheres estão sempre fora e os homens tristes em casa.*

Aurora: *Acho que sei por que estamos sempre fora. Minha mãe acha a casa quente e apertada.*

A mãe tenta explicar o que significa essa sensação. Diz que gostaria de ir para um lugar mais espaçoso, sente-se abafada na casa.

A analista solicita que descrevam a casa e eles contam que é um apartamento sem *closet* e sem varanda, porque, na época em que compraram, havia quatro tipos de apartamentos, desde o mais completo, ao mais simples, sem *closet* e sem varanda; neste caso, o deles. O pai descreve como foi a compra do imóvel:

*Eu e Antonieta estávamos noivos e procurando apartamento para comprar. Inicialmente queríamos um outro maior e mais bonito, infelizmente mais caro. Meus pais desestimularam, pois éramos duas crianças sem qualquer estabilidade financeira. Mesmo assim fomos ver um próximo (este que moramos hoje). Lá apresentamos nossa situação e dissemos que o dinheiro que tínhamos seria o equivalente para pagar a lua de mel. O corretor disse que nos daria a lua de mel se fechássemos o negócio. Oferta irrecusável. Fechamos. Como costuma acontecer, a obra atrasou, e, já com data marcada para o casamento, alugamos um bem pequenininho e iniciamos nossa vida. Só que alguns meses depois, a loja em que eu trabalhava faliu, e por essa razão, moramos por dois anos na casa da minha mãe. Um período muito difícil para a Antonieta. Ela tinha a sensação de estar vivendo de favor.*

Antonieta: *Sim, morávamos num quarto menor que esta sala. Eu me sentia sufocada lá dentro.* E faz o gesto de quem está com falta de ar.

O marido falava da impossibilidade de estar a sós com a esposa e o estresse causado pela intromissão dos pais dele em assuntos pessoais. Terem que se adequar ao ritmo e horário deles. *Nem uma discussão normal de casal podíamos ter, porque sempre tinha alguém escutando. O quarto deles ficava na frente do nosso e tínhamos que manter a porta sempre fechada, porque, de repente, o pai passava no corredor. Ela se queixava, e com razão, de não poder fazer as comidas que gostava, com os temperos dela. A cozinha sempre foi o reduto da mãe. E nos finais de semana era mais complicado ainda, não se podia andar em casa à vontade, tínhamos que ficar trancados no quarto. Nossas coisas ficaram encaixotadas e não tínhamos espaço para namorar. Depois de dois anos de muita luta, conseguimos entrar no apartamento novo. Nossa primeira filha nasceu ainda na casa dos meus pais. Moramos um ano só nós três até nascer a Cândida, que, aliás foi feita na cama da Aurora.*

A analista, surpresa, pergunta: *A Cândida foi feita na cama da filha de vocês?* Então a filha toma a palavra e responde pelo casal: *Acho que até lembro. Vocês se pegavam na minha cama.* Olha para a analista e diz: *O quarto deles é em frente ao meu. Com as portas abertas, vemos nossas camas.*

A analista fala da forma como eles lidam com a sexualidade. Das portas frente a frente, portas abertas. O pai se defende dizendo nunca ter permitido que os filhos levassem namorados em casa. *Eu não consigo ver isso. Não quero macho dividindo espaço comigo. Da porta para fora sim, mas dentro de casa não quero. É a minha limitação.* A analista pontua: *Limitação ou limite?* Júlio César responde: *Não sei, tem diferença? A Aurora me disse, certa vez, que se eu posso transar em casa, ela também pode.* A analista sugere que possam refletir: *limitação, limite?* Em sessões anteriores falaram da sexualidade de forma aberta, e agora dizem não admitir que os filhos tragam os namorados e namoradas em casa.

A esfera privada é condição da existência, tal como concebeu Hannah Arendt. A privacidade como parte importante do nosso *self.* Para esse casal a privacidade deixou de permanecer oculta, preservada, à sombra da publicidade. Perderam *um lugar só nosso.* O casal passou a sentir desconforto e interferência sobre a privacidade. Os efeitos emocionais dessas circunstâncias envolveram reações negativas.[3]

A família adotou uma *organização dualista[4],* constituída por partes recíprocas e opostas. Aurora: *Acho que sei por que estamos sempre fora. Minha mãe acha a casa quente e apertada.* A família se divide entre os homens dentro de casa e as mulheres fora.

Denomina-se sistema dualista aquele em que os membros da família se dividem em duas partes, mantendo entre si relações complexas, que vão desde a hostilidade declarada, até uma intimidade muito estreita, associadas a diversas formas de rivalidade e cooperação. A organização dualista determina que os indivíduos se definam uns em relação aos outros por pertencerem ou não à mesma metade.[5] Podem coexistir diversas organizações dualistas e pode-se supor a passagem de uma à outra. Como aconteceu nesta família: mãe e filha, pai e filha, pais e filhos[6]. A família se organiza desta maneira toda vez que fracassa na tarefa de reduzir as frustrações e superá-las com outros recursos[7].

---

3 Camargo, Érica Negreiros de. *Casa doce lar – O habitar doméstico percebido e vivenciado*, p.111. São Paulo, editora Annablume, 2010.

4 Berenstein, I. (1976). *Família e doença mental*, p. 86, 87. São Paulo: Escuta, 1988.

5 Organização dualista clássica: simétricas e iguais, assimétricas e desiguais, concêntricas e sempre assimétricas, p. 91.

6 Idem, p. 108.

7 Idem, p. 93.

Aurora tem relações homoafetivas. É uma escolha própria? E o pai diz que não permite que os filhos tragam suas namoradas e que não aceitaria outro macho dividindo espaço com ele. Aurora não teve outra escolha, a partir da dupla edípica com o pai e o *regime das portas abertas*[8], no qual um bebê foi feito na sua cama? No plano habitacional há graus de proximidade entre pessoas, por isso a importância das paredes, portas, aberturas que comunicam espaços entre si [9]. O exterior e o interior formam uma dialética[10]; são ambos íntimos e prontos a inverter-se.

O pai, do seu ponto de vista, tem o direito de transar em casa porque é casado. A filha pensa ter o mesmo direito dos pais, com seu raciocínio atual. Em outra sessão, falaram de forma explícita sobre sexualidade. Antonieta demonstrou insatisfação com o marido na frente dos filhos. Aurora chegou a sugerir jogos sexuais para o pai, comprar determinados objetos para animar o casal. Por isso a analista trabalha o regime das portas abertas e fechadas de Isidoro Berenstein.[11]

A mãe gostaria de ir para um apartamento maior; acha a casa quente e apertada. Sente-se com falta de ar. O que isso significa? Ainda vive no apartamento (*apartamento*-sufocação) da sogra? Dois anos na casa dos pais do marido, no início de um casamento, é muito tempo. Juntaram forças, tinham um propósito, um projeto para o futuro: comprar um apartamento, construir uma família. *Meus pais desestimularam, pois éramos duas crianças sem qualquer estabilidade financeira.* Alertaram para um possível mau negócio ou sentenciaram que o casal não iria sustentar sozinho a relação?

---

8 Berenstein, I. (1976). *Família e doença mental*, p. 175. São Paulo: Escuta, 1988.
9 Idem, p. 165.
10 Bachelard, Gaston (1957). *A poética do espaço*. São Paulo: Martins Fontes, 2005.
11 Berenstein, I. (1976). *Família e doença mental*. São Paulo: Escuta, 1988.

Interferência da família de origem? A loja faliu, perderam o pequeno apartamento só deles. O amor, quando trazido a público, *morre ou antes se extingue*, afirma Arendt.[12] Tiveram um início muito difícil, as marcas permanecem. Sonhavam com o apartamento recém-comprado, com o cantinho para iniciarem a vida a dois e tiveram que morar na casa dos pais dele. Pessoas que o desqualificavam, segundo dizem em outra sessão. Podemos imaginar o que Antonieta presenciou. Algo daquela época está presente no ambiente que vivem hoje. No inconsciente os tempos são simultâneos, embaralhados. O que se repete fala muito mais dos fracassos. Para alguns, o excesso de espaço sufoca mais que a sua falta.

Antonieta conta que habitaram um quarto pequeno, menor que a sala da analista. O jovem casal tinha que se trancafiar no quarto para ter intimidade. A porta estabelece a permeabilidade em relação à presença física de quem desejamos ou não no nosso espaço privado. Na casa dos sogros provavelmente não havia isolamento acústico que os permitisse sentir-se bem. A nora vivia a experiência de espaço restrito e comunicação de ruídos. O casal, na casa dos pais dele, não conseguiu proteger sua esfera íntima, estarem a sós. Nessa família as portas estão abertas, a sexualidade escancarada; há espaço para o íntimo?

Quando observamos a convivência e modos de ocupação, estamos tendo acesso ao funcionamento da família, ainda que inconsciente para seus membros. As pessoas, muitas vezes, pensam diferente sobre a função da casa ou de como deve ser o ambiente doméstico. Antonieta precisa de um lugar arejado, de uma varanda para ver mais longe, respirar, viver de maneira ensolarada. No início do casamento sentia-se

---

12 Arendt, Hannah (1958). *A condição humana*. Rio de Janeiro: Editora Forense Universitária, 2005.

sufocada na casa da sogra, na casa que não era dela, do início da relação. Tudo ocorreu diferente do sonhado e planejado. Não há lugar para guardarem o que é seu: roupas, sonhos, peles que os protejam. A loja faliu. O que isso significa? Uma marca de falência no início da relação?

O *closet* é o lugar para guardar as roupas e acessórios. A roupa é considerada a nossa segunda pele. Este casal está sem a pele protetora vincular? A pele é um meio de comunicação com os outros, de estabelecimento de relações significantes. Aprendemos com Berenstein e Puget, que os casais possuem uma envoltura imaginária que atua como continuidade e sustentação para ambos, chamada de pele vincular, que recobre os casais dando lugar ao encontro, é como um invólucro imaginário que os protege.[13]

A casa, se construída e concebida de acordo com os princípios da família, deve corresponder às suas aspirações. As categorias do privado e do público ou do particular e do comum, surgem como produções de sentido em cada vínculo de casal ou família. O conceito de ocupação está ligado ao conceito de privado. Nessa família sonha-se com a imensidão, mas pratica-se o restrito. *Quem receia a imensidão refugia-se no pequeno.*[14] Um casal respira quando existem lugares onde a palavra é livre, como ocorre em muitos momentos no consultório. Mesmo quando se sentem apertados pelo que dizem e não dizem.

---

13 Berenstein, Isidoro e Puget, Janine. *Psicanálise do casal*. Porto Alegre, Artes Médicas, 1994. Para ampliar, ver mais no Capítulo A Casa e o Corpo.
14 Netto, J. Teixeira Coelho. *A construção do sentido na arquitetura*, p. 53, 54 e 64. São Paulo: Perspectiva, 2012.

## Outra sessão, desta vez apenas com o casal:

Solicitaram que o encontro fosse *online*; não queriam vir só os dois no consultório. Entram juntos, no mesmo computador. Júlio César inicia, dizendo estar desanimado e que deixou para falar sobre isso em sessão, já que envolve algo que ocorreu com sua mulher.

Júlio César: *Antonieta sabe que sou inseguro, que imagino mil coisas. Na quinta-feira, ela saiu do trabalho e foi para o centro comercial aqui da Azenha; devia ser umas quinze horas. Houve um assalto em uma agência bancária perto do escritório onde ela trabalha. Liguei imediatamente e ela me disse que estava bem, que estava indo para casa, mas que antes iria fazer compras no lugar a que me referi. Pronto, a partir daí, perdi o contato com ela. Celular desligado e Antonieta me aparece em casa às vinte horas, com a cara mais limpa do mundo.*

A mulher explica que o aparelho descarregou, que sabe que deveria ter dado um jeito de avisar, e complementa: *Mas eu já havia assegurado que estava sã e salva e que estava chegando no centro comercial. Então eu penso que não era com a minha segurança que ele estava preocupado. Era com a insegurança dele. E agora, para se vingar de mim, diz que não vai mais considerar a possibilidade de irmos para um apartamento maior.*

Em outras sessões em família, Júlio César já havia mencionado suas fantasias diante das ausências de Antonieta, uma mulher muito bonita. Ele imagina que ela o está traindo.

Júlio César: *De novo essa história do apartamento maior; eu me sinto tão feliz aqui no meu. Mas Antonieta insiste em algo maior. E ela também não entende que não temos dinheiro. Ela quer algo maior, mas não temos condições. Ela quer que eu coloque no bolo o dinheiro da minha herança e isso eu não vou fazer. E não vou fazer porque guardo uma mágoa lá de trás de quando nos casamos. Eu queria um regime de casamento em comunhão universal e ela quis um regime de comunhão parcial.*

Antonieta justifica-se, conta que era o que todos faziam na época e não entende a insistência de Júlio César nisso.

A analista pergunta aos dois o que representa para cada um o regime de divisão de bens.

Júlio César: *Eu tenho certeza de que um casal que se casa com um regime de comunhão universal não se separa nunca. Quando alguém casa nesse tipo de regime, está implícito que ficarão juntos para sempre. Já no regime de comunhão parcial, o casal se separa e vai cada um para o seu lado, dividindo o que construíram juntos.*

Ela escuta atenta e ri.

Antonieta: *Ele é muito inseguro. Júlio César, tu achas que herança de pai e mãe segura um casamento? Eu sempre ouvi dele que usaria esse dinheiro para completar a compra do apartamento. Agora ele mudou de ideia. Disse que ainda está magoado comigo, com o regime dos bens, com a escolha que fiz anos atrás.*

A sessão continua com os dois falando das heranças de cada um. Antonieta conta que, após a morte de sua mãe, não recebeu herança nenhuma, pois abriu mão para que tudo ficasse com o pai até que ele morresse e que, na família de Júlio César, após a morte do pai, a herança foi dividida e ele investiu a parte dele. Quase toda a sessão girou em torno da problemática da separação dos bens e da insegurança de Júlio César. A analista, percebendo que o casal tinha muitas dificuldades, propôs ouvi-los em mais uma sessão. O marido retrucou de pronto: *Não, não, não! Eu não aguento outra sessão como essa, não mesmo. Chame os guris. Olha, se tu fores pedir outra sessão de casal, eu não venho. Coloque a gurizada no meio disso.*

A analista pensou: Por que os filhos têm que estar no meio disso? O termo *gurizada* é comumente usado para os filhos pequenos. O que isso tem a ver com a dificuldade dos filhos em seguirem seus caminhos, as dificuldades dos filhos em amadurecer? O que apareceu como o motivo da consulta foi o uso de excessivo de álcool por parte dos filhos, especialmente do menor. Também por não serem independentes. A analista seguiu pensando: há ausência de fronteiras nessa família? E a partir do que pensou a analista pontuou: *Curioso que vocês me peçam para que eu coloque os meninos no meio, entre uma sessão e outra do casal. O que isso parece a vocês?*

Antonieta: *Que os meninos estão entre nós.*

Júlio César: *Sim e estão mesmo. Ainda moram lá em casa, então fazem parte da família, então na próxima eles vêm, depois viremos novamente, senão eu não venho.*

A analista, diante da resistência, decide receber os filhos na próxima sessão e entender melhor a dificuldade de Aurora em ficar em casa, a queixa de que o apartamento é pequeno e a necessidade de mudar para um maior.

*O que é uma porta?* É uma abertura, geralmente retangular, que serve de entrada para um recinto, acesso para algum lugar. Não é apenas um elemento material, uma estrutura espacial, mas também um conceito; um valor simbólico. Toda porta tem uma dupla serventia: permite entrar e deixa sair. Ela tem múltiplas significações; localiza-se entre o dentro e o fora, delimita o público e o privado, o espaço íntimo, o aberto e o fechado. Abrindo-se, a porta, pode estabelecer conexão com outros espaços; fechando-se, a privacidade

Casa: estudo psicanalítico, filosófico e literário do habitar

é favorecida. Sendo a porta um limiar entre os ambientes, pode ser interpretada como limite entre relações sociais.[15]

A porta tem uma maçaneta: Quando entramos nela, moramos na casa. Não é simplesmente uma casa-construção, é uma casa-habitação.

*O privado* se distingue e separa-se do social, do público. O mundo privado (entre os familiares) e o íntimo, nutre-se da qualidade dos afetos expressados sobre um fundo de confiança mútua. Referem-se a experiências emocionais relacionadas a nós mesmos e a nossos familiares. *As portas e varandas são fronteiras entre o exterior e o interior.*[16]

Aprendemos com Winnicott, que nas pessoas sadias há um certo balanço entre a comunicação silenciosa e a externa. Um trabalho deve ser realizado com essa família. Limitação ou limite? Conversam o que deveria ser privado na frente dos filhos e, ao mesmo tempo, interferem na sexualidade deles. Não aceitam a escolha da filha mais velha. Ela tem uma namorada. Júlio César manifesta a não aceitação através do comentário de que não queria cruzar com *macho* dentro de casa.

O primeiro projeto vital do casal foi a compra do apartamento, uma conquista projetada no futuro, que se seguiu na formação de uma família, o que fez com que permanecessem juntos para realizarem esses sonhos. E hoje, quais são os objetivos comuns? Qual o projeto compartilhado para o futuro? A questão financeira dividiu o casal, os bens não se comunicam. Antonieta quer que o marido coloque no bolo

---

15 Gaudêncio, Edmundo de Oliveira; Gaudêncio, Mahayana de Paiva; Carvalho, Thâmara Talita Costa de. *A cartografia afetiva da porta.* Resumo de artigo publicado na seção Arquitextos da Revista Vitruvius, nov. 2018.

16 Segundo Anzieu (1985), uma fronteira se materializa em forma de portas e janelas, paredes e muros, experimentada como uma pele psicológica. Sugiro também o capítulo: Eiguer, A. *As duas peles da casa. In: Diálogos psicanalíticos sobre a família e o casal,* vol. 2. Organizadores: Ruth Blay Levisky, Isabel Cristina Gomes e Maria Inês Assumpção Fernandes. São Paulo: Zagodoni Editora, 2014.

do dinheiro, para a compra do novo apartamento o dinheiro da herança.

Espera-se que, ao falarem de coisas que só podem ser experimentadas na privacidade, tornem essas experiências uma espécie de realidade compartilhada e que o casal passe a sentir algo que não poderia ter sentido antes, algo novo, que aprofunda, que liga, que emociona, enriquece a vida a dois.

Na cena do assalto fica evidente o funcionamento da dupla. Um aciona no outro determinados comportamentos. Os dois participam, influenciam no funcionamento (bidirecionalidade do vínculo[17]). Em uma sessão anterior, Antonieta deixa claro sua insatisfação sexual. Júlio já havia mencionado sentir ciúmes da bela esposa e de ser inseguro. No ciúme, ele volta à cena com toda a força. Ela diz que vai dar uma passadinha no centro comercial e demora horas, e não se comunica com ele. O assalto deixou o marido preocupado. O contexto exigia mais cuidado. Questões narcísicas são acionadas. Ela afirma que a preocupação não era com a sua segurança e sim com a insegurança dele. Há condutas que só podem ser entendidas na relação com o outro e no contexto.

Aparecem mágoas novas e antigas. O início do casamento também não ocorreu como o marido imaginava. Falam de dinheiro, herança. Algo não ficou bem-casado, os bens não se comunicam. *De novo essa história do apartamento maior; eu me sinto tão feliz aqui no meu.* De que felicidade ele fala?

Em outros momentos, refere-se ao *nosso* apartamento e, agora, ao *meu.* Este comentário nos leva a pensar que ele sente como dele aquele espaço e pode decidir se aceita ou

---

17 Conceito de Miguel Spivacow que aponta para a interpenetração do mundo de um com o mundo do outro, afetação recíproca, ressonância, no livro *Clínica Psicoanalítica con Parejas - Entre la teoria y la intervención* (2008).

não a entrada dos namorados(as), se quer ou não trocar o imóvel da residência por outro. O pronome possessivo *meu* surge na sessão em que suspeita da mulher. Em que aparece o ideal de casamento ou de uma relação colocado nas convicções baseadas no regime de bens, que o deixam inseguro. Nos casais em processo de separação ou com fantasia de separação, há um sentimento intenso de ser despojado dos próprios bens. A casa incorpora tudo aquilo que o casal vem a possuir, como terras e bens. Estão intimamente implicados os bens da família e a expressão *a casa* — território que o casal necessita para prover suas necessidades. A circulação dos bens e do dinheiro é outro fator que nos dá indício do funcionamento do casal.[18]

Aquela cena do assalto, onde algo é retirado de alguém, somado ao fato dela ir fazer compras, para ficar ainda mais bela, ficar muito tempo fora de casa, lugar perigoso, ativa fantasias inconscientes, relações primitivas. Cada um transfere a partir do que é acionado pela presença do outro. Ela é o depositário de projeções do ciúme dele? Pensamos na transferência que se dá entre os casais, nas transferências cruzadas e laterais, que aparecem nos grupos, o funcionamento vincular que constitui o foco de intervenção que aponta para a intersubjetividade.

Diferem na concepção do regime de casamento, de como deve ser o espaço onde convivem e provavelmente outros aspectos da vida a dois. O acordado aparece em simultaneidade nas duas mentes e marca um território. E esse acordado tem a ilusão de ser para todo o sempre e por isso sela o vínculo. Os casais partem da identificação com o que há em comum e selam um acordo inconsciente, com o objetivo

---

18 Ver mais no Capítulo O espaço e a distribuição dos bens: um sistema de comunicação.

de manterem o vínculo. O conceito de aliança inconsciente inclui, a partir da concepção de Kaës[19], a ideia de obrigação e sujeição.

Cada um explica o seu ponto de vista de uma forma superficial, não se aprofundam, não refletem sobre os significados do que dizem, sobre o que o outro pensa e sente, o que acionaram um no outro. Pouco conversam, parece não compreenderem a sutileza, as entrelinhas, o simbólico, metafórico. Interpretam mal o que o outro diz ou sente. Há uma falta de sintonia. Não conseguem se colocar no lugar do outro para se entenderem mutuamente. A analista se pergunta se eles não suportam a intimidade. Se negam a diferença e a alteridade, se permitem o desacordo (que implica em não concordar com o outro diferente de mim). *Se o outro não é semelhante é estranho (corpo estranho), persecutório, fonte de angústia.*[20]

## Sessão com os filhos

Horas antes, Aurora envia uma mensagem pelo grupo da família, perguntando se pode adiar a sessão. A analista indaga se houve alguma coisa, ao que ela responde: *Saí da minha psicóloga agora e ela me disse que eu deveria evitar qualquer situação desagradável antes da minha prova de domingo. Não quero passar por nenhum desconforto com o meu irmão.*

---

19 Kaës, René. *O grupo e o sujeito do grupo: Elementos para uma teoria psicanalítica do grupo*, p. 264´,265. São Paulo: Casa do Psicólogo, 1997.

20 Berenstein e Puget ao falarem que o casal possui uma envoltura imaginária, armada em conjunto, que atua como continuidade, como pele vincular que filtra e limita o dentro e o fora. Eiguer também fala da pele da casa que protege o casal, pele vincular armada em conjunto. Aqui estão sem a proteção da pele comum que os protegia e daria lugar ao encontro. Hoje corre-se o risco de rompimento desta pele comum protetora, na discussão buscam recuperar esta descontinuidade.

Trocam mensagens pelo grupo e não conseguem decidir. Os pais afirmam que preferem que apenas os filhos compareçam, dizem estar muito ocupados. As mensagens fazem a analista pensar nas dificuldades da família em suportar a presença do outro em intimidade. Júlio César, no encontro anterior, diz que não aguentaria duas sessões de casal seguidas, e a filha Aurora comunica a dificuldade que é para ela estar só com o irmão.

A analista permite que a relação familiar, e sua dinâmica inconsciente se mostrem a partir de como eles solicitam a organização das sessões. Reproduzem aquilo que se encontra latente e se manifesta no uso do espaço das sessões e sua modalidade, e do espaço físico da moradia. Utiliza o *dispositivo* vincular para identificar e compreender o processo pelo qual se dão as relações entre os membros de uma família e suas implicações inconscientes. O pensamento vincular não se opõe ao individual, mas indica que este só é possível desde o outro. O vincular ajuda a pensar o que vem do outro. O dispositivo vincular, dito frente a frente, ou corpo a corpo, onde o olhar é crucial, tem a peculiaridade de armar uma cena na qual, a partir da ocupação dos espaços, circulam movimentos, gestos, gritos, olhares, toques, carícias, agressões. Propõe-se pensar em termos da geografia vincular com base numa concepção cartográfica, conforme Deleuze.

Roberto Graña[21]: *Analista e paciente, juntos, compartilham um saber que poderá subitamente revelar-se em qualquer um dos dois. Não há inconsciente se não no próprio acontecimento, sendo errôneo pensar que o inconsciente espera em algum lugar para se manifestar ou ser descoberto.* E cita Násio:

---

21 Graña, Roberto Barberena. *O diálogo transicional na psicanálise de crianças: Implicações clínicas de uma redescrição conceitual.* Revista Brasileira de Psicanálise, vol. 44, número 2, 55–64, 2010.

*Há apenas um único inconsciente em jogo na relação analítica, aquele que se abre durante o acontecimento, momento em que a distinção entre paciente e analista se desfaz.* Inconsciente e relação transferencial são, no decorrer do acontecimento, uma só e mesma coisa. A interpretação poderá ser feita por ambos os componentes do campo transferencial que se formou, instaurando um inconsciente único.

## Dispositivo *online*

Janine Puget[22] defende a ideia de que cada dispositivo apresenta um mundo diferente. Ressalta que devemos escutar a demanda para eleger o dispositivo mais adequado a cada situação. Afinar o ouvido para os signos próprios da vincularidade de cada casal, família, e isso produzirá, no entender dela, nossa forma de ouvir, que define a de intervir. O analista arma o dispositivo que achar necessário para atingir determinado objetivo.

A psicanalista Angela Piva[23] menciona os diversos dispositivos: individual, familiar, de casal ou grupos, que *possibilitam que os processos psíquicos se expressem diferentemente e são recursos, instrumentos para propiciar condições de simbolização, elaboração e subjetivação.* Na sua opinião (que compartilho), não existe um dispositivo mais abrangente, profundo ou melhor que o outro: *Cada dispositivo possibilita o acesso a determinadas formações psíquicas, enquanto deixa outras na sombra.*

Silvia Gomel, em conferência de 2021[24], afirmou que

---

22 Puget, Janine. *Subjetivación discontinua y psicoanálisis — Incertidumbre y certezas*, p. 35. Buenos Aires: Lugar Editorial, 2015.
23 Piva, Angela. *Vincularidade - Teoria e clínica*. São Paulo: Zagodoni Editora, 2022.
24 No Contemporâneo Instituto de Psicanálise e Transdisciplinaridade, Porto Alegre, RS.

não existe dispositivo melhor que o outro, que o individual não abarca o que vem do casal ou da família. Portando, o dispositivo vincular surgiu de uma necessidade clínica e o *online* a partir de uma necessidade pandêmica. Não porque o dispositivo presencial colocou um limite e não servia mais, não foi por um problema epistemológico de insuficiência de dispositivo. Ele não é melhor e nem pior do que o presencial. Qual a diferença? Qualquer dispositivo é uma condição de produção de discurso e afeta o que surge ou o tipo de material que emerge. Não se fala da mesma maneira numa sessão individual e numa sessão de casal ou de família, pelo clima de ameaça, pela repressão. Não existe associação livre como na individual, porque se dialoga com outro. Não se fala a mesma coisa em uma sessão presencial ou *online*.

Aquilo que é dito emerge numa cadeia associativa familiar com especificidade própria, como produção vincular, e não apenas do inconsciente, como um entrecruzamento de diversas linhas associativas, inclusive do analista, que faz parte do conjunto. Confluem e se superpõem as singularidades num encadeamento inconsciente.

María Cristina Rojas nos apresentou o conceito de relato conjunto, onde as significações são compartilhadas em zonas de encontros que funcionam como zonas de determinação, num circuito verbal e gestual. Através dos gestos Antonieta demonstra falta de ar, sensação de sufocamento. O ambiente é claustrofóbico. Berenstein menciona que o trabalho de vínculo tem uma fragilidade constitutiva que está na base das angústias que desperta. *Estar no vínculo às vezes é vivido como fechado,* como algo que encerra, que aprisiona. A ansiedade claustrofóbica é precoce como defesa.[25] Outra

---

25 Berenstein, Isidoro. *Do ser ao fazer - Curso sobre vincularidade*, p. 109. São Paulo: Via Lettera Editora, 2011.

associação teórica é que, o respirar para Winnicott, é o mais perto de estar vivo. A respiração vem de dentro ou de fora? Pensei também no corpo e a realidade compartilhada.

O *online* privilegia a escuta e a imagem, diz Silvia Gomel[26], os outros sentidos são prejudicados. *No presencial eu vejo melhor os gestos, a ruborização, o suar das mãos, o tremer das pernas. Cumprimentamos as pessoas e percebemos como elas respondem aos afastamentos, indiferenças, os lugares que ocupam nas sessões.* Mas, se estamos dentro da casa das pessoas, recebemos informações que não teríamos antes. Há dificuldade com o isolamento acústico, os animais domésticos circulam, e tantas outras peculiaridades que nos fazem pensar o novo através do atendimento *online*. Em vez de refletir sobre o que se perde com o dispositivo *online*, devemos pensar o que se produz.

Na sua publicação *Familias, parejas, analistas. La escena clínica*[27], Silvia propõe a existência de uma rede na qual convivem múltiplas fixações e movimentos. Uma rede complexa, na qual devemos distinguir a parte do passado e a atual, o que é histórico e o que vai acontecer: *Trata-se de um tipo de iluminação acompanhada de obscuridade, uma luz que recorda como sombra o que não se pode ver.* E que nos encontramos com dois aspectos do dispositivo: *o primeiro, proposto pelo analista a partir de seu posicionamento teórico-clínico, inclui um conjunto de regras e requisitos para a tarefa a ser posta em marcha; o segundo surge a partir do processo em andamento e está aberto a transformações. Elegemos nosso marco de trabalho a partir de nosso horizonte teórico, em*

---

26 Por ocasião da mesma conferência online em 2021.

27 Gomel, S. (2022) *Familias, parejas, analista. La escena clínica.* Buenos Aires: Lugar Editorial, 2022.

*especial as ideias sobre a organização subjetiva[28], e há um ponto, afirma a autora, a partir do qual devemos decidir quais as condições para tornar possível a tarefa conjunta. *Quando o trabalho se limita ao bipessoal, havia menos decisões a tomar, mas na medida em que fomos aceitando a importância do intersubjetivo na produção de subjetividade, tornou-se claro que uma pessoa em cada uma de suas relações, não é inteiramente a mesma.*[29] E indica o trabalho, a ser realizado pelo analista, de permeabilidade ao novo, com o cuidado de não ser infiel à abstinência. Reafirma que cada dispositivo põe em funcionamento diferentes produções. Foucault, que inventou o conceito, expressa com economia de palavras: *máquinas para ver e para fazer falar.* E assinala a existência de curvas de luz, referindo-se à maneira como algumas questões se iluminam e outras permanecem na sombra, algumas nascem e outras desaparecem. *Os dispositivos multipessoais esclarecem de modo mais eficiente as questões intersubjetivas a partir dos efeitos de presença, que põem em destaque a discordância entre o representado e o percebido-sentido, entre o outro pensado e o outro como indivíduo ali em cena.*[30]

Na opinião de Silvia Gomel, quando indicamos um determinado dispositivo, o tipo de tratamento, propomos nossa hipótese a cerca do funcionamento e executamos, ao mesmo tempo, um ato, uma maneira de intervenção. Indicar efetua um corte e opera como uma intervenção[31].

---

28 Gomel, S. (2022) *Familias, parejas, analista. La escena clínica*, p. 64. Buenos Aires: Lugar Editorial, 2022.
29 Idem, p. 65.
30 Idem, p. 65.
31 Idem, p. 79.

## Apenas Aurora e Joaquim

Quando abro a porta do consultório aguardam na sala de espera apenas Aurora e Joaquim; Cândida tinha uma consulta de urgência no dentista. Chegam dez minutos atrasados, desculpam-se, trocam amenidades, depois de um tempo, a analista fala.

Analista: *Aurora, eu queria entender melhor o que poderia ser tão arriscado em uma sessão com o Joaquim?* Ela explica de forma evasiva, dizendo apenas que não queria se estressar por causa da prova e que sabia que a irmã não poderia comparecer: *Se viesse todo mundo, minha presença poderia passar mais em branco.* Comenta que retornou para casa e que está difícil. *Tomaram conta do meu quarto. Meu quarto não, né? Um espaço cheio de velharias, caixas, malas, fotos, coisas antigas. Essa história dos quartos é complicada, sabe?* Por solicitação da analista conta um pouco mais sobre os motivos de ter saído de casa e do seu retorno neste momento. Descreve em minúcias a ocupação dos espaços e do quarto: *Então... esse quarto era o escritório da casa, foi pensado para ser o escritório. Quando a Cândida nasceu, ajeitaram para ela. Na primeira vez que saí de casa, ela se mudou para o meu quarto e eu fui deixando pra lá. É um quarto menor, ela acha mais quente, mas eu não acho, então fui ficando nele mesmo. Mas dessa vez que saí de casa, eles fizeram do quarto um depósito. Eu inclusive sugeri aos meus pais que colocassem um armário na garagem ou que alugassem um espaço num depósito para guardar essas coisas. Mas eu não queria mais falar sobre isso, pelo menos não hoje.*

O irmão entra em socorro da irmã e fala da sua dificuldade em escrever: *Eu estou na mesma, né? Com muita dificuldade de escrever meu trabalho da faculdade. O orientador tem me ajudado. Mas é muito difícil pra mim. Eu não saio do canto.* A analista pensou no quarto, no canto arranjado para ele, do apartamento pequeno que não acomoda bem a família. Joaquim se referiu a *ficar* mais tempo em casa com o pai, que passa o tempo todo falando mal da mãe e de estar tomando coragem para se separar, e ele sente medo. A analista pede que ele fale mais sobre isso. *Eu tenho medo, sabe. Fico pensando: com quem eu vou morar? Como serão as visitas? Com quem passarei meu aniversário, Natal, datas comemorativas? É, tenho medo disso. De ficar perdido entre os dois.*

Analista: *Tu tens vinte e três anos. Do ponto de vista jurídico não haveria uma disputa por guarda... Me parece que o teu medo é um medo infantil.* Os dois riem, riem muito, caem na gargalhada.

Joaquim: *Poxa* (diz o nome da analista), *quanta sinceridade! E chamar assim de criança, na lata.*

Analista: *Eu não disse que tu és uma criança. Eu falei que o teu medo é infantil. É bem diferente.* Os dois continuam rindo, a analista pergunta do que riem.

Aurora: *É que tu és muito direta,* risos. Depois olha diretamente para a analista e diz: *Mas eu também tenho medo que o papai e a mamãe se separem. Acho que papai se mata e mamãe enlouquece.*

A analista, preocupada com a representação da possível separação dos pais, diz: *Acho importante isso que vocês estão podendo dizer aqui. Que têm medo que os pais se separem porque isso pode gerar morte, abandono, loucura e desamparo.* Os dois ficam em silêncio e Aurora acrescenta: *Esse assunto da separação é um tema antigo, velho.*

Analista: *Como as coisas velhas que estão amontoadas no quarto? As que tu queres convencer teus pais de colocarem na garagem ou a levarem para um lugar pago?* Aurora ri e diz que sim, mesmo sabendo que não é o certo.

Joaquim: *O certo era a gente falar sobre isso. Fica todo mundo com medo dessa separação.*

Neste momento, a analista pensa na dificuldade dos filhos crescerem, saírem de casa. No trabalho de conclusão de curso como rito de passagem para a vida adulta. Na prova que Aurora tem que realizar. Em Cândida envolvida com dentistas e a associação com a troca dos dentes de leite para os definitivos, perda dos dentes. O fato do significante ser o mesmo no inconsciente para separação, perda, morte... Se Aurora passar no concurso poderá se tornar independente. O que significa ela ter retornado para casa? O quarto foi tomado. A homossexualidade não tem lugar nessa família? Quem sai perde seu lugar? Quem faz o que não é permitido é punido?

*Minha presença poderia passar mais em branco*, diz Aurora. Do que ela fala? Gostaria que sua sexualidade não fosse o tema? Que pudesse viver sem estar em evidência? Os dois queriam não ser *tomados*[32] pelos problemas do casal que transborda? Uma parte do outro é incognoscível, e precisa ser tolerada sem ser representada, ser aceita como apresentação de algo alheio do outro e que exige um trabalho permanente de dar espaço ao outro, dar-lhe lugar.[33] Além do medo infantil. Se as questões dos pais são antigas, o filho menor vivenciou brigas e deve ter tido, muito pequeno, medo de que os pais se separassem. O medo das crianças permanece intacto. Um medo que paralisa. O assunto separação é antigo. O significante separação é o mesmo de perda e morte.

---

32 Me refiro mais no Capítulo Casa tomada.

33 Tortorelli, 2002, apud Berenstein, Isidoro. *Do ser ao fazer - Curso sobre Vincularidade*, p. 109. São Paulo, Via Lettera Editora, 2011.

Que fantasias circulam nos filhos? Se não tivessem filhos, Júlio César e Antonieta já estariam separados? Se não se ocupassem dos filhos, brigariam mais? Os filhos *estão no meio deles* para evitar a separação e também a intimidade? Se saírem de casa os pais enlouquecem, se matam, morrem?

De que maneira cada família vivencia movimentos de crescimento e autonomia? Em algumas famílias, esses movimentos são considerados um ataque ao vínculo, uma ameaça.

A sensação de Aurora de não ter um lugar e a do Joaquim de perder o lugar e não ter para onde ir, ou não saber para onde ir e que lugar irá ocupar na mente dos pais, a angústia de estar fora do lugar, se relaciona com a vivência de *não lugar*, conceito introduzido por Marc Augé[34], um antropólogo francês.

A analista recorda um fragmento: *É, eu voltei. Mas tá sendo bem difícil. Tomaram conta do meu quarto. Meu quarto não, né? Um espaço cheio de coisas velhas, caixas, malas, fotos, coisas antigas. Essa história dos quartos é complicada, sabe?* Nosso quarto deveria ser nosso *cantinho no mundo*. Em outra sessão, aparece o cansaço da filha em esperar pela arrumação da mãe, a retirada dos entulhos para que ela pudesse se acomodar melhor.

Não se sentiu escutada, acredita que a mãe tratou com indiferença sua solicitação. Sente-se ignorada em seus desejos, em suas escolhas sexuais. Acabou tirando por conta própria, sem a autorização da mãe e com o consentimento do pai e irmão, todos os pertences da mãe, ao qual se refere, colocou-os em um arquivo, e detinha a chave, que hesitou em entregar à mãe. A chave tem um conteúdo simbólico.

---

34 Augé, Marc (1992). *Não lugares - Introdução a uma antropologia da supermodernidade*. São Paulo: Editora Papirus, 2012. Ver mais a respeito no Capítulo *Turistas do Mundo e Não Lugares*.

Foi impossível não pensar no *Caso Dora* em que a mãe detinha a chave, e a chave se relacionava com a sexualidade feminina. A intolerância pelo sentimento de ficar de fora e não ter um lugar, a fez não pedir autorização para entrar no território particular do outro. O conflito com a mãe referente à sexualidade se espacializa. O sistema dualista apresenta-se em outras variações; neste caso, pai e filha com intimidade, e hostilidade declarada entre filha e mãe. Aurora que abrir mais espaço para que algo novo aconteça entre ela e a mãe?

No meio das coisas velhas, que a mãe mantinha guardadas no quarto, estavam as roupinhas deles de quando eram bebês. Ela tenta que a mãe a veja como adulta e capaz de fazer suas escolhas amorosas? Tenta guardar num arquivo a sua parte infantil, para poder se independizar emocionalmente dos pais? Que fotos são estas? O material desta família é muito rico.

*Eu não saio do canto,* diz Joaquim. *Canto* é todo espaço reduzido onde gostamos de nos encolher. São inúmeros os significados dos cantos, da tranquilidade do espaço estreito. Em Bachelard: *Se nos lembramos das horas no canto, lembramos de um silêncio, de um silêncio dos pensamentos. O canto é um refúgio que nos assegura um primeiro valor do ser: a imobilidade. Em paz no meu canto.* O espaço é uma percepção subjetiva. Pessoas diferentes têm percepções diferentes do mesmo espaço.

## O quarto do adolescente

Está identificado com sua própria forma de existência. O adolescente necessita de um espaço para pensar em si próprio, para preservar a individualidade; de um lugar afastado dos demais familiares, que o defenda da intrusão de terceiros.

O quarto precisa ter uma existência própria e independente, como ele mesmo. É o limiar da iniciação. Ter um quarto só seu configura símbolo de uma retomada de identidade, liberdade. A briga pelo quarto é igual à briga pela liberdade. É permitido que o adolescente habite este espaço privado à sua maneira? Como fica o sentido de pertencimento entre aqueles que ali moram?

Qual o significado simbólico dessa passagem entre o dentro e o fora? Como interpretar quando o adolescente se tranca em seu quarto? Os adolescentes encerrados vivem o mundo como hostil? Ou se incomodam em ficar expostos a olhares indiscretos? O quarto se converte em proteção e intimidade para os adolescentes. Eles se isolam e não permitem que ninguém entre para limpá-lo. Essa atitude de isolamento reflete a ânsia de orientação em busca da sua identidade.[35]

Os diferentes usos que se fazem de certos espaços e os diferentes sentidos que se atribuem a cada um deles, conforme a cultura, o grupo social, a época, sempre me interessaram.

*Mas é preciso sair do lugar*, diz Aurora. O início endogâmico dificulta a exogamia? Parecem gostar da forma direta com que a analista aborda questões. Na casa deles não falam do que deveriam falar.

O que significa o desejo atual de Antonieta por mais espaço? A mágoa de Júlio César ressurge, foi reativada após o episódio do assalto ou do celular descarregado que acionou o gatilho da desconfiança. Passou a pensar em separação e a falar mal da esposa, que o trai, o deixa. Ele fantasia com o *Caminho de Compostela* e projeta a infidelidade na mulher? Quando Júlio César diz que é feliz naquele apartamento,

---

35 Eiguer, A. *As duas peles da casa. In: Diálogos psicanalíticos sobre a família* e o casal, vol. 2. Organizadores: Ruth Blay Levisky, Isabel Cristina Gomes e Maria Inês Assumpção Fernandes. São Paulo: Zagodoni Editora, 2014.

fala da memória afetiva daquele lugar? O filho menciona o aniversário, as datas comemorativas. Parecem ter vivido bons momentos em família. De que felicidade ele fala? De que separação ele fala? O casal tem projetos distintos. Ele *quer* a separação, ela, mais espaço. Um lugar ensolarado. As pessoas são fototrópicas por natureza, procuram a luz, se orientam em direção à luz.

*Vista de longe a casa pode parecer um imóvel, objeto de material concreto, inorgânico; de perto, ela é um tecido cuja trama é uma rede de lugares em permanente transformação.*

Os filhos, ainda adolescentes, começam a experimentar o ato de habitar o privado ou o reconhecimento da necessidade humana de reivindicar espaço, um lugar para si próprio no mundo. Neste espaço da casa e da família, eles se sentem à vontade para ser eles mesmos? Sabemos que a evolução da casa é espaço do vínculo, permite o desenvolvimento do ser. A casa deles, o tipo de funcionamento familiar, permite o aparecimento da vida interior? Permite que se revele a personalidade do seu ocupante?[36]

A forma como cada casal ou família organiza o espaço, por mais exíguo que seja, em funções diárias, como refeições, toalete, recepção, conversa, estudo, lazer e repouso, revela-nos o inconsciente, como se configuram as relações, o vínculo. Na casa se repetem os gestos indispensáveis ao ritmo do agir cotidiano.

Esta família fala de uma casa em que o corpo não dispõe de um abrigo fechado, onde poderia estirar-se, dormir, fugir do barulho, dos olhares, garantir seu entretenimento mais íntimo. Os adolescentes não encontram um espaço para o desenvolvimento.

---

36 Winnicott já falava no livro: *O ambiente e os processos de maturação*, 1983.

Aurora diz ter perdido o quarto que era seu. Se o lugar apoia e define o ato de ser, perder o lugar é perder a identidade. Segundo Winnicott, só quem tem uma identidade bem desenvolvida pode arriscar-se a participar da vida coletiva. Ambos sentem medo de perder o pertencimento.

No início da história familiar, o casal teve que morar, por um período na casa dos pais dele. Passou a sofrer intromissões na sua vida privada, sua intimidade era violentada. Os filhos reivindicam direito à privacidade, precisam de espaço, o direito de estarem à sós.

A analista aposta na potência do tratamento. Na medida em que o trabalho terapêutico aconteça, poderão existir portas onde hoje não existem. Indicando a construção de uma divisão entre o espaço dos filhos e o espaço do casal, e a construção de privacidade. Essa família está com uma parada de desenvolvimento. Os filhos estão impedidos de se tornar independentes, adultos, com espaços próprios para viver cada um a seu modo.

O trabalho da analista busca a construção de espaços de prazer em direção à luz, à criação.

A CASA E O CORPO

*Entro nessas regiões da realidade ao meu modo,
isto é, com o meu corpo, e o meu corpo é minha infância,
tal como a história a fez.*
Roland Barthes

## O Simbolismo e o Corpo

No livro *A interpretação dos sonhos*[1], Freud enuncia que a maior quantidade de símbolos refere-se ao corpo humano, seus orifícios de entrada e saída, e o tema da sexualidade. Mencioona símbolos relacionados ao corpo feminino como: caixa, cofrezinho, bolsa...

---
1 Freud, S. (1900). *A interpretação dos sonhos*, tomo I. *In: Obras Completas de Sigmund Freud*. Rio de Janeiro: Delta Editores, 1954.

Sonho da injeção de Irma[2]: *Um grande hall, muitos convidados, os quais recebemos. Durante este verão*, diz Freud, *habitamos uma vila* (casa) *denominada Bellevue (...) anteriormente havia sido destinada a um cassino e tinha, portanto, aposentos de tamanho superior ao habitual. Meu sonho se desenvolveu em Bellevue, poucos dias antes do aniversário de minha mulher. Na tarde que o precedeu, Martha havia expressado a esperança de que alguns amigos fossem jantar conosco, pelo seu aniversário, e entre eles Irma.* Neste ponto da interpretação do sonho, Freud fala de lugares vastos, agorafobia (genital feminino vasto) e angústia. Boca, garganta como orifício de entrada, o *hall* e sua ligação com a entrada do corpo.

Freud: *A interpretação se realiza por meio de um simbolismo alegórico e carece de alcance geral.*[3] *Expressar um pensamento por meio de uma imagem (ou várias) ou metáforas com as quais se passa um conteúdo literal a um sentido alegórico ou figurado.* Afirma ainda: *O sonho possui uma maravilhosa poesia, uma exata faculdade alegórica, um humorismo incomparável e uma deliciosa ironia...*[4] Também se refere aos estímulos somáticos internos para a formação do sonho e ao conteúdo simbólico, ressaltando: *Quartos representam mulheres, suas entradas e saídas, aberturas do corpo,* e que *a maior parte dos símbolos dos sonhos serve para representar pessoas, partes corporais (de interesse erótico).*[5]

Primeiro sonho do Caso Dora: *Há incêndio em casa. Meu pai foi a meu quarto para despertar-me e está em pé ao lado de minha cama. Visto-me a toda pressa. Mamãe quer*

---

2 Freud, S. (1900). *A interpretação dos sonhos,* tomo I. In: *Obras Completas de Sigmund Freud.*, p. 172. Rio de Janeiro: Delta Editores, 1954.

3 Idem, p. 163.

4 Idem, p. 123.

5 Idem, p. 56.

*ainda salvar o cofrezinho de suas joias...* [6] Aparece casa, quarto, cofrezinho de joias. Dora tudo associa, com a ajuda do analista, e o sentido do sonho vai sendo, aos poucos, desvelado. É ela que está ardendo de desejo e corre perigo (a casa como símbolo do corpo). Ganhou uma caixinha ou porta-joias de presente do Senhor K e deseja retribuir dando algo em troca. O cofrezinho simboliza a parte do seu corpo preparada para receber algo dentro. O que apaga o fogo é a água. Está prestes a receber gotas (gotas de pérolas, brincos). Freud menciona o vestíbulo, *Vorhof,* de forma análoga, empregado para designar determinadas regiões do corpo da mulher. [7]

Nas *Conferências introdutórias à psicanálise,* Sigmund Freud menciona a ponte como órgão masculino ou o que une os pais na relação sexual: *Graças a esse órgão somos capazes de vir ao mundo, para fora do líquido amniótico, uma ponte se torna a travessia desde o outro mundo (o estado de não-nascido, o útero) até este mundo (a vida); e também a morte como um retorno ao útero (água).* [8] Aponta, ainda, a frequência de situações ou imagens que lembram temas familiares nos contos de fadas, lendas e mitos. Cita até a lenda do Minotauro, o labirinto e sua representação do nascimento, as vias sinuosas (os intestinos) e o fio de Ariadne, o cordão umbilical. [9] Apenas para dar alguns exemplos do que encontramos em sua obra, ponto de partida para o estudo do simbolismo do corpo.

Um trabalho recente, de Guilherme Olivier, nos chama atenção:

---

6 Freud, S. (1905). *Análise fragmentária de uma histeria*, p. 68. *In: Obras Completas de Sigmund Freud, vol. IX*. Rio de Janeiro: Editora Delta, 1954.

7 Idem, p. 101.

8 Freud, S. (1916–1917). *Conferências introdutórias à psicanálise,* vol. XXII, p. 38. *In:* Obras completas. Rio de Janeiro: Editora Delta, 1953.

9 Idem, p. 38.

*Observem que é recorrendo à figura da casa que Freud nos convida a pensar sobre a relação entre o dentro e o fora, a realidade psíquica e a realidade material. O simbolismo da casa tem a ver com os contornos do corpo. Anos depois, impressionado com o texto* O Artista, *de Otto Rank, de quem Freud era muito próximo, prosseguiu com o interesse pelo modo como o aparelho psíquico representa o mundo, mas agora interrogando o ato criativo de modo geral. A propósito, Rank defendia que o impacto do nascimento, que é gerador de ansiedade, impulsiona o vivente a criar. A casa, assim, aparece como expressão do espaço pré-natal, que foi recalcado.*[10]

Ferenczi diz que o sonho representa, muitas vezes, o corpo humano por sua casa ou um quarto, onde a entrada, as janelas e as portas desempenham papel dos orifícios naturais.[11]

Nasio[12] ao falar da identificação histérica com o útero, *na qualidade de órgão oco*[13]*, faz analogia com Platão, que imaginou o útero como um animal sedento e errante do corpo da mulher, em busca de um conteúdo capaz de preenchê-la e apaziguá-la,* tocando na maternidade e no falo, que é o filho por nascer.[14]

---

10 Texto apresentado no Contemporâneo - Instituto de Psicanálise e Transdisciplinaridade (CIPT), na reunião científica *Criação e Desejo entre Arquitetura e Psicanálise*, no dia 25 de outubro de 2022.
11 Ferenczi, S. Capítulo VI, *A interpretação científica dos sonhos*, p. 80. *In:* Obras completas — Psicanálise I. São Paulo: WMF - Martins Fontes, 2011.
12 Nasio, J.-D. (1991). *A histeria - Teoria e clínica psicanalítica.* Rio de Janeiro: Jorge Zahar Editor, 1994.
13 Idem, p. 128. Que contém fecundação das células germinativas, sem nenhum corpo sexuado que as tenha produzido.
14 Idem, p. 129.

Entre os contemporâneos[15], Ricardo Rodulfo parte de Freud[16] para propor que o primeiro e verdadeiro trabalho é o de ligação com o corpo, ligar o corpo, ligar-se, desenhar seu corpo, aglomerado de impressões que se tornam inscrição e possibilidade de subjetivação. Como uma torção do mesmo corpo que habita a si mesmo, subjetivando-se. Ele parte do jogo amoroso freudiano, do acariciar, do jogo do prazer, para fundar o corpo, desenhar ou escrever o corpo que é esculpido e, só depois, virá a ser representado ou simbolizado. Começa a ser erotizado na primitiva relação mãe–bebê (Joyce McDougall, Dolto, Anzieu). Reeditamos este momento narcísico anterior ao Édipo, da origem do eu. O campo da experiência corporal é anterior, primitivo, desdobrando-se em experiências: reflexiva, intersubjetiva e transcendental.

O valor simbólico da casa decorre de ser emocional, de fornecer confiança, acolhimento, abrigo, onde nos fortalecemos, revigoramos, recuperamos energia, que nos dá a sensação de identidade e integração.

## O Corpo Fenomenal

Gaston Bachelard estudou sistematicamente a fenomenologia da imagem poética da casa, assim descreve a relação entre o ser e a sua primeira morada: *a casa é o nosso canto no mundo. Ele é, como se diz amiúde, o nosso primeiro universo. Um cosmos em toda a acepção do termo.*[17]

---

15 Poderia seguir citando e, certamente, vocês, leitores, irão lembrar de tantos outros autores. Mas em nenhum livro cabe tudo.

16 Rodulfo, R. (2004) parte de Freud (1915). Ele toma a via freudiana através da experiência de satisfação como operação de ligação corporal. O impulso como exigência feita à mente no sentido de trabalhar, no sentido de uma ligação com o corpo.

17 Bachelard, G. (1957). *A poética do espaço*, p. 24. São Paulo: Martins Fontes, 2005.

O espaço, de acordo com a fenomenologia da percepção, deve ser como a extensão do nosso próprio corpo. O corpo é a forma de expressão, pleno de intencionalidade para a filosofia e de poder de significação. Está no mundo assim como o coração está no organismo. Cada movimento, cada gesto é o mediador, a via de acesso ao sentido, é também o caminho da pessoa, do afeto, do pensamento, da linguagem e da comunicação.

Bachelard aponta o espaço como verdadeiro instrumento de análise da alma humana. Trata-se de um estudo fenomenológico que investiga as relações psicológicas na interação homem e sua morada. As casas são testemunhas do desejo dos homens e mulheres que as habitam.

*Me instalo no espaço da casa com a presença viva e espessa do meu corpo*. Merleau-Ponty nos faz ver que o corpo é a nossa principal referência espacial.[18]

A capacidade de nos movimentarmos permite respostas apropriadas ao ambiente, o que amplia nossa atenção, fazendo com que nos concentremos mais nas ações que fazemos do que nos movimentos propriamente ditos.[19]

O corpo fenomenal é compreendido como o lugar existencial do ser-no-mundo, seu *ethos*. A corporalidade é a relação indissolúvel do corpo com o tempo, com o espaço e com o outro: é sinônimo da nossa maneira de viver no tempo e no espaço. Portanto, o tempo não é apenas uma linha, mas

---

18 Merleau-Ponty, M. (1945). *A fenomenologia da percepção*. São Paulo: Martins Fontes, 1999. Para este autor, p. 576, o sentido de uma frase é seu propósito ou sua intenção, o que supõe ainda um ponto de partida, um ponto de chegada e um ponto de vista. É procurando descrever o fenômeno da fala e o ato expressivo de significação é que podemos ultrapassar a dicotomia clássica sujeito e objeto.

19 Por outro lado, no meu sentido ideativo, a direção geral do corpo no tempo e no espaço refere-se à inclinação, à tendência e disposição, atitude. Esse sentido é que mostra que a pessoa tem um plano de vida traçado, se ela está pensando no futuro e o construindo no presente.

antes uma rede de intencionalidades. O tempo se espacializa e o espaço se temporaliza; tempo e espaço entrelaçados requerem análise simultânea. Espaço é distância e tempo é espera (Winnicott).

O eu corporal é a imagem mental do meu corpo tal como *eu o sinto*. É a imagem consciente e inconsciente das sensações corporais. *As manifestações de sentido são variadas, mas passam necessariamente pelo corpo. O próprio corpo não pode ser observado como se observa um objeto. Pois meu corpo existe comigo e, sendo assim, é simultaneamente o sujeito da sensação, da percepção, do sentimento e do pensamento.*[20]

## Pele da Casa e Pele Vincular

*A casa é uma referência, um porto seguro, lugar onde os apegos mais intensos são desprendidos. A casa é nosso refúgio, onde a subjetividade importa,* afirma Alberto Eiguer[21], no texto chamado *As duas peles da casa*, baseado no conceito de *eu-pele* de Didier Anzieu[22] aplicado à psicologia da casa. A referência à pele é interessante, a casa aparece como metáfora do nosso habitar interior. A pele psíquica tem duas camadas simbólicas, diz o autor: a camada externa nos protege do meio ambiente e dos estímulos que vêm de dentro e de fora do nosso aparelho psíquico. A outra camada é a das marcas de inscrição, que promovem nosso desenvolvimento, estimulam a introspecção; são marcas de experiências da

---

20 Bachelar, G. (1957). *A poética do espaço*. São Paulo: Martins Fontes, 2005.

21 Eiguer, A. *As duas peles da casa*, p. 19-32. In: *Diálogos psicanalíticos sobre a família e o casal*, vol. 2. Organizadores: Ruth Blay Levisky, Isabel Cristina Gomes e Maria Inês Assumpção Fernandes. São Paulo: Zagodoni Editora, 2014.

22 Anzieu, D. (1996). *Crear y Destruir*. Madrid: Biblioteca Nueva, 1997.

vida. O eu-pele ajuda a ordenar o pensamento e a atividade simbólica em geral.

O lar-casa é uma terceira pele, sendo a primeira a biológica (pele do corpo), a segunda a roupa (em comum corpo e roupa e a função de isolamento e de proteção). Para Eiguer, a relação *pele-corpo-casa-lar* está baseada em nosso vínculo infantil com outros corpos, principalmente os de nossos pais: *As carícias recebidas e dadas, os beijos, o jogo muscular, o fato de termos sido sustentados (braços, colo) no tempo e no espaço, levados pela mão, apoiados.* Também o fazer cócegas, ser tocado, caminhar descalço no tapete felpudo, pela grama orvalhada, areia fina, piso de madeira estalando. O corpo e seu benefício na configuração de nosso vínculo com o habitat.[23]

O autor apresenta outra referência, *A poética do espaço,* de Gaston Bachelard, e questiona-se: *Como é que efêmeros refúgios e amparos ocasionais recebem, às vezes, em nossos sonhos secretos, valores que não têm base objetiva? Pense no que significou para você quando era lactante cheirar a roupa impregnada com o odor da sua mãe (e mais tarde encontrar-se com esta experiência).*[24] As vivências sensoriais relacionam-se entre si criando uma figura inconsciente: cheiros, sons, vozes, sussurros, canções de ninar, e se associam a outras sensações da pele, dos órgãos internos, de equilíbrio e de espaço (tato e temperatura). Cada um dos nossos sentidos é particularmente estimulado em um lugar específico da habitação: visão/sala, paladar/visão/olfato/cozinha, tato/audição/quarto, olfato/*toilette*. Esse desdobramento sensorial contribui para

---

23 Eiguer, A. (2014). E depois como são identificadas as duas peles do eu-pele nesse vínculo.

24 Eiguer, A. *As duas peles da casa*, p. 21. *In: Diálogos psicanalíticos sobre a família e o casal*, vol. 2. Organizadores: Ruth Blay Levisky, Isabel Cristina Gomes e Maria Inês Assumpção Fernandes. São Paulo: Zagodoni Editora, 2014.

nossos grandes e pequenos prazeres (erotismo). Retornando a Freud: intenso prazer que parte de um lugar (zona erógena) de nosso corpo e se prolonga por todo o ser.

A casa como terceira pele e o prazer de habitá-la: sentar-se em uma poltrona macia e ficar olhando o jardim lá fora, ler em um cantinho aconchegante da casa, aninhar-se na cama quentinha e assistir a um bom filme, tomar um café fumegando na rede da varanda... À noite, na cama, imagino, sonho, viajo...

A pele da nossa casa é experimentada como pele psicológica. Essas camadas da pele-casa não são experimentadas como materiais duros, mas como agentes de movimento, emoções, ideias, atividade mitopoética (criadoras de mitos e fantasias). As fantasias inspiradoras do jogo, da narrativa, do sonho... O interior das nossas casas nos permite desenvolver a autenticidade.[25]

O termo duas peles é próprio da arquitetura. Eiguer agradece a uma amiga arquiteta, Alicia Grinspon, que chamou sua atenção para as superfícies translúcidas que satisfazem nossa necessidade de olhar para fora. As duas camadas superpostas que permitem que fiquemos ocultos. Eiguer pensou na semelhança com nossa pele: a camada interna envolve o ser e a outra se apresenta de maneira que o mundo nos veja (que observe nossa aparência).

Ainda falando das diferenças entre o íntimo e o privado, o autor lembra que, a partir do século XVIII, iluminista, ocorreu a construção que consagra como inviolável o direito à privacidade, por assegurar a noção de indivíduo, *status* anteriormente negado. E lembra que nossa memória coletiva recorda déspotas que governaram violando o direito privado.

---

25 Puget, J. *Subjetivación discontinua y psicoanálisis — Incertidumbre y certezas*, p. 23. Buenos Aires: Lugar Editorial, 2015.

O privado, que se refere a experiências emocionais conosco mesmos e familiares, se distingue e se separa do social e do público. Geralmente nos sentimos invadidos se alguém compartilha algo que deveria ser privado.

Nas considerações finais, Eiguer afirma: *Em nossa casa se expressa a alegria de estar bem e a esperança de libertação.* As duas camadas da pele: excitação e proteção que servem de barreiras para as excitações/inscrições. Os limites de nossa casa são tão amplos quanto o país em que vivemos.

Considero importante ressaltar que Isidoro Berenstein e Janine Puget[26] já haviam trabalhado com o conceito de eu pele (eu mesma me utilizei deste conceito), afirmando que existe uma envoltura imaginária que recobre os casais e que atua como continuidade e sustentação para ambos (armada em conjunto) chamada de pele vincular; um invólucro que protege o vínculo, como se fosse um envelope imaginário.

Puget[27] defende a ideia de superposição de espaços, e o corpo como metáfora de uma dimensão espacial, seja esta habitacional, geográfica ou institucional: *Se fala também de corpo social e de corpo legislativo, que designamos como espaço ocupado pelas pessoas. Cada espaço pretende delimitar dentro e fora específicos para cada situação e define também o próprio e o impróprio, o conhecido e o estrangeiro.* Entre esses espaços se produzem fraturas, quebras, hiatos...

Também se usa a metáfora do corpo para falar de uma conduta responsável. Temos por nosso corpo, nossa carne, como que um compromisso ineludível com os outros ou com algo. *Na vida cotidiana, os espaços se imaginam sólidos*

---

26 Berenstein, I. e Puget, J. *Psicanálise do casal.* Porto Alegre: Artes Médicas, 1994.

27 Janine Puget. *Subjetivación discontinua y psicoanálisis: Incertidumbre y certezas*, p. 86. Buenos Aires: Lugar Editorial, 2015.

*como defesa ante a angústia que deriva, precisamente do incerto e da fluidez.*[28]

## A Maternidade da Casa

A primeira ideia que sustenta a maternidade da casa também se origina em Freud. Ele afirmou que viver no corpo da mãe não é apenas um acontecimento físico, mas psíquico. O corpo da mãe é o primeiro espaço onde nos alojamos. Somos herdeiros do corpo da mãe, e chega a ser uma redundância falar de corpo materno. Habitar a casa-corpo é habitar a si mesmo, inventar o corpo-casa, lugar de implantação da nossa existência.[29] Freud afirmou no texto *O mal-estar na civilização*[30]: *A casa para moradia constitui o substituto do útero materno, o primeiro alojamento, pelo qual, com toda probabilidade, o homem anseia, por ser o lugar onde se sentia seguro e à vontade.*

Rodulfo[31] dirá que o primeiro trabalho a realizar é o de desenhar o próprio corpo, marcá-lo com impressões que se tornam inscrições que possibilitam à subjetividade habitar o corpo. E existem, para ele, três maneiras de marcar o mundo do habitar: carícia/rasgo/traço. É no cotidiano da casa-mãe, nesse trabalho delicado, que desenhamos nossa subjetividade. O que chamamos *corpo* mantém uma ligação arcaica,

---

28 Janine Puget. *Subjetivación discontinua y psicoanálisis: Incertidumbre y certezas*, p. 35. Buenos Aires: Lugar Editorial, 2015.

29 Rodulfo, R. *Desenhos fora do papel. Da carícia à leitura - Escrita na criança*, p. 47. São Paulo: Casa do Psicólogo, 2004.

30 Freud, S. escrito em 1929 e publicado em 1930 como *Das Unbehagen in der Kultur* (A inquietação na civilização, explorando o que o autor vê como importante choque entre o desejo de individualidade e as expectativas da sociedade. Os conflitos inerentes ao esforço do homem para se tornar civilizado.

31 Rodulfo, R. *Desenhos fora do papel. Da carícia à leitura - Escrita na criança*. São Paulo: Casa do Psicólogo, 2004.

originária, com o que chamamos *mãe*. Nosso próprio corpo é uma abreviatura de *mãe*.[32] Ela acaricia, desliza a mão pelos nossos cabelos, contorna nosso rosto, coloca a ponta do dedo na pontinha do nariz, olha nos nossos olhos, nos deixa impregnados do seu cheiro de mãe. A criança tem um corpo e com ele acaricia e é acariciada. Há uma qualidade inconsciente na carícia; ela cumpre uma função de escrita no corpo como subjetividade.[33]

Habitar um lugar é colocar coisas próprias ali. *A criança é um ser demarcante, ser de marca, demarcada pelas marcas que é capaz de escrever.*[34] Ela pega uma folha em branco, estende a mão com um lápis e faz o contorno do seu corpo. E numa sequência de brincares, de carícias, de riscos que vão formando o que é o corpo, criando marcas, ela funda o corpo.

Ricardo Rodulfo, partindo de Freud e seu reconhecimento da função estruturante do acariciar, afirma que o esquema dar/receber é pouco para dizer dessa injunção ou da complexidade dessa operação que acompanha o jogo da carícia, todas essas carícias-traços-marcas.[35] *A experiência de satisfação funciona como experiência de subjetivação.*[36]

A nossa casa deve ser como um colo de mãe, lugar onde somos contidos, acalentados, ninados, acariciados, onde podemos sonhar em paz. O abraço materno é um lugar de estreitamento mútuo, de sustentação. O filho habita o abraço, se aloja. Só nos alojamos em um lugar deixando marcas nele. Rodulfo afirma: *Se entramos em uma casa com crianças*

---

32 Idem p. 47.
33 Rodulfo, R. *Desenhos fora do papel. Da carícia à leitura - Escrita na criança*, p. 48. São Paulo: Casa do Psicólogo, 2004.
34 Idem p. 33.
35 Idem p. 38–39.
36 Idem p. 41.

Casa: estudo psicanalítico, filosófico e literário do habitar

*pequenas e não encontramos nada esparramado pelo chão, se todos os brinquedos estão nos lugares (onde não são brinquedos), tão pouco folhas desenhadas ou massa de modelar fragmentada, a criança não habita a casa.*[37]

A casa concentra imagens, diz Bachelard[38], nossa casa é a concentração de todas as imagens de abrigo, de intimidade protegida. Ele ressalta a ideia de que o espaço habitado traz a essência da noção de casa. Que o sentido de bem-estar tem um passado e que o levaremos para a casa nova, no sentido de que memória e imaginação são indissociáveis. *Evocando as lembranças da casa, adicionamos valores de sonhos.*[39] Enfatiza que em nossos devaneios somos colocados no grande berço da casa. *O devaneio volta a habitar o desenho exato. A representação da casa não permite que o sonhador fique indiferente por muito tempo.*[40]

A fenomenologia preocupa-se com as origens; é deste ponto de vista, *casa-corpo-ser,* que nos ocupamos. Há uma ligação apaixonada entre nosso corpo e nossa casa, inolvidável.[41] Segundo Bachelard: *A maternidade da casa é no sentido de proteção, mas também de comunhão de ternura.*[42]

Roland Barthes gosta de dizer que ler uma região é primeiro percebê-la pelo corpo e pela memória do corpo. E que a infância é a via régia pela qual conhecemos melhor um país, e que no fundo não existe país, senão o da infância.[43]

---

37 Rodulfo, R. *Desenhos fora do papel. Da carícia à leitura - Escrita na criança*, p. 33. São Paulo: Casa do Psicólogo, 2004.
38 Bachelard, G. (1957). *A poética do espaço*. São Paulo: Martins Fontes, 2005.
39 Idem, p. 27.
40 Idem, p. 64.
41 Idem, p. 34.
42 Idem, p. 61.
43 Barthes, Roland (1977). *Incidentes*. São Paulo: Martins Fontes, 2004.

## A Mulher e a Casa

O ponto de partida é o ensaio da poeta Letícia Ferreira[44] com este mesmo título.

João Cabral de Melo Neto[45], um dos maiores e mais originais poetas brasileiros, em sua décima obra, *Quaderna*[46], surpreende os seus leitores com poemas de tema amoroso, pouco frequentes em seu trabalho. Em sete dos vinte poemas desse livro, João Cabral fala a uma mulher. Fundamenta a composição de muitos de seus versos na comparação e no contraste. *A mulher e a casa*, em que dentro versus fora é a oposição fundamental, instigou a sua leitura por um enfoque literário-psicanalítico. A casa desempenha, junto à mulher, papel principal no poema.

*A mulher e a casa*

*Tua sedução é menos*
*de mulher do que de casa:*
*pois vem de como é por dentro*
*ou por detrás da fachada.*

*Mesmo quando ela possui*
*tua plácida elegância,*
*esse teu reboco claro,*
*riso franco de varandas,*

*uma casa não é nunca*
*só para ser contemplada;*

---

44 Ferreira, Letícia R. *A mulher e a casa - João Cabral de Melo Neto*. In: *Prosa e Verso VIII*. Academia Santa-Mariense de Letras, 2016.
45 1920–1999.
46 1960.

*melhor: somente por dentro*
*é possível contemplá-la.*

*Seduz pelo que é dentro,*
*ou será, quando se abra;*
*pelo que pode ser dentro*
*de suas paredes fechadas;*

*pelo que dentro fizeram*
*com seus vazios, com o nada;*
*pelos espaços de dentro,*
*não pelo que dentro guarda;*

*pelos espaços de dentro:*
*seus recintos, suas áreas,*
*organizando-se dentro*
*em corredores e salas,*

*os quais sugerindo ao homem*
*aconchegadas,*
*paredes bem revestidas*
*ou recessos bons de cavas,*

*exercem sobre esse homem*
*efeito igual ao que causas:*
*a vontade de corrê-la*
*por dentro, de visitá-la.*

Segundo vários autores, o poema aborda a figura feminina e difere da linguagem cabralina típica. Há uma exaltação da mulher que transcende à forma, o corpo em si, perpassa todo o espaço poético, as palavras culminando em uma celebração à poesia, com intensa sensorialidade. Aqui o feminino está em estado de presença. Neste estágio da percepção, toda a extensão e intensidade são captadas exclusivamente por meio dos canais sensoriais do corpo, ou seja, pertencem à esfera sensível. Não são os sentimentos que estão em pauta, mas as sensações despertadas pelo feminino, de modo que o corpo assume a posição central, suscitando efeitos de sentido erótico. Poesia arquitetada a partir de figuras de linguagem, de versos metrificados em quadras.

Letícia Ferreira, no referido ensaio sobre o poema, salienta: *a casa é o elemento da realidade concreta de que o poeta se vale para expressar mimeticamente uma relação erótica abstrata entre ele e a mulher, relação em que a fusão e o contato desempenham um papel positivo.* O paralelismo associativo mulher/casa, por si só, nada tem de novo. Freud já havia dito: *O corpo humano como um todo é retratado pela imaginação onírica como uma casa, e os diferentes órgãos do corpo, como partes dela.*[47]

O corpo da mulher, morada do ser humano em gestação, polariza essa referencialidade imagística. E João Cabral diz que a mulher seduz pelo que é dentro, pelos espaços de dentro, que sugerem ao homem / estâncias aconchegadas, / paredes bem revestidas / ou recessos bons de cavas (...)[48]

Cita, ainda, o filósofo francês Gaston Bachelard, em sua obra *A poética do espaço*, referência obrigatória. Na fenomenologia da imaginação, a casa se constitui na topografia do ser íntimo. Bachelard ressalta, também, a valorização positiva dos espaços fechados como intimidade resguardada, que evocam um mundo de bem-estar físico e psíquico, e

---

47 Freud, S. (1900). *A interpretação dos sonhos. In: Obras Completas de Sigmund Freud.* Rio de Janeiro: Delta Editores, 1953.
48 Ferreira, Letícia R. *A mulher e a casa – João Cabral de Melo Neto. In: Prosa e Verso VIII.* Academia Santa-Mariense de Letras, 2016.

assim suscitam um impulso erótico de penetração. O poeta, face à imaginação dos espaços internos do corpo da mulher com que dialoga, compara-os aos recintos de uma casa, confessando-lhe que exercem sobre um homem efeito igual ao que causa: a vontade de corrê-la / por dentro, de visitá-la.

Os sentidos mais citados na poesia de Cabral são a visão e o tato; o prazer visual que uma figura atraente de mulher (fachada) proporciona, não anula a distância entre ela e quem a contempla. Somente por dentro é possível contemplá-la, diz o poeta, emprestando à pulsão escópica (do olhar) nítidas conotações sexuais.

De acordo com Bataille, a conjunção carnal humana é erótica, porque investida de uma procura psicológica de completude, independente do fim da reprodução.[49]

O poema é de alto teor visual e mostra a imagem de um corpo, sua nudez, intimidade. Nas últimas quadras o efeito erótico é reforçado, pois, além do olhar masculino, sua figura, sua vontade de percorrer a mulher-casa por dentro, convocando todos os sentidos, desperta pela sedução da figura feminina associada à casa. Mulher e casa se entrelaçam.

Muitos termos são elencados da arquitetura: fachada, reboco, varandas, paredes, recintos, áreas, corredores, salas, espaços. A estratégia poética se revela por meio dos atributos sedutores da casa. Através da casa, o poeta expõe a sedução da figura feminina. O eu-poeta dissolve os contornos ou fronteiras entre a casa e a mulher, tornando-as uma só casa-mulher.

O certo é que para Letícia Ferreira[50], a símile estrutural do poema mulher-casa é proposta em termos de sedução. É

---

49 Ferreira, Letícia R. *A mulher e a casa - João Cabral de Melo Neto. In: Prosa e Verso VIII.* Academia Santa-Mariense de Letras, 2016.
50 Idem.

intrínseco à arte o exercício da sedução, no sentido de permitir a posse do encanto, do deslumbramento, do fascínio, em suas funções estética, sensual, intuitiva, lúdica. Aqui, a sedução veicula-se estreitamente à libido sexual. Mas a ambiguidade constitutiva é muito forte, mesmo no registro estético: por um lado à sexualidade e por outro à morte, por um lado ao prazer e ao deleite, por outro ao risco da indiferenciação inerente a todo prazer forte demais.

O poema de João Cabral é uma obra de arte, produto da imaginação criadora aliada ao trabalho estético. E, como tal, proporciona o prazer de uma percepção da beleza, única ordem em que os sentidos e o intelecto se encontram em harmonia e liberdade. Os sentidos gratificam-se com a harmonia sonora (rítmica e melódica) da combinação poética dos significantes e, ainda, com imagens sinestésicas que evocam impressões visuais agradáveis: *Tua plácida elegância, / esse teu reboco claro, / riso franco de varandas.* Somadas a gostosas memórias tácteis: *Estâncias aconchegadas, / paredes bem revestidas / ou recessos bons de cavas.*

## O Corpo da Arquitetura e os objetos que povoam nossos sonhos

Peter Zumthor costuma afirmar que o maior segredo da arquitetura é juntar coisas materiais do mundo e conseguir criar um espaço. *Para mim, é como uma anatomia. É verdade, tomo o conceito de corpo quase literalmente (...) penso a arquitetura corporalmente, como uma membrana, um tecido, um invólucro (...) O corpo! Não a ideia de corpo, o corpo!*[51]

---

51 Zumthor, Peter. *Atmósferas*, p. 24, Barcelona: Editorial Gustavo Gili, 2006.

Para apresentá-lo, menciono que sua obra me emociona, que é um arquiteto suíço e ganhou o Prêmio Pritzker em 2009. E o Museu Kolumba, devem ter ouvido falar, um projeto que renasce das ruínas de uma igreja gótica destruída na Segunda Guerra Mundial. Ele respeitou a história do lugar, preservando sua essência. Fica em Colônia, na Alemanha, e abriga a coleção de arte da Arquidiocese Católica Romana, que se estende por mais de mil anos. Possui dezesseis salas de exposições e, no coração do edifício, um pátio ajardinado secreto. Escreveu muitos livros, entre eles, *Arquitetura sensorial*, onde enfatiza: *Toda experiência comovente com a arquitetura é multissensorial; as características do espaço, a matéria do qual é feito, a escala, tudo é medido pelo nosso corpo, ouvidos, nariz, olhos, língua, pele, esqueleto, músculos.* A arquitetura reforça a experiência existencial, nossa sensação de pertencer ao mundo. É essencialmente uma experiência de reforço de identidade pessoal.[52]

Como refere Zumthor, a arquitetura conhece duas possibilidades fundamentais de formação de espaço: *o corpo fechado, que isola o espaço no seu interior, e o corpo aberto que abraça uma parte do espaço ligado ao contínuo infinito.*[53] É dele também esta ideia de que experimentamos a cidade por meio de nossa experiência corporal; certamente inspirado em Merleau-Ponty: *O corpo é o centro do mundo das experiências.*

De fato, encantadora esta descrição que Freud faz da casa, sua fantasia sobre a domesticidade em correspondência

---

52 Costa, V. M. (2022). *Por uma Arquitetura com Sentido(s) A Arquitetura de Peter Zumthor: construção de um processo de reflexão.* Dissertação para obtenção do grau de Mestre em Arquitetura, Covilhã, junho, 2022. Orientadora Andreia Sofia Oliveira Garcia. Costa, V. F. M. Sugiro também a pesquisa em: Gonçalves, J.M.C.M. (2009) *Peter Zumthor: um estado de graça e tectónica e poesia.* Prova final de Licenciatura em Arquitetura – Universidade de Coimbra.

53 Idem, p. 12,

para a sua noiva Martha, citada pelo biógrafo Peter Gay[54]: *dois pequenos quartos, para eles e seus convidados. Uma chama sempre pronta para se preparar refeições; aposentos com mesas, cadeiras, camas, espelhos, e um relógio e tapetes, sem falar de uma boa cadeira para a hora de aconchegantes devaneios... A biblioteca e a pequena mesa de costura e a luminária. Deveríamos colocar os corações em coisas tão pequenas?* Freud pergunta e responde: *Sim, devemos e sem apreensão.*

Desde as minhas antigas conversas com Maurice, aprendi que as coisas não são simples objetos, que contemplamos diante de nós, cada uma simboliza e evoca certa conduta, provoca reações, por isso, os gostos de uma pessoa, *seu caráter, a atitude que assumiu em relação ao mundo e ao ser exterior são lidos nos objetos que ele escolheu para ter à sua volta, nas cores que prefere, nos lugares onde aprecia passear*[55]. Estamos investidos de coisas e as coisas investidas em nós. E essa relação fala ao nosso corpo e à nossa vida. Esses móveis, objetos decorativos, os próprios ambientes, estão revestidos com as características dos moradores. São dóceis, doces, resistentes, sofisticados, duros, sangram diante de nós... *O mundo percebido não é apenas o conjunto de coisas naturais, é também os quadros, as músicas, os livros, tudo o que os alemães chamam de mundo cultural*[56].

Quando escrevi o romance *Nina desvendando Chernobyl,* criei uma casa chamada Brati, e vivi a emoção de criar um espaço: *um lugar para as pessoas se encontrarem, fazerem alianças de qualidade com outras culturas e resgatarem aquilo que perderam da sua origem. Um espaço artístico terapêutico*

---

54 Gay, Peter (1988) *Freud uma vida para o nosso tempo*, p. 441 e 442. São Paulo: Companhia das Letras. 1989.
55 Maurice Merleau-Ponty *Conversas – 1948*, p. 23. São Paulo: Martins Fontes, 2004.
56 Idem, p. 65.

*para despertar o interesse por tudo que significa a Ucrânia depois de Chernobyl e a Bielorrússia depois da catástrofe. Uma casa aberta a quem quiser entrar. (...)[57] Uma casa que possa ajudar na reconstrução de vínculos e no resgate da cultura. (...) Podemos ter uma pequena sala de cinema e teatro, uns setenta lugares. Imagino um jardim orgânico que envolva a casa com seus caminhos em curva, desenhos e diferentes cores de plantas. E um espelho d'água. A natureza vai fazer parte desta casa. Vestir a casa. Nos jardins a sutileza da arte (...)[58] a casa terá um café, parque infantil, pequenos jardins, singelos, com ervas aromáticas... a gente olha o ambiente e ele diz o que quer ser (...) no subsolo algo da memória que não pode ser esquecida: área com museu; exposição permanente. Pensei em alguma coisa para o piso que dê a sensação de que o chão ruiu aos nossos pés. A temperatura muito baixa, sala triste e quase escura. Apenas uma abertura bem no alto, como se a luz fosse inacessível. E depois, à medida que subimos os andares, janelas vão se abrindo cada vez mais. A natureza neutraliza a arquitetura mais fechada e triste. Os espaços se ampliando, integrando-se (...)[59] no segundo piso salas de atendimento, oficinas e uma biblioteca... com a história de toda civilização. O café, de onde se vê a queda d'água. A luz entra e pode-se ver o movimento do sol ao longo do dia, a chuva, a tempestade, o céu estrelado. A vida entrando através de grandes panos de vidro. E no último andar o restaurante e a varanda. O restaurante com piano-bar e uma grande varanda se abrindo para o terraço, onde pode ser apreciado o jardim aromático. Entrar nesse espaço será uma verdadeira experiência. Na parte interna, um*

---

57 Severo, A. (2017) *Nina desvendando Chernobyl*, p. 50. Porto Alegre: AGE, 2° reimpressão, 2017.
58 Idem, p. 110..
59 Idem, p. 111.

*jardim que se mistura com o concreto (...) dando uma ideia de que a vida vence.*[60]

Penso que em tudo que escrevi estão as marcas dos meus interesses. E o sentido do espaço é um deles; a arte em geral, de forma mais visível, a literatura. Também a filosofia, como enlace ineludível com a psicanálise, isto é, com a vida. No romance *Freud de Viena a Paris*[61], recriei muitas paisagens, Acrópole, a casa de Freud e o interior de um trem. Nós, escritores, criamos ambientes com a memória e a imaginação. *Emprego todo meu ser na escrita. É oferecendo meu corpo ao mundo que a escrita transforma o mundo em literatura*, diz Merleau-Ponty.

## O Espaço Sagrado

*São encantadoras as igrejas vazias. Parece que estão esperando por nós. Temos direito exclusivo a todos os seus tesouros, a todos os seus silêncios. Aqui só têm valor as palavras sussurradas. Os passos de veludo. A música do órgão e as luzes filtradas pelos vitrais. Assim nada melhor do que a solidão, a boa companhia umas das outras, para transportar-nos a cada uma das igrejas de Porto Alegre.*

*A palavra igreja, deriva do grego* ekklesias, *que significa reunião. E a iconografia que vamos conhecer é a descrição de imagens, o estudo de como se originaram e se desenvolveram ao longo dos séculos. Com palavras, imagens e passos em comunhão vamos sentindo, entendendo esta experiência da arte sacra. As imagens retratam pessoas do povo, gente simples que tem mãos calejadas de trabalhar, por isso nos tocam e inspiram.*

---

60 Severo, A. (2017) *Nina desvendando Chernobyl*, p. 131. Porto Alegre: AGE, 2° reimpressão, 2017.

61 Severo, A. (2022) *Freud de Viena a Paris*. Porto Alegre: BesouroBox, 2° edição, 2022.

*Mas de nada adianta possuirmos toda essa riqueza se não a conhecemos. Assim este andar pelas igrejas nos aproxima do patrimônio cultural, mas especialmente do Sagrado. Realmente, é preciso seguir o mapa das pegadas de Cristo para encontrar seus tesouros.*

Torres da Província *nos levará a respirar o embalsamado de incenso, ouvirmos cânticos e o badalar dos sinos. Embora nossas igrejas sejam jovens, em torno de cem anos, elas carregam a herança de vinte séculos de cristianismo. Para todos nós, crentes ou não, moradores ou visitantes, ao andar por estas sendas, buscando suas torres, essas igrejas se abrem para novos significados e outro olhar.*

*Palavras e Imagens em Comunhão*[62]

Alcy Cheuiche

Este pequeno espaço do livro é dedicado a homenagear o poeta Armindo Trevisan, que me ensinou[63] e inspirou.[64] Também à minha avó, Corina Severo, que me levou desde pequena ao espaço das igrejas. À minha amiga Leila Bortoncello, que muito me falou a respeito do sentido religioso do silêncio.

Ao longo de sua trajetória de escritor e pesquisador da natureza, Goethe manteve sempre contato com a arte em geral.[65] No seu livro autobiográfico, *Poesia e verdade,* afirmou: *O olho era, dentre todos os órgãos, aquele com o qual eu captava o mundo.* Outra frase dele que me marcou: *O artista*

---

62 Apresentação do livro *Torres da Província: história e iconografia das igrejas de Porto Alegre*. Organizador: Élvio Vargas. Porto Alegre: Palloti, 2004.

63 Através dos seus livros e de um curso sobre História da Arte que fiz no Contemporâneo — Instituto de Psicanálise e Transdisciplinaridade, no final dos anos noventa.

64 Trevisan, Armindo. *Como apreciar a arte.* Porto Alegre: UnoProm, 1999. Ver também: *A poesia*, 2001.

65 Goethe (1772–1826).

*plástico deve compor poeticamente.* Para ele, a arte é mediadora do indizível. Uma obra de arte autêntica, assim como uma obra da natureza, permanece sempre infinita para nosso entendimento; ela é contemplada, sentida, faz efeito, mas não pode ser propriamente conhecida, muito menos podem ser expressas em palavras sua essência, seu mérito.

Goethe[66] escreve que ao ir pela primeira vez à Catedral de Strasbourg, sentiu um impacto revelador que o levou a compreender que a arte, antes de ser bela, é formadora. E disse: *Com que sentimento inesperado fui surpreendido pela visão quando cheguei diante dela. Uma impressão total e grandiosa preencheu minha alma, impressão que eu certamente pude saborear e desfrutar, mas não conhecer e esclarecer, porque consistia em milhares de partículas harmoniosas entre si. Dizem que é assim a alegria do céu, e quantas vezes eu voltei para desfrutar essa alegria celestial e terna, para abranger o espírito gigantesco de nossos irmãos mais velhos em suas obras. Quantas vezes eu retornei para contemplar a sua dignidade e magnificência em cada luz do dia. É difícil para o espírito humano quando a obra de seu irmão é tão sublime que ele deve apenas ajoelhar-se e adorar.*

Comungo desta opinião. E cada vez que faço o meu percurso por uma obra arquitetônica, especialmente as igrejas, com sua atmosfera sagrada, que convoca todos os meus sentidos e desperta infinitas sensações e emoções, agradeço ao Armindo Trevisan e às minhas experiências de vida. Gosto de vaguear livre, sem ser conduzida e nem conduzir, mas me deixar ser seduzida pelo espaço. Sempre faço uma analogia com a psicanálise, esse deambular livre, de forma que não haja pressa. Assim como esta ligação que encontro na

---

66 Goethe. *Sobre a arquitetura alemã*, 1772.

arquitetura que aprecio, do novo com o antigo. E o elemento surpresa, quando a experiência atinge a plenitude. Escuto as igrejas, os edifícios, os corpos, seus murmúrios, ecos, silêncios...

Esta atmosfera cativante que encontro nas igrejas, nos seus pequenos nichos com ausência de luz natural, onde sou envolvida pela escuridão como se estivesse abrigada em uma caverna ou quando encontro pequenos pontos de luz de velas, que pedem uma pausa para a reflexão. Rodin disse: *A escultura é simplesmente a arte das saliências e das reentrâncias*. Pequenas capelas, espaços individuais de serenidade e oração. A beleza do encontro e do inesperado em cada encontro. Steen Eiler Rasmussen complementa: *Não basta ver a arquitetura. É preciso experimentá-la.* Ou ainda, o que me ficou de Richard Neutra, também arquiteto: *O feto, ainda que careça de visão, faz uma série de experiências sensoriais, táteis, térmicas, de equilíbrio, uma vez que é um ser flutuante. Portanto, a experiência no útero é pré-visual.*

Os construtores de igrejas procuram, não apenas a beleza das formas, mas também a verdade do espírito. O espaço afeta nossa percepção. Os religiosos, em especial as imensas catedrais, com seus pés-direitos altíssimos, contribuem para uma sensação de respeito diante do poder da divindade.

Existe o sentido cinestésico, que é a percepção que temos com o nosso próprio corpo em movimento, com seu peso, resistência e posição. Esse sentido contribui para a percepção da escala do ambiente, sua altura, o que provoca relações diversas entre o indivíduo e o espaço arquitetônico em que está inserido. E auxilia na transição de sensações luminosas e sonoras.

Essa abordagem é no sentido de deixar clara a importância do corpo humano e sua relação com o espaço. Sentimos o espaço das igrejas com nosso corpo, nossas pernas medem o comprimento da arcada e a largura do altar-mor, perambulam inconscientemente pelas molduras e curvas, sentindo o tamanho dos recuos. Encontrando a massa da parede de pedra com sua aspereza provocando sensações texturais, sinto-me amparada pela robustez da coluna.

E o prazer tátil vem associado ao olfativo: cheiro de madeira, de argila, dos incensos... Cada odor provoca uma sensação. O aroma da madeira, em especial a recém-cortada, acelera as pulsações, assim como o odor da terra lavada pela chuva promove a serenidade. Em dias quentes, as paredes de pedra de uma catedral exalam um odor rico em minerais. Depois que esfriam, as pedras enchem de frescor todo o espaço. Temos que saborear a estrutura das igrejas ao visitá-las.

Os objetos artísticos tridimensionais, como a escultura e a arquitetura, exigem polissensorialidade. Não se habita um mundo sem texturas, cheiros, ruídos. O certo é ler um objeto arquitetônico ou uma peça de escultura andando-se ao redor deles, abraçando-os com o olhar e a totalidade dos sentidos. Para senti-los, é necessário mover-se entre os seus vazios, andar. Por isso, Maurice Merleau-Ponty diz que *a visão é uma palpação pelo olhar.*[67] E Le Corbusier alia-se a Maurice: *Palpar é uma segunda forma de ver.*

Há casos em que o olhar deve vir acompanhado do tato. O autor de *As portas do paraíso*, Lorenzo Ghiberti, ao referir-se a uma antiga estátua, recém-descoberta, concluiu a descrição dizendo: *Esta estátua tem outras qualidades que a vista não é capaz de perceber, mas o tato da mão descobrirá.*

Nada melhor que o conselho do pintor alemão Anselm Feuerbach[68]: *É necessária uma cadeira para se apreciar um*

---

67 Trevisan, A. (1999) *Como apreciar a arte*, p. 55. Porto Alegre: UnoProm, 1999.
68 (1829-1880).

*quadro. O cansaço das pernas não deve perturbar o espírito. Existe outra razão: um quadro não nasce espontaneamente. É montado peça por peça como uma casa. Poderá o expectador abrangê-lo de um único golpe de vista? Assim, eis a primeira sugestão a um visitante: sente-se, depois olhe. Há casos em que o olhar deve vir acompanhado do tato.*

A partir dessa descoberta, toda a vez que visito uma igreja, espaço sagrado, caminho silenciosamente, no meu ritmo. O ritmo é essencial no espaço arquitetônico, permite conforto psíquico em virtude de modulações visuais. Passo a mão em uma parede de tijolos, toco com os dedos na porta esculpida com motivos florais, numa escultura de pedra. As peças escultóricas e os monumentos arquitetônicos são coisas que exibem corporeidade no meio de outros corpos.

Henry Moore afirmou: *À primeira vista uma escultura deverá possuir sempre algum mistério e significado. Ela jamais terá que se revelar inteiramente desde o primeiro momento.* O escultor convida o olho e o tato a se darem as mãos. A volumetria, a importância do vazio: *Há algo básico em nossa experiência existencial, a profundidade.* Na apreensão escultórica os olhos não só se movem, mas movem o corpo. Este é convidado, por sucessivos deslocamentos, a apoderar-se espacialmente da peça. Quando circulamos ao redor da escultura, realizamos uma abrangência. A refração da escultura faz o olho deslizar. O ato de caminhar ao redor de (experimentar com todo o corpo) cria em nós a peça. O ambiente em que a escultura está conta a favor ou contra.

Há uma experiência do vazio que só pode ser feita pela mão. Aqui o tato não é usado como órgão de peso e resistência, mas como o ar que nos envolve. Eis por que a escultura de vazados participa do mundo difuso da experiência acústica e olfativa. Ao vermos uma peça desse tipo, nosso primeiro movimento é entrar nela, ou meter mãos e cabeça dentro dela. Desejamos habitá-la.

A escultura materializa uma provocação (do olho e da mão), destinada a perturbar ou a seduzir, e o contemplador é conduzido a um grau maior de sensibilidade. Nos limites desta excitação, a sensibilidade confunde-se com a imaginação, com o sonho. A escultura, como a poesia, de acordo com Baudelaire: *É a infância reencontrada.*

E retornamos a Bachelard, quando cita uma frase curta de Victor Hugo, associada às imagens e aos seres da função de habitar: *Para Quasímodo, a catedral fora sucessivamente o ovo, o ninho, a casa, a pátria, o universo.*

O formato das igrejas permite que a energia espiritual possa fluir em espirais e círculos, que regem esquemas de crescimento da natureza, bem como dos intervalos harmônicos da escala musical. Há uma relação entre os projetos arquitetônicos e a música. Neste passeio (ou momento de oração) que certamente farão pelas igrejas, procurem explorar um outro sentido, a audição. Os construtores antigos sabiam usar o ambiente para ressoar em uma frequência específica. O eco das catedrais góticas ressoa à mesma frequência que a própria Terra, que também é a frequência do cérebro humano (7,5 Hz). Muitos construtores antigos sabiam usar o meio-termo ideal, fazendo com que templos, santuários e outros ambientes fechados ressoassem em uma frequência específica, o que vem sendo provado em pesquisas recentes.

E diz, ainda, Bachelard: *A Igreja é como uma casa que vai da terra ao céu. Tem a verticalidade da torre.*

O silêncio é o contexto normal, no qual a reflexão espiritual ocorre. Nada sugere como o silêncio o sentimento de espaço ilimitado, profundo, vasto. Para muitos, o mais importante não é a ausência de sons, mas a mudança de atenção para os sons que falam à alma. A experiência do silêncio produz relaxamento e abertura para o contato com Deus. Quando pisamos em um lugar sagrado, os olhos procuram a luz. Se tivermos sorte, a luz brilhará através de um vitral, adicionando iluminação e beleza ao mesmo tempo. A luz sobre vitrais torna o silêncio um transporte para auxiliar na conexão com a voz de Deus ou do cosmo, a energia do universo. O silêncio visual que se estabelece ao redor da escultura, nos espaços das igrejas, é condição prévia à transcendência. *Nada sugere como o silêncio o sentimento dos espaços ilimitados. A sensação do vasto, do profundo, do ilimitado, nos acomete no silêncio.*[69]

Dentre todas as manifestações humanas, o silêncio continua sendo a que melhor revela a estrutura densa e compacta, sem ruído e sem palavra, de nosso inconsciente. Roland Barthes[70] também reconhece essa duplicidade em referência à língua clássica. Utiliza dois termos em latim para classificá-la. *Sileo* remete à ausência de movimento e ruído, uma espécie de virgindade intemporal das coisas que existem antes delas nascerem e depois de desaparecerem. Aí está a origem de silentes, que pode ser traduzido em português, em um dos seus sentidos, como mortos. Já *Taceo* refere-se a calar-se, deixar de falar, um silêncio verbal.

O silêncio é normalmente percebido como um ilusório cessar de todos os sons. Na verdade, o silêncio apenas existe dentro do contexto da relação, como contraponto a sons e

---

69 Bachelard, G. (1957). *A poética do espaço*, p. 42 e 60. São Paulo: Martins Fontes, 2005. Pesquisar também: Antoniazzi, T. *Entre os cenários e o silêncio, respostas arquitetônicas ao caos do mundo contemporâneo; Arquitetura silenciosa.*
70 Barthes, R. (1987). *Incidentes*. São Paulo: Martins Fontes, 2004.

ruídos, um elemento contrastante: nossa audição está sempre aprendendo alguma coisa, ainda que apenas as batidas do nosso coração.

No entanto, por mero contraste, o silêncio pode tomar a forma de uma presença com individualidade própria. Quando cessam os ruídos, por exemplo, o silêncio nos provoca agradável sensação de alívio. No diálogo, uma palavra em suspenso nos evoca um sentido de expectativa. Numa melodia, o silêncio ou os intervalos silenciosos são parte da música, exaltando-a, pontuando-a. Portanto, o poder e a magia do silêncio ficam subordinados aos seus elementos contrastantes. Ao negá-lo, suspendê-lo ou interrompê-lo, ele se torna significante em si mesmo e também modifica o significado dos elementos próximos a ele.[71]

Armindo Trevisan ressalta que o elemento escultórico primordial é a luz, criada antes de todas as coisas. Com o seu advento, as coisas se formam, isto é, tornam-se inteligíveis. O ato escultórico imita a criação primeira. A luz esculpe (relação olho-tato), e na articulação das formas cheias e vazias, na luz imaterial que pode formar objetos ou dissolver seus contornos, revela detalhes ou os esconde. São vagas sensações percebidas pelo silêncio que traz à tona nossa percepção.

Quando prestamos atenção ao que estamos olhando, vemos mais e melhor. Um olhar atento é um olhar demorado, ou lento, que nos questiona, que encara o objeto. É um olhar contemplativo, como se estivesse vendo pela primeira vez. Um olhar que exige do *observador*; em outras palavras, um olhar criativo. Outras inferências advindas da memória

---

71 A música é a combinação de ritmo, harmonia e melodia de maneira agradável e, no sentido amplo, é a organização temporal de sons e silêncios (pausas). É a manifestação cultural de um povo em determinada época.

e de nossos outros sentidos, podem transformar, significativamente, aquilo que vemos.

Uma obra de arte nasce da maneira de ver intensa e criativa. Incorpora não só as ideias, mas os sentimentos e as emoções sensuais do artista que a produz. O trabalho pronto é oferecido à nossa apreciação pelos sentidos e imaginação. O que é válido para o artista é também válido para o observador em uma obra de arte. Como é possível ver criativamente? Nilza Haertel, artista plástica, acredita que existem obras de arte que têm as propriedades mágicas do silêncio, que exigem do observador um olhar atento, ou lento, e nos fazem ver com novas possibilidades.

O silêncio nas artes visuais é o chamado para nova visão, uma suspensão de significados traduzíveis, uma questão em aberto. A noção de silêncio só pode ser apreendida num sentido metafórico nas artes visuais, como imobilidade e serenidade. Linhas e movimentos lentos, cores atenuadas. Há uma analogia entre silêncio e imobilidade.

Lê-se um espaço desenrolando-o no tempo, à maneira de um livro. O movimento é essencial na leitura. O turista apressado não fará jamais uma experiência estética em uma igreja como São José, Santa Teresinha, São Pedro, Igreja das Dores, Igreja Nossa Senhora da Conceição, Catedral Metropolitana e tantas outras que temos em Porto Alegre. Quando nos colocamos, não só diante da obra arquitetônica, mas dentro dela, e nos movimentamos nela, experimentamos algo da emoção arquitetônica. Isto é o que Leonardo da Vinci dizia da beleza: *grazia congelata*.

# A HUMANIDADE VISTA POR DENTRO

*Evocando as lembranças da casa, adicionamos valores de sonhos. Nunca somos verdadeiros historiadores, somos sempre um pouco poetas.*
Gaston Bachelard

## Hospitalidade

Jacques Derrida e Elisabeth Roudinesco[1]:

ER: *O que o senhor chama de hospitalidade?*
JD: *Acolher de forma inventiva, acrescentando algo seu a quem vem à sua casa, inevitavelmente, sem convite.*

---

1 Derrida, J. e Roudinesco, E. (2001) *De que amanhã... diálogo*. Rio de Janeiro: Jorge Zahar Editor, 2004.

*Hospitalidade incondicional supõe que o visitante não foi convidado, e que permaneço senhor em minha casa, meu território, minha língua. Este lugar que o acolhe, onde ele deveria se curvar de certa forma às regras em uso. A hospitalidade pura consiste em deixar sua casa aberta para quem chega imprevisivelmente, que pode ser um intruso, até mesmo um intruso perigoso. Essa hospitalidade pura ou incondicional não é um conceito político ou jurídico. A família precisa limitar e condicionar a hospitalidade pelo medo dos efeitos perversos da hospitalidade incondicional. Entretanto, essas duas formas de hospitalidade permanecem irredutíveis uma à outra.*

*Essa hospitalidade pura, sem a qual não existe o conceito de hospitalidade, vale para as passagens de fronteira de um país, mas tem um papel na vida corrente: quando alguém chega, quando o amor chega, assume-se um risco, uma exposição.*

*Este que advém excede aos cálculos, às estratégias da minha soberania, domínio, autonomia. O outro, a chegada do outro, é sempre incalculável. Uma vez aceito, ficamos entregues ao acontecimento que vem nos afetar. A experiência de uma desconstrução nunca acontece sem amor. Ela começa por render homenagem àqueles que são importantes.*

Para Derrida, a hospitalidade é infinita ou não é hospitalidade. Portanto, é incondicional. Ou seja, aquele que se dispõe a acolher alguém não deve levar em conta nenhum de seus atributos, qualidades, nacionalidade, língua, sexo. Não deve esperar, portanto, conhecer e reconhecer o outro como alguém que possa ser aceiro porque vai se adaptar às minhas regras e aos meus costumes, tornando-se, de certa forma, um semelhante.[2]

---

2 Piva, Angela. *Vincularidade - Teoria e clínica*, p. 47. Ver mais sobre o conceito no livro *O suave mistério amoroso* - Psicanálise das configurações vinculares, p. 223. Porto Alegre: AGE. Autoria minha.

## A pandemia alterou nossa casa?

Morar é uma necessidade básica de existência do ser humano. Nossa casa é fundamental na qualidade de vida do cotidiano. O momento que vivemos durante o isolamento social causado pela pandemia do covid-19 e pós-pandemia, trouxe mudanças importantes em nossa casa. O lar, que era símbolo de conforto e relaxamento, tornou-se o centro da nossa vida, tendo que abrir espaço para trabalho, estudo, lazer e até atividades físicas. Uma das áreas que ganhou protagonismo foi o *hall* de entrada, assumindo um novo papel no contexto doméstico. Sempre funcionou como uma espécie de área de passagem, o primeiro contato com o interior da residência. Mas, com o perigo de contaminação e a necessidade de desinfecção, tornou-se um espaço de transição obrigatório. Ali era feita, ou ainda é feita, a retirada dos sapatos e a aplicação gel nas mãos, até mesmo trocando algumas peças por outras esterilizadas para ficar em casa. Ali eram recebidos os alimentos por *delivery*, colocadas as máscaras antes de sair de casa, calçados os sapatos... A conexão entre dois ambientes para dar amplitude e a criação de zonas de descontaminação. Os materiais e objetos, geralmente, eram substituídos para facilitar a limpeza.

A maior quantidade de pessoas convivendo por mais tempo, no mesmo imóvel, exigiu modificações no ambiente das casas. Conviver com a família vinte e quatro horas foi ou tem sido um exercício diário, no sentido de preservar a individualidade. Certa privacidade em ambientes de estudo ou locais usados para videoconferências, aulas *online*. Cresce a busca de conforto e a ampliação ou criação de um *home office*. A integração entre área interna e externa também ganhou força.

Muitas casas, após a pandemia, servem tanto para descanso como para trabalho e lazer. E acabaram por acomodar todas as necessidades de convivência das famílias. Surgiram novos hábitos que foram incorporados às rotinas. Muitos passaram a querer mais espaço, conforto, privacidade e cômodos mais bem delineados. Algumas famílias criaram ambientes para ter cinema em casa, sala de jogos para as crianças, lugares de bem-estar e cuidado com a saúde, com recantos para fazer exercícios físicos. Cômodos bem distribuídos ou delineados, que permitem a convivência de pessoas em diferentes atividades a serem realizadas ao mesmo tempo. E, principalmente, um espaço próprio para desempenhar atividades profissionais com privacidade.

Avós não queriam ficar longe dos netos e dos filhos, desejando favorecer um ambiente de cuidado em situação de risco e medo. Assim, famílias foram habitar a casa da praia, buscando um lugar possível para abrigar a todos. Naquelas residências espaçosas, abertas para o jardim, e até mesmo integradas a passeios e área de lazer com praças, quadras esportivas, alguns grupos conseguiram conviver de forma menos claustrofóbica e solitária. As garagens sem porta serviam de estacionamento de bicicletas, patinetes, carrinhos de bebês e de bonecas. As peles de vidro anunciavam que, em todas as estações do ano, morava o verão. *Ali a casa era um refúgio, um ninho, uma toca.*[3] O paraíso dos avós.

Como a moradia vem sendo valorizada pós-pandemia? Como ficaram os nossos hábitos de morar? E nosso consultório? Tem sido opinião de muitos colegas que seguiremos atendendo de forma híbrida. Ninguém pode perder tanto tempo com deslocamentos. O dispositivo[4] *online* foi uma

---

3 Bachelard, G. (1957). *A poética do Espaço*, p. 54 e 65. São Paulo: Martins Fontes, 2005.
4 Sugiro complementar com Capítulo *E se o apartamento falasse?* Ali trabalho melhor o tema do dispositivo como ferramenta de trabalho.

necessidade que veio para ficar. Alguns se beneficiam desta modalidade de atendimento, e outros preferem o presencial.

Durante o período crítico de isolamento social, recebi um encaminhamento. Era um homem de vinte e poucos anos, em crise conjugal. Nossas sessões *online* aconteciam no final do expediente e na área externa do seu local de trabalho, onde passava a maior parte do tempo. O outono foi surgindo com sua cor amarelo-ocre e aquele corpo atlético foi sendo coberto, aos poucos, com um agasalho a mais. Os dias foram se tornando mais curtos e os atendimentos seguiam apesar das baixas temperaturas no final da tarde. Até que, em uma das sessões, eu tive dificuldade de vê-lo dentro do capuz, pela pouca luminosidade. Mas fazer a sessão em casa, nem pensar, perderia a privacidade. Além do mais, ele saía de madrugada, pegava a estrada para estar, às seis horas na borda da piscina, e muitas vezes, trabalhava até dezenove horas. Então, veio um dia de muita chuva e ele teve que fazer a análise dentro do carro, no subsolo da garagem, onde a *internet* falhava em muitos momentos, e ficávamos paralisados no efeito *mandrake*. Foi quando decidi retornar ao atendimento presencial, exclusivamente para ele, para poder ofertar abrigo e proteção. Em geral, segui com as sessões à distância e no conforto da minha casa, onde me sentia segura.

O quarto de brinquedo foi o lugar que uma paciente escolheu quando precisava privacidade e a sessão *online* seria em sua casa. Era muito pequeno, com uma entrada separada pelo corredor e que a fazia sentir-se aninhada, à vontade para falar e chorar o que quisesse, como ela dizia: *O ambiente aqui em casa é super invasivo, muita demanda de mãe.*

*Link* enviado, câmeras e microfones abertos, inicia o primeiro atendimento de um outro paciente. Ele explica que escolheu o interior do seu automóvel para poder sentir-se com privacidade para falar o que quisesse. Em casa, o quarto onde costumava trabalhar em *home office* ficava ao lado do das crianças. Não teria as condições almejadas.

Uma paciente, ao falar de sua morada e a necessidade de mantê-la ainda mais limpa e organizada após a pandemia: *Chegar em casa e sentir meu canto com um banho quente, leve, um ambiente limpo e organizado, devolve-me a paz. Não sei quando começou o sentimento ou motivação, só me deixo embalar. Percorro cada cantinho com os olhos descansados. A pilha de livros posta, a cadeira delicadamente colocada rente à mesa, as camas bem forradas, o cheiro mudo de limpeza. Ao final do dia, por vezes exausta, vislumbrar esses detalhes transformam-se em colo de mãe: quentinho, gostoso.*

Nossa forma de atender se modificou e a de morar também. Buscamos segurança, praticidade (de manutenção, arrumação), ficamos mais independentes de alguns serviços. Algumas composições já haviam surgido antes, e induziram a novas e distintas formas de morar, os aparelhos de televisão e *notebooks* em maior número de cômodos, e a necessidade de *internet* aberta com maior velocidade. E as surgidas pelas novas composições de grupos domésticos: famílias recombinadas, famílias monoparentais, homoafetivas, uniões livres... e suas implicações nas moradias. Não irei aprofundar todos esses aspectos, como também não pretendi fazer uma distinção, no que se refere às modificações nas moradias, entre morador-proprietário e não-proprietário.

O certo é que temos que refletir e escrever sobre este tema. Muitos psicanalistas tiveram que se adaptar à nova forma de atendimento: *Trabalhar nossa permeabilidade ao novo, à dimensão do enigma da alteridade e ao desafio de nos mantermos vulneráveis, expostos e sem proteção.*[5]

---

5 Gomel, Silvia. *Familias, parejas, analistas. La escena clínica*, p. 63. Buenos Aires: Lugar Editorial, 2022. Novamente a sugestão de aprofundar o tema no Capítulo E se o apartamento falasse?

## Inquilinos temporários

Durante a pandemia, namorados foram viver juntos. Na verdade, um foi morar na casa do outro. Decidiram que não queriam ficar sozinhos, cada um na sua casa, durante o isolamento. O apartamento, concebido para ser o espaço de um solteiro, não abrigava lugar para dois escritórios. Como o trabalho era via *internet*, um deles utilizava o escritório e o outro não. Este, que foi meu paciente, contou-me que havia transformado a tábua de passar roupa em escritório.

*O encontro tem sempre algo de inédito e impensável previamente. Algo acontece que não havia antes*, afirma Puget[6], que trabalha com a ideia de ir habitando sem permanência, como inquilinos. Vamos habitando um lugar (relação) sem que isso implique ser para sempre. Deveríamos adotar o conceito de errância. À medida em que se intensificam os encontros, os efeitos são inesperados. Existem espaços preparados para nos receber e que vamos simultaneamente habitando sem permanência, como inquilinos, e não de uma maneira fixa. Muitas vezes os conflitos se deram pela falta de privacidade, pelo confinamento em um lugar que, nem sempre, foi capaz de permitir um cantinho de intimidade. Todos em casa, ao mesmo tempo, em todos os horários, comunicação de ruídos, disputa por objetos, por cantinhos de sol.

Outro casal. *Vamos ficar juntos nestas semanas de isolamento?* Durante os meses em que mantiveram o confinamento não tiveram problemas. Pelo contrário, tudo ia às mil maravilhas. A mulher reclamava da bagunça, dos copos pela casa, solicitava mais divisão nas tarefas, mas estavam bem. O problema veio depois, quando os filhos dele queriam estar

---

6 Puget, J. *Subjetivación discontinua y psicoanálisis: Incertidumbre y certezas*. Buenos Aires: Lugar Editorial, 2015.

com o pai. O apartamento, que era só dela, com dois quartos, onde um era o seu escritório, funcionou bem como um espaço para dois, apesar do período pandêmico ter se prolongado muito além do que imaginavam. Mas quando os filhos dele vieram, os conflitos apareceram. Um quarto, um banheiro, a pequena cozinha unida à lavanderia era apertada, inapropriada. Intolerável? Para receber tantos filhos, sim. Na verdade, era difícil para ela dividir o espaço e, consequentemente, o namorado, com outras pessoas, mesmo que fossem seus filhos.

Muitos procuraram atendimento *online* durante o confinamento. Uma mulher falava do habitar ordinário que viveu com aquele homem. Sua maneira de organizar os espaços, de distribuir as diferentes funções, a negligência, o reino das convenções. Ainda tentava segurar e acariciar suas mãos, enquanto ele desfiava um rosário de críticas e lamúrias. E havia brutalidade nas brigas por qualquer coisa. Tudo compõe um relato de vida, de precariedade de vida. O jogo das exclusões e preferências, discordâncias, austeridade.

A estrutura dá uma noção de algo fixo ante o *devir*, por isso os casais ocupam os mesmos lugares na cama, em algum lugar da casa, criando rituais mediante os quais o imprevisível da vida cotidiana pode perder algo da qualidade inquietante. Tendemos a buscar coerências, a construir um mundo estável e homogêneo que atente contra a introdução da novidade e do imprevisível.[7]

Winnicott, em uma consulta, pergunta à paciente se está trabalhando. Ela responde: *Eu não faço absolutamente nada. Nosso apartamento não é um lar. Ninguém mora em*

---

7 Puget, J. *Subjetivación discontinua y psicoanálisis: Incertidumbre y certezas*. Buenos Aires: Lugar Editorial, 2015.

*parte alguma. O problema com a mãe é que ela não é capaz de fazer um lar. Não somos uma família.[8]*

## Impresencia

Badiou introduziu o termo *impresencia*, no ano de 1988, o definindo como o que não é nem apresentação e nem representável. Julio Moreno, passou a utilizá-lo na psicanálise Vincular anos depois[9]. Mas foi com Janine Puget, que passei a tomar conhecimento. Estava em poucos parágrafos, e eu o desenvolvi. Para maior compreensão, busquei os poetas. Pois o termo é empregado para falar de amor, de morte e também de criação. Na verdade, foi inventado para falar da falta que faz aquele que se amou.

*A impresencia é aquilo que não é representável com palavras. Não é a ausência, não é a invisibilidade nem a falta: se trata do que é impossível pensar, o que carece de forma.* Assim as autoras Alisma de Léon e Catarina K. Peimbert, apresentam sua novela chamada, *Impresencia.*

Existem diferentes maneiras de pensar a categoria do corpo em termos de representação, apresentação e *impresencia*, afirma Puget. O corpo impõe uma ineludível presença com gestos, fisionomia, cheiros, provocando atração e rechaço. Se o outro que amamos deixou de estar conosco com sua inevitável diferença, ocorre como que uma não presença.[10] *A morte imaterial do outro instala efeitos de não presença, uma*

---

8 Winnicott, D. W. (1975) *Explorações psicanalíticas*, p. 255. Rio de Janeiro: Imago Editora, 1990.

9 Moreno, J. (2002) *Ser humano. La inconsistência, los vínculos, la crianza. Buenos Aires: Libros del Zorzal.*

10 Puget, J. (2015) *Subjetivación discontinua y psicoanálisis: Incertidumbre y certezas*, p. 27. Buenos Aires: Lugar Editorial, 2015.

*ausência que luta por se fazer presente.*[11] O sofrimento e a dor pela perda indica um trabalho representacional em que intervêm recordações, objetos, fotos, leituras, evocações. A morte de um ente querido cria uma nova memória.

Este conceito, que não tem inscrição, é imaterial. Alguns relatos passaram a ser escutados de outra perspectiva. O primeiro veio de um amigo que falava da morte recente da mãe. Contava o quanto ela amava viver e se agarrava à vida. Não dormia, nos últimos tempos, não queria sentar-se. Acreditava que se parasse, morreria. E agora ela se foi e ele ficou. Tentava encontrar palavras para explicar melhor o que sentia. Algo estranho. Uma sensação de que estava faltando algo, de que esquecera alguma coisa. Isso durava alguns segundos. Então, dava-se conta que naquela hora sempre falavam, longamente, ao telefone.

Saber que é isso que falta, ou que provoca o mal-estar, nem sempre o impede de pegar o aparelho e falar com a mãe na imaginação. Ou pensar o que lhe contaria naquele dia.

Os poetas, ao falarem de um coração entristecido, dizem que *impresencia* é pior que ausência. A ausência é física, a saudade passa, acomoda-se de um jeito ou de outro.

José Gil menciona algo parecido. Na dança, ao falar da sequência dos movimentos, descreve que nenhum se assemelha ao outro. Não percebemos quando um termina e outro começa. O movimento nunca chega a desaparecer, liga-se ao outro na sequência, que é mais a passagem de um devir/sequência. Ou seja, o que vai acontecer.

Numa noite, atendo um paciente que está iniciando análise à distância, ele fala do quanto tem medo de

---

11 Puget, J. (2015) *Subjetivación discontinua y psicoanálisis: Incertidumbre y certezas*, p. 29. Buenos Aires: Lugar Editorial, 2015.

mudanças, da ideia dele e família irem para uma cidade pequena, buscando uma vida mais simples e econômica. Segue por vários assuntos, descreve como seria a casa nova. De como enfrentaram a pandemia e as diferenças entre ele e a esposa em relação às finanças: *Só agora estamos alinhando esses ponteiros, depois de muitas brigas.* Diz que o pai o ensinou a ter segurança, sempre ter dinheiro guardado. Conta uma situação crítica que viveu e complementa: *Me sinto mal de pedir dinheiro para meus pais. Em outras épocas precisei e pedi, mas agora não me sentiria bem.* Segue narrando e, bem perto do final da sessão, para e diz que acha importante mencionar que o pai falecera há pouco tempo, uns quarenta dias. Fico surpresa pois ele falara como se o pai ainda estivesse vivo. Assinalo o que senti. Ele fica tomado de espanto. Pontuo as duas situações em que usou o verbo no presente do indicativo. Ele responde: *A minha mulher disse que eu tenho que chorar a morte do meu pai, que vai me fazer bem.*

Enquanto acomodava em mim o que sentia, lembrei de um sonho contado por Freud.[12] Um pai velava o filho. Ficou muitas noites sem dormir ao lado dele, cuidando-o, por estar doente. Estavam apenas ele e um conhecido junto do caixão. O pai necessitou descansar um pouco e pediu para o homem ficar velando a criança. Adormeceu e sonhou que o filho dizia: *Pai, não vês que estou queimando?* Ele acordou em sobressalto e ao chegar na sala contigua viu que o homem havia cochilado. Uma vela caída queimava a roupa do filho no caixão. Freud fala do sonho como proteção. Que por instantes a criança estava viva, pois falava com o pai.

Contei esta passagem e disse que ele estava sentindo a dor de outra forma, não por intermédio de lágrimas, mas

---

12 Freud, S. (1900) *A interpretação dos sonhos,* In: Obras Completas de Sigmund Freud, vol. II. Rio de Janeiro: Delta Editores, 1953.

que era dor; pois precisava manter o pai vivo. Ambos nos emocionamos. Foi quanto juntei a conversa com o meu amigo, a sessão com este paciente e o conceito de *impresencia* fez sentido para mim. Do quanto precisamos estar ao lado desses pacientes e não interpretar. Do quanto um colo, no sentido de espaço e tempo, é importante para que depois, só depois, possam entrar no luto.

Pensei em Winnicott[13], o brinquedo marcado pela precariedade, ou essa qualidade efêmera e frágil de ilusão tão facilmente rompida. É como que este espaço intermediário entre a mãe e o meu amigo, entre o paciente e o pai dele, esta área do brinquedo, tivesse sido interrompida de maneira abrupta. Eles não estão nem dentro e nem fora, ainda, nesta transição delicada da *impresencia* para a possibilidade de representação ou de luto. Ambos terão que inventar a vida sem estas pessoas fundamentais. Como? Será possível?

Só recorrendo aos poetas:

*A impresencia é um incômodo,*
*Pois mais que viva, pois nem vai embora, pois...*
*Lembranças ainda com perfumes, assim próximas,*
*Presença ainda tátil, sensível.*
*Um fechar de olhos*
*e as linhas dos dedos ainda estão na carne,*
*na face, nos lábios...*

Máhah Martins Brandão

---

13 Porque tenho um espaço para pensar no grupo de estudos de Winnicott, aproveito para agradecer aos colegas e ao Roberto Graña.

## Território do casal

Sigo brincando de ABC. Como uma criança que entra no mundo das palavras, introduzo os leitores no abecedário amoroso[14] para falar dos enamorados. Agora, percorro alguns verbetes para enfatizar o simbolismo contido na casa-corpo, em especial no território íntimo do casal.

**Calor** - A sutileza do amor num casal provém do seu temperamento quente. Do permitir o devanear diante da chama acesa da paixão. E isso lhe confere um valor poético.

Freud, ao falar das zonas erógenas, excitação de toda a superfície do corpo, diz: *Determinadas excitações gerais da epiderme possuem efeitos erógenos muito definidos. Entre elas devemos fazer ressaltar as produzidas pela temperatura* (...).[15] O prazer proporcionado por um banho quente, pelo corpo do amado, suas carícias prolongadas que aquecem.

O calor é um bem, uma posse. É preciso doá-lo a um ser eleito que mereça a comunhão, a fusão recíproca. Em Bachelard, o calor é intimidade, necessidade de partilhar. *Lá onde o olhar não chega, onde a mão não entra, o calor se insinua.*[16] Para ele essa necessidade de penetrar, de ir ao interior das coisas que seduzem, leva à comunhão por dentro, simpatia térmica. *O calor está na origem da consciência de felicidade.*[17] Parece haver um acréscimo de calor que anima e reforça o vínculo.

O calor está ligado à criação do mundo e do entre dois. O calor ardente e irradiante faz com que tudo se espiche,

---

14 O abecedário amoroso é o segundo capítulo do livro *O suave mistério amoroso*, de minha autoria, 2014. Aqui trabalhei apenas algumas letras.

15 Freud, S. (1905). *Três ensaios da teoria sexual*. In: *Obras completas*, p. 324. Rio de Janeiro: Editora Delta, 1953.

16 Bachelard, G. (1949) *A psicanálise do fogo*, p. 61. São Paulo: Martins Fontes, 2012.

17 Idem, p. 69.

boceje, se coloque em movimento, mergulhe no devir. O calor da cama, entre os lençóis, pela proximidade dos corpos, permite que o casal se encaixe, surja do caos, entre em trabalho de parto. O ponto de combustão que o casal atinge tem a ver com a frequência do encontro que permite o descongelamento do afeto e o tempo necessário para a intimidade.

**Fogo** - *O fogo também representa o amor*, diz Freud. Dora está ardendo de paixão. *Do conceito fogo parte um caminho que conduz, através dessa significação simbólica, às ideias de amor; e outro através do conceito antitético água, que, depois de ramificar-se em relação ao amor, também molha.*[18]

O fogo da paixão propaga segurança. O fogo do enamoramento é símbolo de repouso, convite a ele e, ao mesmo tempo, um sinal do que poderá vir. Propaga-se mais por ocasião de lembranças imperceptíveis de experiências simples e decisivas.

Gaston Bachelard[19] fala do ser fascinado pelo apelo da fogueira, o sonhar acordado. Como se estivesse em um devaneio arrebatador e dramático que amplifica todo o destino. O fogo confinado foi certamente o primeiro instrumento de devaneio do homem, um símbolo de repouso. *É praticamente impossível conceber uma filosofia do repouso que não inclua a lenha incandescente (...) quando estamos próximos do fogo somos compelidos a nos sentar, somos obrigados a descansar e, sem poder dormir, somos forçados ao devaneio.*

A conquista do fogo é, primitivamente, segundo Bachelard, uma conquista sexual.[20] Ele está ligado com a dilatação, que é o princípio da vida.[21] Para este autor, a necessidade

---

18 Freud, S. (1905) *Análise fragmentária de um caso de histeria*, p.72. In: *Obras completas, vol. VI*. Rio de Janeiro: Delta Editores, 1953.
19 Bachelard, G. (1949) *A psicanálise do fogo*, p. 50 e 62. São Paulo: Martins Fontes, 2012.
20 Idem, p. 65.
21 Idem, p. 73.

do fogo é quase tão básica quanto a necessidade da água. E diz: *O fogo que nos queima, de repente, nos ilumina. A paixão reencontrada torna-se a paixão querida. O amor torna-se família. O fogo torna-se lar.*

Por isso, vou me deter um pouco mais no tema do fogo da paixão.

Entre os casais enamorados, quando a chama queima a lenha, ocorre um fenômeno monótono e brilhante, verdadeiramente total. O fogo sugere o desejo de mudar, de apressar o tempo, de levar a vida a seu tempo. O casal é transportado pela imaginação para as alegrias do primeiro fogo aceso sem sofrimento, na suave confiança de um amor partilhado. Essa alegria inexplicável é a marca da potência afetiva da dupla.

O método da fricção parece natural nesses casais. Um fogo espontâneo brota do esfregar e nos surpreende. A pedra que friccionamos para torná-la luminosa entende o que exigimos dela, e seu brilho prova sua condescendência. Bachelard fala ainda da destruição do fogo como uma renovação, do seu poder de mudança. É desta forma que compreendo o casal enamorado que é transportado na doce imaginação para a alegria do primeiro fogo aceso: *o suave mistério amoroso.*

Cada fogo produz uma nova semente para os fogos extintos. O fogo da paixão nos leva a pensar nos casais que não sentem ardor suficiente para manterem o fogo aceso, para soprar, reacender a chama. Diante do fogo que morre, alguns casais não têm força para soprar e perdem a esperança. Quando o fogo da paixão esmorece, é preciso atiçá-lo, sabiamente, longamente, em meio a uma espessa fumaça[22], com paciência, audácia e sorte. Atiçar a paixão é uma arte que só os enamorados parecem dominar. Neles o fogo da paixão é

---

22 Bachelard, G. (1949) *A psicanálise do fogo*, p. 14. São Paulo: Martins Fontes, 2012.

ultra vivo, íntimo, resplandecente, doce devaneio do bem-estar. O amor faz crepitar, incendeia, é incandescente.

**Mão** - A mão é o órgão das carícias. Carícia é um movimento suave, ritmado, envolvente e sedutor. Freud fala da mão que toca e o estímulo da zona erógena por meio do toque[23]. No *enamoramento* há uma experiência intima de fricção suave, acariciante, que inflama o corpo.[24] Assim que se começa a roçar tem-se a prova de um doce calor, a cálida impressão de algo agradável. O corpo do amado é eletrizante. Essa fricção ativa, suave e prolongada, determina uma euforia, e essa alegria inexplicável é marca da potência afetiva. O devaneio sexual atravessa o casal enamorado[25], um devaneio de riqueza, rejuvenescimento e potência.[26] É nessa potência afetiva que buscamos o segredo dos casais que se dão bem. Esse método da fricção parece natural nesses casais.[27] Assim que se começa a esfregar, diz Bachelard: *tem-se a prova de um doce calor, a cálida impressão de algo agradável. Os ritmos se sucedem uns aos outros (...) é realmente o ser inteiro em festa.*[28] *O ser acariciado resplandece de felicidade.*[29]

Esse componente corporal é simbolizado pela mão que acaricia. Expresso como um composto de imagem-emoção-sentimento, equivalente à sensação oceânica. São recortes especiais realizados pela mente quando olha, ouve ou sente o toque do amado.

A mão acaricia, ensina a tomar posse da extensão, do peso e da densidade do corpo. O toque dos dedos trans-

---

23 Freud, S. (1905) *Três ensaios da teoria da sexualidade*, p. 301. In: *Obras completas*, vol. V. Rio de Janeiro: Delta Editores, 1953.

24 Bachelard, G. (1957) *A poética do espaço*, p. 43. São Paulo: Martins Fontes, 2005.

25 Idem, p. 38, 44, 46 e 47.

26 Idem, p. 111.

27 Idem, p. 38.

28 Idem, p. 44.

29 Idem, p. 50.

forma-se em tato e concretiza o elogio. Garatujas na pele, contorno na silhueta. E desenhar permite olhar melhor. O corpo do amado é belo porque é tocado. O toque abre todo o erotismo, institui o ser amado. A mão encontra o corpo e transfigura algo existente no seu interior, que se abre ao exterior. Existirá melhor assinatura do que a impressão da própria mão?

**Olhar** - O olhar que vem do meu amor proporciona um prazer sentido como pleno. *Devolvo com o olhar toda rede amorosa e nela localizo o lugar que seria eu se dela fizesse parte.*[30]

Nas palavras de Merleau-Ponty: *Não temos outra maneira de saber o que é um quadro ou alguma coisa senão olhá-los, e a significação deles só se revela se nós os olhamos de certo ponto de vista, de uma certa distância e em um certo sentido; em uma palavra, se colocamos nossa conivência com o mundo a serviço do espetáculo.*[31] Para este autor o corpo é o veículo do ser no mundo. No sentido de que: O corpo é uma necessidade para uma existência mais integrada e diz: *O olhar envolve, apalpa. O mesmo corpo vê e toca. O visível e o tangível pertencem ao mesmo mundo. Imbricação e cruzamento entre o tocado e o que toca*[32].

Muitas vezes buscamos conhecer o outro, buscamos informações, mas em muitos momentos esperamos que o amado mostre ante nossos olhos coisas que já estávamos pensando ou sentindo. Nem sempre prestamos atenção a sua imagem real, sempre imaginamos um pouco.

Só se vê o que se olha, e tudo o que vejo, por princípio, está ao meu alcance, pelo menos ao alcance do meu olhar.

---

30 Barthes, R. (1977) *Fragmentos de um discurso amoroso*, p. 107. Rio de Janeiro: Francisco Alves, 1990.
31 Merleau-Ponty, M. (1964) *O olho e o espírito*, p. 130. São Paulo: Cosac Naify, 2004.
32 Idem, p. 131.

Meu olhar assinala o mapa do *eu posso*. Desejo o que posso ver. Cobiço o que está perto. Percebo o que está ao alcance do meu toque. O território humano é marcado pelo olhar.[33]

Quero continuar a olhar e não apenas ver, a vista começa pela descoberta das diferenças.

É oportuno lembrar o que Freud diz em *Os três ensaios da Teoria da Sexualidade*: *Os olhos, que constituem a zona erógena mais afastada do objeto sexual, são também os mais frequentemente estimulados no processo da escolha, por aquela excitação especial que emana da beleza do objeto, a cujas excelências damos, assim, o nome de estímulos ou encantos.* O olhar é um convite à excitação. No mesmo texto, Freud fala do olho como zona erógena e da pele como órgão do sentido que sofreu modificações até formar mucosas e se tornar igualmente uma zona erógena.[34]

O olho, em Winnicott, não é apenas um órgão de visão. Na construção da personalidade, uma incorporação e uma expulsão paralelas são feitas através de todos os órgãos do corpo: olhos, pele, ouvidos, nariz. Muita coisa está sempre sendo incorporada pelos olhos, que *também representam um órgão de excreção (...) e de certo modo, tudo que vemos sai de dentro de nós para os objetos.*[35]

**Pele** - Deleuze diz que o sentido se dá sempre na superfície, à semelhança de Lacan. *No homem, o mais profundo é a pele*, diz Paul Valéry[36].

---

33 Merleau-Ponty, M. (1964) *O olho e o espírito*, p. 19. São Paulo: Cosac Naify, 2004.

34 Freud, S. (1905) *Três ensaios da teoria da sexualidade*, p. 311, 354. *In: Obras Completas de Sigmund Freud*, vol. V. Rio de Janeiro: Delta Editores, 1953.

35 Winnicott, D. W. *Textos selecionados — Da pediatria à psicanálise*, p. 193 e 194. Rio de Janeiro: Francisco Alves, 1993.

36 Graña, R. B. *Deleuze ou os desvios da psicanálise*, p. 45. Belo Horizonte: Literatura em Cena, 2023.

Freud, em *Os três ensaios sobre a teoria da sexualidade*[37], falando nas carícias sexuais preliminares, mais especificadamente no toque e na contemplação, refere-se à necessidade do toque para que se atinja o fim sexual e do aumento da excitação e novas fontes de prazer com o contato com a epiderme do objeto sexual. Diz que *a contemplação deriva do tocar, em último termo (...) e que a impressão visual é o caminho pelo qual mais frequentemente é despertada a excitação* (...) Em uma nota de rodapé fala que o conceito de belo tem raízes na excitação sexual. A sexualidade infantil está ligada a zonas erógenas e se subdivide em pulsões parciais.[38] Afirma ainda: *Nas investigações das zonas erógenas, já descobrimos que estes locais da pele mostram somente um aumento particular de estímulo que encontramos, a um certo grau, no conjunto da superfície cutânea.*[39] Em Freud, toda a extensão da pele e os órgãos internos são capazes de excitação sexual.

Pelos estímulos constantes, os enamorados conseguem manter as zonas erógenas abertas e todo o corpo fica em estado de excitação. Os casais que se amam experimentam uma intimidade sentida como satisfatória. Essas zonas são apenas elementos que se ligam a uma erogeneidade potencial do conjunto do corpo, pois todo revestimento do corpo, toda a pele é dotada desse potencial.[40] O relacionamento amoroso está no braseiro do sentido. Todo contato com o enamorado pede uma resposta. Um contato furtivo com o corpo, mais precisamente a pele. O sentido eletriza minha

---

37 Freud, S. (1905) *Três ensaios da teoria da sexualidade,* p. 297. *In: Obras Completas de Sigmund Freud,* vol. V. Rio de Janeiro: Delta Editores, 1953.

38 Idem, p. 102.

39 Idem, p. 327.

40 Laplanche, J. *Os três ensaios e a teoria da sedução,* p. 301. *In: Revista de psicanálise SPPA,* vol. 12, n°2, p, 297-311, ago. 2005.
Laplanche, J. (2014) *Os três ensaios e a teoria da sedução,* p. 232. In *Sexual – A sexualidade ampliada no sentido Freudiano .* 2000-2006. Porto Alegre: Dublinense, 2015.

mão. Vou rasgar o corpo do amado e fazê-lo falar. Peço à pele que responda com um arrepio.

**Voz** - No *enamoramento*, a voz do amado adquire importância fundamental. Ela tem que ser bela. Ela é. A voz sempre sonora, terna, mundana. Como se eu fosse tocado com palavras, como se tivesse tato na ponta das palavras. Da boca recortada do cinema, escuto palavras queridas. A palavra é física e afeta o corpo. O efeito sonoro que o enamorado provoca é de encantamento. Existe uma atenção apaixonada, insistente: fineza, acuidade dos altos e baixos da voz. Somam-se outros gestos espontâneos, meigos, que põem em movimento vocalizações, balbucios de prazer e enternecimento.

A suavidade com que ele canta esta cantiga infantil é inacreditável, de tão comovente. A voz do amado remete a uma fase cinética *que desenvolve movimentos e ritmos usufruídos no útero ao balanço do andar da mãe*. No desamor a voz fica adormecida, desabitada do fato longínquo. Voz do fim do mundo. Vai se calando, ficando fraca e o que resta é um grão sonoro que desagrega e desfalece. *Se a voz se perde, é a imagem toda que enfraquece.*[41] *Voz cansada, extenuada, rarefeita, poder-se-ia dizer, voz do fim do mundo, que vai sendo tragada pelas águas frias*[42].

O espaço afetivo onde o som não circula transforma-se em um recanto morto. O que era um encontro virou um desencontro apenas, e a escuta se torna fosca, indiferente, tapada, impenetrável[43].

---

41 Barthes, R. (1977) *Fragmentos do discurso Amoroso*, p. 107. Rio de Janeiro: Francisco Alves, 1990.
42 Idem, p. 190.
43 Idem, p. 157.

Barthes, no seu livro: *Como viver junto*[44], fala que o território animal é frequentemente marcado pelo odor, e o humano, pelo olhar. Pode, também, ser marcado pelo tato: percebo tudo que está ao alcance do meu toque, de meu gesto, de meu braço. A casa integra todos os ruídos. Qualquer silêncio inesperado ou ruído irreconhecível obriga a um trabalho interno de interpretação. O território pode ser uma rede polifônica de todos os ruídos familiares: os que posso reconhecer e que são os sinais do meu espaço. A verdadeira paisagem sonora familiar é tranquilizante.

O território do casal deve ser mais do que um mero ambiente, deve sustentar o entre dois, não apenas um pai e uma mãe. Outras partes de suas vidas se relacionam com as crianças, com os amigos, o trabalho, mas deve haver um lugar que se torne a expressão natural de um casal como adultos, que seja apenas deles. Claro que precisam de uma zona compartilhada, onde os dois possam interagir, uma zona composta dos usos comuns do casal, mas precisa haver um espaço para a individualidade, onde cada um possa ficar confortavelmente sozinho, com dignidade e de maneira a não excluir o parceiro.

Para tanto, pequenos territórios privados, nichos, cantinhos e até mesmo jardins secretos precisam ser construídos, onde cada um possa se refugiar para fazer suas próprias atividades e pensar, sossegar. Para que possa haver uma maneira do casal permanecer junto ainda que estejam fazendo coisas diferentes. Isso se refere à moradia e ao viver juntos.

Precisamos criar pequenos espaços para que possamos desenvolver atividades diversas e também espaços onde

---

44 Barthes, R. (1970) *Como Viver Junto*, p. 154, 155. São Paulo: Martins Fontes, 2003.

possamos estar juntos. Isso significa que os espaços devem estar abertos entre si. E aqui falo das afinidades, da aceitação das diferenças e da abertura para o novo.

Resolvido o problema da possibilidade de um espaço com a possibilidade de privacidade individual, o restante do espaço do casal deve propiciar genuína intimidade. Nos primeiros anos, quando o casal está se descobrindo e buscando saber se realmente os dois podem desfrutar de um futuro, a evolução da casa desempenha um papel vital. Melhorar a casa, reformá-la, aumentá-la, todas essas atividades trazem oportunidades para que um aprenda sobre o outro: elas levam a conflitos, mas também oferecem a possibilidade de decisões, aventuras e conhecimento.

Por isso, arquitetos que estudam a psicologia ambiental recomendam que talvez não se deva construir a casa dos sonhos de imediato, mas que a nossa moradia possa ter a possibilidade de ir se modificando, se expandindo, conforme nossas necessidades ao longo da vida conjugal ou familiar. Devemos sempre deixar a possibilidade para crescimento e mudança.

*Por falar nisso. Pise!*
*Mas pise com as mãos dadas,*
*Pois você está pisando em nossa morada,*
*Está pisando na-morada*

Eduardo Lucas Andrade

## Quarto de casal: o lugar total[45]

Quero falar das impressões de intimidade: todo espaço reduzido onde gostamos de encolher-nos, de recolher-nos

---

45 Severo, Ariane. *Encontros & desencontros - A complexidade da vida a dois.* São Paulo: Casa do Psicólogo, 2010.

em nós mesmos. Bachelard fala da tranquilidade de um espaço estreito, do retiro da alma e suas figuras de refúgio.

O quarto é o espaço da casa tido como individual, de cada um, do casal. Se isola da casa, espaço fechado, lugar de fantasias, na medida em que é protegido, subtraído à vigilância, símbolo de abrigo. O quarto é o recanto de privacidade do casal, onde cada sujeito é dominante em seu espaço. A noção de território procura dar conta da oposição público/privado, podendo haver círculos concêntricos, isto é, um território dentro de outro: casa/quarto/leito.[46] Diz Bachelard: *Nossa casa se aperta contra os corpos, torna-se célula do corpo com suas paredes próximas. O refúgio contrai-se.*[47]

O aquecedor do quarto se reabastece do valor narcísico inicial. É um momento no qual o que conta são as sensações corporais. O calor do corpo da mãe. Uma gratificação narcísica que realimenta o vínculo. *É no calor da ninhada amontoada sob a mãe que se estabelece a relação afetiva, o laço que continuará depois da infância e, entre os humanos, até a idade adulta e mesmo senil.*[48]

Sabemos que as altas temperaturas correspondem ao que é explosivo, mas também ao que é criador. Estar perto incendeia, a distância produz um esfriamento que corresponde a solidificações, cristalizações. A intermitência é que é erótica, diz o poeta. Se a vida íntima do casal é interrompida, invadida, deve haver uma parte da casa chamada de território do casal.

---

46 Barthes, Roland. (1972). *Como viver junto*, p. 102 e 112. São Paulo: Martins Fontes, 2003.
47 Bachelard, G. (1957) *A poética do espaço*, p. 103. São Paulo: Martins Fontes, 2005.
48 Morin, E. (2005). *Introdução ao pensamento complexo*, p. 52. Porto Alegre: Sulina, 2011.

## Microespaço da cama

Quero falar, ainda, do espaço do casal, dos objetos que podemos atingir com um gesto, com o braço, quando às cegas. Espaço privilegiado do sono, do trabalho sedentário em casa, do *gesto imediato*, como coloca Barthes.[49] O espaço habitado afetivamente, *o ninho: alguns decímetros quadrados em volta dele*[50], o cheirinho dela, o pé gelado, o ressonar. O livro dele, os óculos, objetos-centro, com os quais o sujeito tende a se identificar. A lareira, o fogo, o calor, a lâmpada, o abajur aceso... ele lendo, lendo meus pensamentos, lendo para mim, lendo na minha presença, lendo ao lado, ele aceso dentro de mim.

Alguns objetos tocados pelo amado tornam-se parte desse corpo e o sujeito se liga a ele apaixonadamente.[51]

O ninho, como toda imagem de repouso, de tranquilidade, lugar reduzido onde gostaríamos de encolher, aconchegar, ficar quieto, onde tudo acontece com toques simples, delicados e doces. Com o ninho, como observa Bachelard, imagens primordiais: *Para o pássaro, o ninho é indiscutivelmente uma cálida e doce morada. É uma casa de vida: continua a envolver o pássaro que sai do ovo. Para este, o ninho é uma penugem externa antes que a pele nua encontre sua penugem corporal.*[52]

Se o parceiro está ausente, o outro fica aprisionado de um lado da cama, vivendo uma exclusão forçada. Está fora do círculo, da zona de contato. Está onde não posso abraçar.

---

49 Barthes, Roland. (1972). *Como viver junto*, p. 218 e 219. São Paulo: Martins Fontes, 2003.
50 Idem, p. 230.
51 Barthes, R. (1977). *Fragmentos de um discurso amoroso*, p. 155. Rio de Janeiro: Francisco Alves, 1990.
52 *O ninho é a casa do pássaro. O ninho, a concha, imagens primordiais*. p. 104, 105.

*Levando em conta que, na experiência do abraço, a mãe está funcionando como um lugar, o filho a habita, aloja-se no ato do estreitamento mútuo.*[53] Encontrar é tornear, quase exatamente a mesma palavra que diz *dar a volta*, girar; indica movimento circular, e circular é envolver, rodear.[54] É um movimento melódico, como nos versos de Baudelaire:

*Lá onde o olhar alcança*
*lá onde a gente leva, esconde.*
*lá onde alcançamos, tocamos.*
*Sobre a cama está deitado o ídolo;*
*o soberano dos sonhos...*

A cama, território comum apropriado, defendido contra intrusões, onde o parceiro é dono. Ligada a funções recorrentes em termos humanos, hábitos, espaço do imaginário.

A antiga visão determinista do mundo era como um mundo de gelo e não de fogo. O calor está ligado à criação do mundo e do entre dois. O ponto de combustão que o casal atinge tem a ver com a frequência do encontro, o descongelamento do afeto e o tempo necessário para a intimidade.

A casa, o quarto do casal, a cama, são bens que só possuímos quando ficam à nossa disposição e podemos usufruir deles quando queremos.

Para Blanchot, *o quarto é uma morada do espaço íntimo, do seu interior.*[55]

---

53 Rodulfo, R. (2004). *Desenhos fora do papel. Da carícia à leitura – Escrita na criança*, p. 60. São Paulo: Casa do Psicólogo, 2004.
54 Barthes, R. (1977). *Fragmentos de um discurso a moroso*, p.219. Rio de Janeiro: Francisco Alves, 1990.
55 Bachelard, G. (1957) *A poética do espaço*, p. 231. São Paulo: Martins Fontes, 2005.

# Cap XI
## SE A BRINCADEIRA NÃO SE ACHA NEM DENTRO E NEM FORA, ONDE É QUE ELA SE ENCONTRA?

> *Em nenhum campo da cultura é possível ser original, exceto numa base de tradição. A integração entre originalidade e tradição como base da inventividade.*
> Winnicott

## O brincar é algo sério

Ainda na primeira década deste século Freud escreve *O Poeta e a Fantasia*[1], onde aproxima o trabalho *do ficcionista do brincar da criança*, afirmando que o motor do sonhar

---
1 Freud, S (1908) *O Poeta e a Fantasia*. Vol.7, p. 115-125. Obras Completas. Rio de Janeiro: Delta Editores, 1954.

*acordado é o que possibilita a criação literária e o que sustenta o* continuum *de atividade lúdica infantil, fazendo com que o ato criativo se acompanhe de uma ilusão onipotente de plenitude de prazer* [2]. Ao brincar, a criança reinventa o mundo, cria suas próprias regras, sua linguagem, muitas vezes construindo associações inusitadas e sentidos inesperados. O brincar é, portanto, algo sério. O poeta faz o mesmo que a criança, cria um mundo de fantasia. Os adultos substituem o ato de brincar por fantasias e devaneios, na maior parte das vezes em segredo. Já os poetas os compartilham e abrem um campo imenso de imagens, e possibilidades de prazeres, que jamais teríamos coragem de revelar publicamente.

Formula uma pergunta capaz de interessar a todo mundo: *Quais são as fontes de onde os escritores retiram seu material?* A resposta, notou Freud, nunca parece satisfatória e, para aumentar o mistério, mesmo que o fosse, o fato de conhecê-la não converteria o leitor num *Dichter*, num poeta, no sentido em que Freud o concebia, aquele que cria com palavras. E diz: *O devaneador criativo combina uma experiência poderosa de sua vida adulta com uma distante lembrança recuperada e, então, transforma em literatura o desejo gerado por essa combinação. Como no sonho, seu poema ou romance é uma criação mista do presente e do passado, de estímulos tanto internos quanto externos.*

Roberto Graña, no seu livro, *Origens de Winnicott – Ascendentes Psicanalíticos e Filosóficos de um Pensamento Original*, ressalta que Freud inicia indagando-se acerca do lugar: lugar que costuma despertar no leigo vivíssima curiosidade, lugar de onde o escritor/poeta, esta personalidade tão singular, extrai usualmente os seus temas com os quais

---

2 Granã, Roberto (2007) *Origens de Winnicott – Ascendentes Psicanalíticos e Filosóficos de um Pensamento Original*, p. 40. São Paulo: Casa do Psicólogo, 2007.

consegue comover-nos tão intensamente e despertar em nós emoções que não julgaríamos capazes de experimentar [3]. O autor complementa citando o que Freud, propõe, ao modo de uma indagação: *Não deveríamos buscar já na criança os primeiros sinais da atividade poética? A ocupação favorita e mais intensa da criança é o brinquedo. Seria lícito, portanto, afirmar que toda criança que brinca se conduz como um poeta/escritor criando para si um mundo próprio ou mais exatamente, situando as coisas do seu mundo numa ordem nova agradável para ele. Seria injusto, neste caso, pensar que ela não leva a sério este mundo: pelo contrário, leva muito a sério seu brinquedo e dedica a ele grandes afetos. A antítese do brinquedo não é a seriedade, mas a realidade. A criança distingue muito bem a realidade do mundo e o seu brinquedo, apesar da carga de afeto com que o satura, e gosta de apoiar os objetos e circunstâncias que imagina nos objetos tangíveis e invisíveis do mundo real. Este apoio é o que sobretudo diferencia o brincar infantil do devanear*[4].

Sempre ficou na minha memória o que Peter Gay menciona: *Entre 1905 e 1915, assoberbado por pacientes, casos clínicos, tarefas editoriais e estafantes demandas da política psicanalítica, ele, mesmo assim, publicou artigos sobre literatura, direito, religião, educação, arte, ética, linguística, folclore, contos de fadas, mitologia, arqueologia, guerra e psicologia dos estudantes.* Freud escreveu muitos textos a respeito de processo criativo, estética, arte em geral, desde a *Interpretação*

---

3 Granã, Roberto (2007) *Origens de Winnicott – Ascendentes Psicanalíticos e Filosóficos de um Pensamento Original*, p. 39. São Paulo: Casa do Psicólogo, 2007.
4 Idem p. 39, 40. Lembrando que o devaneio de Freud é diferente do devaneador compulsivo em Winnicott, que *phantasien* de Freud refere-se à fantasia consciente, um exercício de imaginação por parte do poeta que difere do conceito que encontramos em Winnicott, mais relacionado à fantasia.

*dos sonhos*[5] até o ensaio para agradecer o Prêmio Goethe de Literatura, em 1930. Sem deixar de mencionar a Conferência XXIII[6], onde ele afirma que podemos igualar fantasia com realidade e que no mundo da neurose a realidade psíquica é a decisiva.

Aproveito para destacar a brincadeira do seu neto, de dezoito meses, com um carretel, onde deu-se conta de que a brincadeira do menino expressava um conflito de separação da mãe. E, através do brincar, compreendemos seu interior. Agora irei conduzi-los para dentro de um trem rumo ao exílio. É Freud que toma a palavra, na minha imaginação, no capítulo *O Café e o Menino,* do romance *Freud de Viena a Paris*[7]:

*Surge um menino de calças curtas no corredor estreito. A mãe o segura pela mão. Ele carrega na outra, firme entre os dedos, um brinquedo. O sorriso rasga as bochechas rosadas. Chamo -o, não me ouve. Aproximo-me, e, então, me vendo, estica a mãozinha mostrando-me o brinquedo, ou será me oferecendo? Pego, olho. Ele me dá uma olhadela cheia de ansiedade. Pergunto:*

*– É o filhinho do trem grande?*

*– A máquina é preta. Como o trem corre, vovô?*

*– Esta locomotiva tem propulsão por água fervendo, como uma chaleira. A água forma o vapor que sai da caldeira e empurra o trem. No vagão-reboque fica o carvão para fazer o fogo.*

---

5 *Interpretação dos sonhos* (1900), *O chiste e sua relação com o Inconsciente* (1905), *Tipos psicopáticos no palco* (1905), *Delírios e sonhos de Gradiva de Jensen* (1906), *Escritores criativos e devaneios* (1907), *Os dois princípios do suceder psíquico* (1911), *O tema da escolha do cofrezinho* (1913), *O múltiplo interesse da psicanálise* (1913), *Moisés de Michelângelo* (1914), *Vários tipos de caráter descobertos no trabalho analítico* (1915), *Uma lembrança infantil de Goethe em "Poesia e verdade"* (1917), *Pós-escrito a "O Moisés de Michelângelo"* (1927), *O humor* (1927), *Prêmio Goethe* (1930). Apenas para citar alguns.
6 Freud, S. *Novas Conferências. Conferência XXIII: Os caminhos da formação dos sintomas.*
7 Severo, Ariane. (2022) *Freud de Viena a Paris,* cap. XXIV, p. 147–149. Porto Alegre: BesouroBox, 2° edição, 2022.

*O menino fica pensativo um instante. Depois, na ponta dos pés, segreda algo à mãe, vira-se para mim e repete o gesto. Devolvo o pequeno trem. Tiro do bolso uma moeda e lhe dou. O rosto se ilumina. Pisca o olho para mim e sai correndo pelo corredor. Sem dúvida, a única perfeição é a alegria.*

*De súbito, ouvi atrás de mim uma voz.*

*– O-o-o-o...*

*Girei o corpo, num ritmo lento, prudente e silencioso.*

*Era Ernst, meu neto de dezoito meses, o filho mais velho de Sophie. Quando pequeno nunca chorava quando a mãe o deixava por pouco tempo. Ele se divertia lançando objetos para longe do berço, acompanhando este gesto com uma expressão de contentamento que tomava a forma de um* O-o-o-o... *prolongado, no qual era possível reconhecer a palavra alemã* fort, *isto é, partiu. Certa vez, entregou-se a uma brincadeira com a ajuda de um carretel, um jogo misterioso consigo mesmo. Pegava o cilindro de madeira com um barbante amarrado em volta, atirava-o pela borda do seu berço e gritava* O-o-o-o... *que, segundo Sophie e este avô, significava* foooi *embora. A seguir, puxava o cilindro de volta e saudava seu aparecimento com um alegre* dá, ali (viva!). *Deste modo aceitava a ausência da mãe, reproduzindo seu desaparecimento e retorno. Nisso se resumia a brincadeira. Assim Ernst transformava um estado de passividade, ou desprazer, ligado à partida da mãe, numa situação controlada. Ou talvez estivesse se vingando, jogando-a fora.*

Toda a criança ao brincar comporta-se como um escritor, na medida em que cria um mundo próprio para si mesma, e o transpõe para uma nova ordem que lhe agrada. Foi o início da psicanálise infantil e a possibilidade de representar o conflito através do brinquedo, do desenho, do contar histórias e, mais contemporaneamente, conforme Celso

Gutfreind, a partir do encontro.[8] Todas as vezes que tenho oportunidade, cito esta frase do Celso: *Todo encontro é uma arte, a arte de Freud.* A obra de Freud é nosso ponto de partida e inspiração. Vejam o que Winnicott afirma, na abertura de uma conferência em 1967[9]: *Não vou começar citando outros autores que abordaram o assunto. Permitam-me dizer de saída que a maioria de meus conceitos deriva de Freud.* Para ele ser criativo em arte ou em filosofia depende muito do estudo do que já existe. Quanto mais nos aprofundamos num tema, mais simples e inteligível será a nossa narrativa.[10]

Como Freud, Winnicott observou que o carretel representava simbolicamente pessoas. E entendeu esse movimento como uma reação que compreende três momentos[11], os quais envolviam criação, posse e uso do objeto. É como se (afirma Graña, referindo-se a Winnicott) em sua fantasia a criança pusesse a mão ou mergulhasse, ou abrisse o corpo da mãe, extraindo dele o que nela há de bom. Winnicott demonstra através do jogo da espátula os momentos em que o bebê inicialmente hesita, depois toma posse e, finalmente, a submete à sua vontade (uso do objeto). Somente neste terceiro estágio é que o bebê adquire a coragem de livrar-se, da espátula arremessando-a ao chão.

E, neste ponto, Winnicott, Graña e nós, comparamos a sua observação com a descrição de Freud a respeito da brincadeira do neto:

---

8 Gutfreind, Celso. *As duas análises de uma fobia em um menino de cinco anos — O pequeno Hans,* p. 64 e 67. Rio de Janeiro: Civilização Brasileira, 2008.

9 Publicada no livro *Tudo começa em casa,* p. 3, 2005.

10 Winnicott, D. W. *O brincar e a realidade,* p. 138. Rio de Janeiro: Imago, 1975.

11 Granã, R. (2007) *Origens de Winnicott – Ascendentes psicanalíticos e Filosóficos de um Pensamento Original,* p. 49. São Paulo: Casa do Psicólogo, 2007.

*Penso que o carretel de linha, representando a mãe, é jogado fora para indicar o ficar livre da mãe, porque o carretel sob a sua posse representa a mãe sob sua posse. Estando familiarizado com a sequência completa de incorporação, retenção e liberação, eu vejo agora o ato de jogar fora o carretel como parte de um jogo, estando o resto aí implicado ou tendo sigo jogado nos estágios anteriores. Em outras palavras, quando a mãe vai embora não se trata apenas de uma perda para o menino da mãe externamente real, mas também um teste da relação da criança com a mãe interior (...) Quando ele descobre que pode dominar sua relação com a mãe, incluindo sua agressiva libertação dela (e Freud demonstra isso claramente) ele pode permitir o desaparecimento de sua mãe externa e não temer demasiadamente o seu retorno[12].*

Roberto Graña com sua *espátula reluzente* mostra que *Freud cede ao convite do brinquedo que lhe é irresistivelmente apresentado pela fina inteligência e pelo afeto sincero da criança, e tanto sua fala, como a produzida pelo pai (...) assumirão uma qualidade prenunciadora do que denominaríamos na análise winnicottiana um diálogo transicional [13].* O autor recupera as primeiras referências de Freud ao espaço intermediário e à importância da ilusão na criação[14].

## Que lugar é esse onde as crianças brincam?

Em qualquer livro que decidamos nos aprofundar no estudo da obra de Winnicott, encontramos a importância

---

12 Granã, R. (2007) *Origens de Winnicott - Ascendentes psicanalíticos e Filosóficos de um Pensamento Original*, p. 50. São Paulo: Casa do Psicólogo, 2007. E aqui o autor fala de agressividade e não destrutividade.

13 Idem, p. 41.

14 Em trabalho apresentado em 1993, no Seminário no Instituto da Sociedade Psicanalítica de Pelotas, e no ano seguinte no IV Congresso Latino-americano sobre o pensamento de Winnicott, mostrou esta noção de transitoriedade sugerida na obra de Freud.

do brincar espontâneo da criança: *O brincar é essencial, porque nele se manifesta a criatividade.*[15] *O natural é o brincar.*[16] *É no brincar, e talvez apenas no brincar, que a criança e o adulto fruem sua liberdade de criação.*[17]

A criação se ergue entre o observador e a criatividade do artista da mesma forma que entre a mãe na cozinha e a criança na sala, entre a poltrona e o divã. A casa é o lugar onde permanecemos a maior parte do tempo quando experimentamos a vida. Habitando, eu fruo a vida neste território que espontaneamente produzo.

O espaço potencial é virtualmente intermediário; é o espaço do vir a ser, do devir. *A fim de dar um lugar ao brincar, postula a existência de um espaço potencial entre a mãe e o bebê. A criação se ergue entre o observador e a criatividade do artista.*[18] *O brincar tem um lugar e um tempo. Não é dentro, (...) tampouco é fora.*[19] *Se a brincadeira não é dentro nem fora, onde é que ela se encontra?*[20]

Em Winnicott, a delimitação entre o interno e o externo seria no sentido de expulsar o que não lhe pertence e devolver ao mundo. Na verdade, estas categorias do interior e do exterior não são tão demarcadas. O melhor da vida não está nem dentro nem fora, está no intermediário. A demarcação entre o dentro e o fora se desfaz. E todo interior se converte em exterior.

A proposta do capítulo permite que eu compartilhe este conto, de minha autoria:

---

15 Winnicott, D. W. (1971) *O Brincar e a Realidade*, p. 80. Rio de Janeiro: Imago, Ed, 1975.
16 Idem, p. 63.
17 Idem, p. 79.
18 Idem, p. 100.
19 Idem, p. 62.
20 Idem, p. 134.

## Do acaso à intenção[21]

O menino brinca. Inventa o mundo, não reproduz. O olhar indagativo arrasta o ônibus no tapete e fantasia. Está vivo no sonho, se contorcendo no chão; na engenhosa história que fabrica. Conduz o ônibus em velocidade, inundado pelo inconsciente. Faz ruídos de motor. O ouvido zune. Explodem vidraças, estilhaços de vida.

O senhor de altos e baixos, ciente de tudo, acha que o ônibus está sendo estraçalhado por uma cobra gigante. Uma mutação genética que ameaça a cidade. Mulheres sendo esmigalhadas no interior do veículo. O menino explica que Enkidu não está torcendo Gilgamesh, e que ele não está sofrendo. Gilgamesh abraça o guerreiro, convida o adversário a combaterem juntos. Enkidu é tirado do reino animal, nossa origem. Ampliam suas forças, arrojados, não se limitam à defesa, atacam o mal, disparam flechas. Os heróis, diante de muralhas verbais, lutam contra os civilizados, colonizadores, convocam exércitos. Os portais do inferno vindo abaixo. O palácio misteriosamente desaparecido. Um novo sopro vem do paraíso, reconstrução a partir de ruínas. Festeja o triunfo a gargalhadas. A vida ganha sentido.

Incontinenti, o pai diz que herói é quem ganha o pão de cada dia na força do braço. E o que vejo é uma salsicha enrolada em toicinho, diz, atirado no sofá, metido nas alpargatas. O que acontece depois? A vida diária rende-se a pequenos conflitos. Olhares submergem na distância. A cada passo se dividem.

– Já te meteste em encrenca grossa. Por tua causa estou de mal com a tua mãe.

---

21 Severo, Ariane. *Capuccino*, coletânea de contos. Porto Alegre: AGE, 2016. Oficina de Livros Individuais Alcy Cheuiche.

Vocifera a voz do trovão, raios chispando dos olhos. Ventos em fúria. Petrificado ao olhar de Medusa. As intrigas deveriam ser privadas. O menino segue brincando. Seu devaneio é prazeroso. Mar de verdade, doze graus. Mar que faz onda grande e que começa a ferver. A mãe, que observa tudo de longe, sente prazer em vê-lo tão absorto e envolvido. Vigorosa é a brincadeira renovada. Ela não está preocupada em entender, ela sente. Não faz perguntas, acompanha. Está ali cozinhando, ora dentro, ora fora, ao redor, à mão, distante o necessário para que o menino tenha seu espaço de brincar. A mãe canta. O canto move a natureza. No ritmo do som, na criação, a poesia inventa mundos.

*O brinquedo possui uma qualidade frágil e efêmera*, afirma Peter Giovacchini[22], *uma qualidade de ilusão que é facilmente rompida*. O brincar do menino, mesmo que espontâneo, necessita de certa ambiência e há um lugar e um tempo para isso. A mãe, com sua presença protetora oferece a confiabilidade, condição para que o brincar espontâneo surja, o brinquedo como veículo da criatividade infantil, que transporta o menino para outro mundo. De fato, o brincar inclui coisa séria, uma realidade que não deveria ser interrompida.

## Morada do ser

Trago o que Winnicott chama de a ilusão de contato, momentos de encontro onde tenho a experiência, um aprendizado em complementaridade com o outro. Uma crença na

---

22 Giovacchini. Peter, L. (1990). *Táticas e Técnicas Psicanalíticas, D.W. Winnicott*, p. 99, 100. Porto Alegre: Artes Médicas, 1995.

Casa: estudo psicanalítico, filosófico e literário do habitar

realidade na qual se pode ter ilusões. Um ajusta-se ao impulso do outro, e nos permitimos a ilusão de que a relação é algo criado entre nós. Um capacita o outro a ter ilusões.[23] Um permite ao outro se iludir. E brincam. É somente no brincar que fluímos nossa liberdade de criação. Esse espaço do brincar, esse espaço potencial do entre dois, depende da experiência que conduz à confiança. Porque aí se experimenta o viver criativo.[24]

Winnicott diz: *Um bebê pode ser alimentado sem amor, mas um manejo desastroso ou impessoal fracassa em fazer do indivíduo uma criança humana nova e autônoma (...) Precisa haver confiança combinada com confiabilidade.*[25] A mãe/analista vai se adaptando com o intuito de dar à criança um suprimento básico da experiência de onipotência. Isso envolve essencialmente uma relação viva. O *setting* winnicottiano é uma metáfora dos cuidados maternos.[26] *A mãe se adapta ao bebê que gradativamente se desenvolve em personalidade e caráter, e essa adaptação concede-lhe confiabilidade, o sentimento de confiança no mundo.*[27]

O autor fala da importância da existência de um ambiente doméstico, de uma mãe suficientemente boa para a criança durante o período de desenvolvimento emocional, a importância dos começos. Na idade da latência, e no decorrer do tempo, o amadurecimento se processa e a criança será capaz de incorporar os padrões do ambiente ao seu particular e desenvolver um ambiente interno capaz de aumentar a sua tolerância às falhas ambientais.[28]

---

23 Winnicott, D. W. (1971). *O brincar e a realidade*, p. 47. Rio de Janeiro: Imago, 1975.
24 Idem, p. 47.
25 Idem, p. 150.
26 Maternagem suficientemente boa.
27 Idem, p. 151.
28 Winnicott. D. W. (1988). *A natureza humana*, p. 174 e 175. Rio de Janeiro: Imago Editora, 1990.

O autor está preocupado com a sustentação, o *holding* do outro no mundo, que se dá numa experiência sensoperceptiva corporal. O meio protetor é a mãe preocupada e ligada às necessidades narcísicas que devem ser atendidas. Tudo emana do tecido corporal que nem sempre pertence a mim. E, ao falar do alojamento da psique no corpo, destaca a importância da pele, do seu manuseio no cuidado do bebê como promotora de sustentação.[29] Também dos limites e suporte desta função.[30] De um ambiente facilitador que permita a integração do bebê. *Se foi frustrante em demasia, se houve o fracasso, o bebê fica sem os elementos essenciais para o funcionamento dos processos de maturação e não ocorre a conquista da morada. A criança integrada mora ou habita o corpo.*[31] Integração psicossomática como a conquista da morada da psique no soma. *O termo morada é utilizado para descrever esta residência da psiquê no soma pessoal, ou vice e versa.*[32] O fracasso resulta na incerteza da morada, na medida em que a morada tornou-se um aspecto que pode ser perdido.

Winnicott, no capítulo VI, *O uso do objeto,* no livro *O brincar e a realidade*: O *tema que pretendo desenvolver no presente capítulo, é de extrema simplicidade:*

*Ao enunciar minha tese, como muitas vezes aconteceu, descubro que ela é muito simples e poucas palavras se tornam necessárias para abranger o assunto. A psicoterapia se efetua na sobreposição de duas áreas do brincar, a do paciente e a do terapeuta. Em consequência, onde o brincar não é possível, o*

---

29 Winnicott. D. W. (1988). *A natureza humana*, p. 144. Rio de Janeiro: Imago Editora, 1990.

30 Idem, p. 32.

31 Winnicott, D. W. (1975). *Explorações psicanalíticas.* p. 203. Rio de Janeiro: Imago Editora, 1990.

32 Winnicott, D. W. (1971). *O brincar e a realidade.* p. 89. Rio de Janeiro: Imago Editora, 1975.

*trabalho efetuado pelo terapeuta é dirigido então no sentido de trazer o paciente de um estado em que não é capaz de brincar para um estado em que o é[33].*

A psicoterapia tem a ver com duas pessoas brincando, e brincar significa não confrontar. Não interpretar de fora, mas sim de dentro. É o entrar na fantasia. Realizar uma interpretação a partir da metáfora, do papel, do personagem, atribuído ao analista dentro do campo lúdico[34].

E prossegue Winnicott: *Sugiro que devemos encontrar o brincar tão em evidência nas análises de adultos quanto o é no trabalho com crianças. Manifesta-se, por exemplo, na escolha das palavras, nas inflexões de voz, e na verdade, no senso de humor.*[35]

Winnicott se ocupa do que impede o viver criativo. A psicanálise advém da possibilidade de produção de um sentido e essencialmente, do sentido da experiência.[36]

## Os deslocamentos no espaço: caso Pequeno Hans

O Pequeno Hans, a partir dos quatro anos, faz o que se chama de uma fobia, isto é, uma neurose. Tudo lhe é permitido, inclusive ocupar o lugar de terceiro no leito conjugal. Hans não é realmente privado de nada diz, Lacan.[37]

Os pais permitem que Hans ocupe a cama do casal. Principalmente ele e a mamãe, quando o papai não está.

---

33 Winnicott, D. W. (1971). *O brincar e a realidade.* p. 141. Rio de Janeiro: Imago Editora, 1975.
34  Roberto Graña em comunicação pessoal.
35 Winnicott, D. W. (1971) *O Brincar e a Realidade*, p. 61. Rio de Janeiro: Imago, 1975.
36 Roberto Graña, em comunicação no grupo de estudo winnicotiano.
37 Lacan, Jacques. *O seminário — Livro 4 — A relação de objeto*, p. 227. Rio de Janeiro: Zahar, 1995.

Ou quando ele quer que ela lhe faça um mimo e alivie sua angústia. Ele tem medo de que um cavalo o morda na rua. Projeta o conflito interno, no objeto cavalo, no mundo externo. Tem medo que o cavalo entre no quarto. O significante vai deslizando. Medo que um cavalo branco o morda, um cavalo com uma coisa preta na boca (focinheira), medo que o cavalo ande, que o cavalo caia.

Na *Análise da fobia de um menino de cinco anos* aparece o interesse da criança por um depósito de lenha no pátio onde ele brincava espontaneamente, dizendo: *Vou à minha privada.* Lá, no escuro, ele dizia: *Estou fazendo pipi.* O que estava dentro do seu corpo pertence a ele e sai para o mundo externo. Ele adquiriu o controle do seu corpo, brinca de ir na *sua* privada[38], e sabemos que ele adquiriu a noção de propriedade privada.

As fantasias de Hans giravam em torno de cavalos barulhentos. Ele mesmo, em sinal de protesto, pateava, fazia barulho com os pés. E o som lembrava um *Lumpf* caindo.[39] Também tinha medo de cair na banheira; que sua mãe o deixasse cair. Por isso tinha que tomar balho sentado ou ajoelhado. O medo era de que a mãe não o segurasse e o deixasse cair durante o banho e disfarçava o desejo de que a mãe deixasse a irmãzinha cair na banheira.[40]

A nova fantasia em que o bombeiro desparafusava a banheira onde Hans estava, o levou a associar a banheira com água ao ventre da mãe, à Hanna, sua irmã, e ao nascimento

---

38 Freud, S. (1909). *Obras completas volume 9: Observações sobre um caso de neurose obsessiva [O homem dos ratos] e outros textos.* p. 135. São Paulo: Companhia das Letras, 2013.

39 Hans chamou as fezes de *Lumpf* porque não conseguiu pronunciar, em sua condição de criança, outra palavra que significasse *meia* em alemão. Viu semelhança entre *Lumpf* e *Strumpf*, entre forma e cor das meias.

40 Gutfreind, Celso. *As duas análises de uma fobia em um menino de cinco anos – O pequeno Hans* – Psicanálise da criança ontem e hoje, p.77. Rio de Janeiro: Civilização Brasileira, 2008.

dos bebês (teoria sexual infantil). A equação simbólica onde se igualam bebês e *Lumpfs*. As crianças nascem como *Lumpfs*.[41] A partir desse material, a associação com carroças pesadas, carros que carregam pessoas como os ônibus, que representam caixas de cegonhas e o símbolo da gravidez.[42]Freud levou a análise mais longe, insistindo nesta justaposição[43].

Freud descreve e desenha o depósito das repartições de imposto a partir das informações que recebeu do pai do menino. Lugar onde chegam constantemente carros e caminhões. O pátio de entrada para o depósito é separado da rua por uma grade de ferro, cujo portão se abre precisamente em frente da casa de Hans. O menino diz: *Tenho medo de que os cavalos caiam ao darem a volta*. Também se assusta quando os veículos que estão na rampa de carga se põem, de repente, em movimento para saírem. Causam-lhe mais medo os carros grandes, pesados, do que os pequenos. Como os carros de aluguel, de mudança e os ônibus.[44]

Celso Gutfreind: *Agora Hans tinha medo dos cavalos grandes, rudes ou velozes. O pai pensou que tinha a ver com ele, o cavalo grande do triângulo amoroso. Chegou a desenhar imagens do trajeto que Hans temia fazer.*[45]

Há um estudo interessante, *O gosto pelo quarto*[46], que parte da hipótese de que a fobia põe em jogo os limites do corpo e do espaço. Lerude-Flechet, a autora, observa que o quarto é o derradeiro lugar ao qual o fóbico está condenado.

---

41 Gutfreind, Celso. *As duas análises de uma fobia em um menino de cinco anos – O pequeno Hans* – Psicanálise da criança ontem e hoje, p.120. Rio de Janeiro: Civilização Brasileira, 2008.

42 Idem, p. 121.

43 Roudinesco, R. e Blos, P. (1997) *Dicionário de Psicanálise*, p. 309. Rio de Janeiro: Zahar, 1998.

44 Idem, p. 165–167.

45 Idem, p. 60.

46 Ver mais no livro de Celso Gutfreind, 2008.

Hans não consegue sair de casa. Tem medo da rua, dos cavalos, das carruagens puxadas por cavalos.

Freud mostrou que a mitologia animal dos primitivos é recriada por uma criança que enxerga seus pais e o conflito que tem com esses animais que encontra. A tal ponto, afirma Merleau-Ponty, que o cavalo se torna, nos sonhos do pequeno Hans, um poder tão incontestável quanto os animais sagrados do primitivo.[47] Diz ainda que a vida animal nos lembra de nossos fracassos e limites, e que ela tem uma imensa importância nos nossos devaneios.

A importância dos lugares e dos deslocamentos está presente em todo o caso. O centro da cidade de Viena situa-se à margem do Danúbio. *A casa dos pais do Pequeno Hans se situa nesta parte da cidade*, afirma Lacan.[48] *Por trás da casa situa-se o escritório da alfândega. Um pouco mais adiante, a famosa estação de que tanto se fala na observação.* Aos domingos ele costumava visitar os avós e pegava o trem que vai para Lainz. Também à estação de Schönbrunn, onde fica o zoológico. Existem os circuitos dos cavalos e das estradas de ferro. Diante da casa há um pátio e uma rua larga e na frente da casa as carroças que vêm carregar e descarregar, alinhando-se ao longo de uma rampa de descarga. Lacan salienta que o Pequeno Hans começa a delinear o circuito-do-cavalo e o circuito-da-estrada-de-ferro. Hans está impossibilitado de fazer uma passagem para um circuito mais vasto. A questão é ele e a mãe. Ele não pode afastar-se dela, o que o impede de ultrapassar a distância de um certo círculo de visão de sua casa, segundo Lacan.[49] *É em direção à casa que o menino se*

---

47 Merleau-Ponty, Maurice (1938), *Conversas*, p. 38 e 39. São Paulo: Martins Fontes, 2004.

48 Lacan, Jacques. *O seminário- Livro 4-A relação de objeto*, p. 316-325. Rio de Janeiro: Zahar, 1995.

49 Idem, p. 335.

*volta ansiosamente no momento de embarcar. É da casa que se trata, essencialmente.* O amor da mãe não pode faltar. Segundo Deleuze, o que o Pequeno Hans reivindica é sair do apartamento familiar para passar a noite com a vizinha e regressar na manhã seguinte: o móvel como meio. Ou então, sair do imóvel para ir ao restaurante encontrar a menina passando pelo entreposto de cavalos – a rua como meio, seus barulhos, animais, cavalos que escorregam, caem, apanham... O autor ressalta o trajeto: que não só se confunda com a subjetividade dos que percorrem um meio, uma vez que este se reflete naqueles que o percorrem. O mapa exprime a identidade entre o percurso e o percorrido. Confunde-se, com seu objeto, quando o próprio objeto é movimento. Deleuze segue afirmando que o próprio Freud considerou necessário introduzir o mapa, embora tenha reduzido tudo ao pai-mãe, a um desejo de não se afastar da mãe (dormir com a mãe)[50].

O Pequeno Hans, complementa ele, define um cavalo traçando uma lista de afetos, ativos e passivos: possuir um grande faz-pipi, morder, cair, ser chicoteado, bater, (...) que constitui um mapa de intenções [51]. No entender dele o Pequeno Hans não forma com o cavalo uma representação inconsciente do pai, mas é arrastado num devir-cavalo ao qual os pais se opõem. O devir-cavalo de Hans remete a um trajeto, da casa ao entreposto. Um devir não é imaginário, assim como uma viagem não é real, diz Deleuze [52].

---

50 Deleuze, Gilles (1993) *Crítica e Clínica* (1993), p 83. São Paulo: Editora 34, 2° edição 2011 (2° reimpressão, 2019).
51 Idem, p 87.
52 Idem, p.87. Em outro momento, na mesma página, cita a análise cartográfica do inconsciente, onde o mapa com sua ligação e valência constituem, a cada vez, a imagem do corpo, imagem sempre transformável em função das constelações afetivas que o determinam.

Merleau-Ponty propõe que é no curso de uma história que se dá a gênese de sentido. É uma espécie de fio ontológico que ata o diverso na unidade. Temos que percorrer trilhas de reabilitação do sensível.

Essa compreensão do corpo para além da própria subjetividade, incluindo o tempo e o espaço, ligando-o ao mundo. Ele não está primeiro no espaço, ele é o espaço.

Pelo movimento nos comunicamos e nos relacionamos com o que está ao nosso redor. Desde a mais tenra infância, é por meio da atividade motora que a criança se desenvolve, e por adaptações contínuas vai adquirindo informações complexas, diversificadas e progressivamente mais elaboradas. A capacidade de nos movimentarmos permite respostas apropriadas ao ambiente, ampliando nossa orientação e fazendo-a concentrar-se mais nas ações que fazemos do que nos movimentos propriamente ditos.

Bachelard, comunga da mesma ideia, e não sabemos quem foi original: *No reino das imagens, o jogo entre o exterior e a intimidade não é um jogo equilibrado*[53], e irá defender que a imensidão está em nós e não ligada, necessariamente, a um objeto.

## O desenho das casas como um gesto espontâneo

A arte rupestre é o nome da mais antiga representação artística da nossa história. Há indícios datados do período Paleolítico, há 40.000 A.E.C. Desenhos e pinturas gravadas nas paredes das cavernas demonstram que o homem

---

53 Bachelard, G. (1989). *A poética do espaço*, p. 19. São Paulo: Martins Fontes, 2005.

pré-histórico sentia necessidade de expressão através das artes. O desenho é considerado uma das formas de comunicação mais remota dentre os homens e suas histórias possivelmente iniciam simultaneamente.[54]

A psiquiatra Françoise Minkowska[55], em seu estudo sobre o desenho das casas feito pelas crianças sobreviventes da Segunda Guerra Mundial, sugeriu a ideia de que para elas a casa não é só construída, mas também habitada. As crianças detalhavam maçanetas e sua função de proteção, privacidade. Essa pesquisa é citada por Bachelard[56], que comenta: *Ela expôs sua coleção comovente dos desenhos feitos por crianças polonesas e judias que sofreram a brutalidade da ocupação alemã durante a guerra.* Menciona uma criança que viveu escondida no armário, atenta com o menor ruído, e que desenhava casas estreitas, frias e fechadas. Françoise falava de casas imobilizadas em sua rigidez: *A casa viva não é imóvel.*[57] Ela nos convida a explorar mais a fundo o simbolismo dos desenhos da casa ao falar da diferenciação entre o privado e o íntimo. E questiona-se sobre o sentido da predisposição excessiva ao isolamento e ao retiro. Querer preservar sua intimidade por temor de estar vulnerável a estranhos? Desenhar uma casa com paredes que parecem impenetráveis pode ter o sentido de maior ou menor permeabilidade psicológica? O mundo privado (entre os familiares) e o íntimo se nutrem da qualidade dos afetos expressados sobre um fundo de confiança mútua. *As portas, fechaduras e chaves. Perder a chave o que*

---

54 Rafaela Macarthy: *O desenho como forma de expressão na Psicanálise.* Miranda, N. 600 anos de perspectiva rigorosa: breve história do Desenho. 2012. Disponível em https://sites.google.com/site/perspetiva600/historia-do-desenho-e-da-perspetiva.

55 Bachelard, G. (1989). *A poética do espaço,* p. 48. São Paulo: Martins Fontes, 2005. O trabalho original: Minkowska, F. (1948) *Le Rorschach. A la recherche du monde des formes.* Paris: Editions L'Harmattan, 2003.

56 Bachelard, G. (1957). *A poética da casa.* São Paulo: Martins Fontes, 2005.

57 Idem, p. 84 e 85.

*significa? Às vezes penso que a perda da chave pode ser um bom sinal. Confiar a chave às crianças: responsabilidade. Dar a chave de nossa casa para alguém.*[58] Alberto Eiguer[59] associa com Freud, em *A psicopatologia da vida cotidiana*[60], e Bachelard, em *A poética da casa.*[61]

Psicólogos analisaram o desenho de casas. Estudiosos observaram que se a criança é feliz, a casa é feliz, sólida, profundamente enraizada, com traços que designam sua força íntima. É evidente que faz calor no seu interior, que há fogo, um fogo tão vivo que vemos a fumaça saindo pela chaminé. Quando a casa é feliz, a fumaça brinca delicadamente acima do telhado. Em algumas famílias a casa dos sonhos foi se transformando em uma casa dura, imobilizada pela rigidez dos seus donos. *Na porta tem uma maçaneta que serve para abrir e fechar, para indicar que moramos nela, entramos nela. A maçaneta indica uma funcionalidade.* Ainda Bachelard: *A casa adquire as energias físicas e morais de um corpo humano. Ela curva as costas sob o aguaceiro, retesa os rins. Sob as rajadas, dobra-se.*[62]

A casa nos representa, diz Eiguer, o que fica evidente nos sonhos. Nas imagens oníricas, o teto e o sótão significam a cabeça, e o porão, os impulsos subterrâneos. As portas, janelas, chaminés, corredores, a qualidade de relação entre o sujeito e os demais. O nosso inconsciente se expressa na forma como desenhamos o nosso lar, decoramos, e mobiliamos e nos instalamos em seu interior. E esse habitar interior é

---

58 Eiguer, A. *As duas peles da casa*, p.22. *In: Diálogos psicanalíticos sobre a família e o casal*, vol. 2. Organizadores: Ruth Blay Levisky, Isabel Cristina Gomes e Maria Inês Assumpção Fernandes, São Paulo: Zagodoni Editora, 2014.

59 No seu texto acima referido.

60 Freud, S. (1901). *Psicopatologia da vida cotidiana*, vol. IV. *In: Obras Completas de Sigmund Freud*. Rio de Janeiro: Delta Editores, 1954.

61 Bachelard, G. (1957). *A poética do espaço*. São Paulo: Martins Fontes, 2005.

62 Idem, p. 64.

uma projeção do nosso corpo, reflete nosso apego aos entes queridos.

Entre nós, Fruett lembra: *A casa é uma extensão da representação da imagem do corpo; ela nos referencia como parte integrante da identidade; não é por outro motivo que as primeiras representações gráficas que as crianças produzem são o desenho da casa e da figura humana.*

A criança brinca, desenha, conta uma história. Em cada um dos seus meios de expressão, um presente. Ela acredita que basta ter mão, folha e lápis para desenhar. Faz uma linha andando no espaço em branco do papel, que é generoso. Desenha a linha e encerra toda sua ousadia. Faz um círculo e desenha um sol que aquece a casa, a alma. Nesse círculo não há nenhuma ruptura, é impossível dizer onde termina o sol e começa o calor, onde termina a natureza e começa o corpo que desenha ou a família que naquela casa se instala, como presença viva e espessa do seu corpo. A criança se reporta ao seu mundo e fantasia. Ela olha para alguma coisa qualquer, muda o caminho da linha e faz uma janela azul-profundo, uma flor com cheirinho de vida, e vai narrando, inventando para ser verdadeira. Tem o gesto, a fisionomia, a boquinha aberta, os olhos apertados; o evento está acontecendo, a improvisação continua. Ela pinta o murmúrio indeciso das cores e nos apresenta o mundo. Traços e cores a exprimem, saem da sua pequena mão. Mora numa casa bonita, uma eternidade provisória, e dá ao passado uma nova vida.[63]

A criança brinca, e brincar envolve o corpo, como nos ensinou Winnicott[64].

---

63 A inspiração é em Maurice Merleau-Ponty. De fato, só se pode ser criativo com base na tradição.
64 Winnicott, D.W. (1971) *O Brincar e a Realidade*, p. 76. Rio de Janeiro: Imago Editora, 1975.

O recurso de desenhar promove livre associação na sessão com crianças ou de família. Desenhando, expressam sua subjetividade, desejos, medos, angústias, e também aquilo que muitas vezes não conseguem dizer em palavras. Elas passam para o papel o que pensam, sentem sobre as pessoas, o ambiente, suas experiências, e também um pouco das suas características.

O que a criança faz ao desenhar? Pergunta Ricardo Rodulfo, propondo que nesse fazer de seu desenho um *novo ato psíquico, em que volta a se colocar o ligar seu corpo, ligar-se a seu corpo, ligar seu corpo a: tudo isso junto. Com essa mudança o desenho passa a ser um dos modos fundamentais, um dos trabalhos concretos em que se opera toda esta ligação*[65]. O autor aproveita para valorizar Françoise Dolto e seu assinalamento que a criança desenhando qualquer coisa se desenha. E considera, então, a ligação do corporal com o psiquismo como um processo de subjetivação[66].

Para a criança não há espaço sem esconderijo. *A casa é o lugar do corpo, que a alma chama de seu*[67], é o lugar em que eu habito. O desenho da casa é o ser em si. A casa não é apenas um envoltório exterior a ela, vive-a por dentro, está inserida, englobada nela.

O espaço é condição primeira para que as pessoas estabeleçam a consciência de si, de seu corpo e sua relação com o mundo. O espaço humano contém, com frequência, a representação inconsciente do próprio corpo prolongado no âmbito espacial e da distância na qual uma pessoa permite

---

65 Rodulfo, R. (2004) *Desenhos fora do papel. Da carícia à leitura-escrita na criança*, p. 78. São Paulo: Casa do Psicólogo.

66 Idem, p. 93.

67 Merleau-Ponty, M. (1964). *O olho e o espírito*, p. 36. São Paulo: Cosac Naify, 2013.

aproximação de outra. E a distância admitida entre as pessoas é diferente em cada cultura[68].

O arquiteto, ao desenhar uma casa, sabe, assim como as crianças o sabem, que a casa não é apenas um espaço concreto, entregue à mensuração e à reflexão geométrica, a casa é um espaço vivido em toda a sua potencialidade, vivido também com a imaginação.

## O desenho da girafa e o jogo do rabisco

Freud demonstrou conhecer o mundo infantil e conseguiu expressar o que ainda hoje é fundamental: crianças precisam sonhar, brincar e desenhar para elaborarem seus conflitos. O que Celso Gutfreind[69] complementa: *A linguagem da criança é a do símbolo, da imaginação, das histórias.*

Vamos então para o caso do Pequeno Hans.[70]

Para entreter Hans, eu, seu pai, desenho uma girafa. Diz-me o menino:

– *Pinta nele também a coisinha.*

E Juanito acrescenta à minha pintura um traço curto, observando:

– *A coisinha é mais comprida.*

Refere-se à coisinha de fazer pipi.

Em outra ocasião vê um livro de figuras e diz:

– *Olha, papai, a coisinha do macaco.*

---

68 Berenstein, I. (1976) *Família e Doença Mental*, p. 154, 155. São Paulo: Escuta, 1988.

69 Gutfreind, Celso. *As duas análises de uma fobia em um menino de cinco anos — O Pequeno Hans*, p. 60. Rio de Janeiro: Civilização Brasileira, 2008.

70Freud, S. (1909). *Análise da fobia de um menino de cinco anos*, p. 134. *In: Obras Completas de Sigmund Freud*. Rio de Janeiro: Delta Editores, 1953.

Freud menciona que todo investigador está exposto a enganar-se. O menino confunde o rabo (Schwanz)[71] com a coisinha de fazer pipi.

Muito tempo depois, em 1970, Winnicott brinca com uma menina fazendo o primeiro rabisco, ao qual ela acrescenta outro, transformando-o em uma espécie de cisne. O rabisco de um era transformado pelo do outro, e eles iam narrando.[72]

Como terminar um tema tão instigante mesmo sabendo que um novo trabalho poderá surgir de um ponto final? Talvez só com poesia.

**Como se desenha uma casa**

Manuel Antônio Pina

*Primeiro abre-se a porta*
*Por dentro sobre a tela imatura onde previamente*
*se inscrevem palavras antigas: o cão, o jardim,*
*impresente, a mãe sempre morta*

*Anoiteceu, apagamos a luz e, depois,*
*como uma foto que se guarda na carteira,*
*iluminam-se no quintal as flores da macieira*
*e, no papel de parede...*

---

71 Na linguagem comum, o termo alemão também significa pênis.
72 Winnicott, D. W. (1975). *Explorações psicanalíticas*, p. 207. Rio de Janeiro: Imago, 1990.

# Cap XII
## OS ANALISTAS TAMBÉM CHORAM[1]

*O importante não é onde moramos,*
*mas onde, em nós, a casa mora.*
Mia Couto

*Meu nome é Nina. Ficarei aqui, do teu lado, por uma hora. Neste espaço de tempo, se quiseres falar, estarei escutando. Se quiseres ficar em silêncio, descansando ou refletindo, eu estarei aqui.*

Depois de alguns minutos, que não sei precisar, escuto um ronco. Aquilo não era um choro; era um ronco. Eu não tinha palavras para lhe oferecer. Peguei sua mão e esperei.

---
[1] Este capítulo nasceu do romance *Nina desvendando Chernobyl*, que escrevi em 2017.

Lembrei Alberto Méndez: *O silêncio é um espaço, um lugar oco onde nos refugiamos, mas nunca estamos a salvo. O silêncio não termina, é quebrado.*

Começou, então, a falar:

*Fomos obrigados a partir. As pessoas começaram a partir. Fui ao túmulo da minha filhinha e de joelhos pedi perdão por abandoná-la. Coloquei flores, rezei e...* (parecia engasgado, a voz saía com muita dificuldade). *Preciso falar para alguém...* (mantinha os olhos baixos). *Arranquei um punhado de terra e, quando percebi, estava cavando. Continuava cantando as canções de ninar e retirei a pequena caixa. Abri e peguei parte dos cabelos e uns ossinhos, tão pequenos ainda... Eu só disse para a minha mulher bem depois. E a enterramos no nosso jardim. Os pais não podem abandonar os filhos. Nunca.*

Há, nesses casos, um sentimento de culpa e dor pela retirada das pessoas, um bloqueio da capacidade de elaboração. Dor que fere o narcisismo e rompe a barreira de proteção. Ocorre como que uma ruptura no sentimento de identidade. Uma família que passa por essa situação desenvolve mecanismos compensatórios. E, se não conseguir resolver-se, cria um mundo próprio ou regride, faz uma imitação, um arremedo, um falso *self*.

Outra mulher fala:

*Sofro calada, doutora, vivo quase por obrigação.* (Abre a bolsa como se procurasse algo, desiste e a coloca na cadeira ao lado. Olha o relógio, e ao redor. O olhar fixo num ponto da parede. Um ponto no nada, no vazio da parede. Lentamente abre a boca e fala com dificuldade.) *Nunca desejei tanto ser mãe. Eu queria dar um filho a ele, entende? Daria qualquer coisa para vê-lo feliz. Uma mulher que ama quer tudo com o seu homem. Esperávamos nosso primeiro filho.* (Engole em seco. Estica as sobras da saia e continua falando devagar.)

*Meu marido trabalhou muito tempo em Chernobyl, mas eu não acreditava, não queria acreditar* (Sacode a cabeça de um lado para outro a dizer não, negando a realidade.) *A criança nasceu morta. Era uma menina...* Dos olhos vazados daquela mulher murcha vertem lágrimas secas. Sente falta de ar. Arfa e se joga no piso, soca o chão, se contorce. Começa a bater a cabeça, a testa, bem embaixo, contra a parede. Eu me jogo sobre o seu corpo e o aperto com força. Faço instintivamente. Depois de um tempo, o corpo amolece, silencia. Eu a solto aos poucos, retorno para a minha cadeira e espero. Ela levanta os olhos e faz um movimento em direção a sua bolsa. Eu então falo: *Podes retornar sempre que quiseres. Meu nome é Nina, sou psicanalista, me ofereci como voluntária neste programa para ajudar pessoas de Chernobyl.* A mulher sai e fico me recompondo. Os analistas também choram. O que fazemos com nossas lágrimas?

Nina, minha personagem, atendeu estas pessoas em outubro e novembro de 1986 em Moscou, após a catástrofe nuclear na Ucrânia. Como Svetlana, continuou escrevendo... *gostaríamos de esquecer Chernobyl, porque diante dela nossa consciência capitula. É uma catástrofe de consciência. Mas não podemos esquecer....*

## A mulher da cadeira de balanço

*Nina, às vezes a angústia é tão apertada... quando me sinto no vácuo e não consigo dormir, o único lugar que não sinto frio e fico um pouco protegida é na cadeira de balanço. Tínhamos uma igual na varanda da nossa casa da infância. Ali fui ninada e amamentada. Não é a mesma que tínhamos, mas é como se fosse. Perdi meus pais cedo demais. Perdi minha família, nossa casa, fui arrancada da minha pequena comunidade rural.*

Em outra sessão:

*Aconchegada, é como me sinto no balanço da cadeira, no ritmo que imagino ser o da mãe, da sua caminhada comigo em seus braços, ou no ritmo de sua respiração, para lá e para cá, o braço da cadeira, braço da minha mãe.*

*Nas noites em que não durmo, o balanço é igual ao do pêndulo do relógio onde contabilizo todas as perdas.*

Ela estava entregue ao tempo, ao ritmo que não foi favorecido nos primeiros tempos, gerando confiabilidade. Ela estava presa nos ponteiros do relógio, no embalo da cadeira.

No transcurso do tratamento a história infantil aparece: *Eu não existia. Eu não conseguia entender o que acontecia com a mãe. É a contaminação, diziam. O que é contaminação? É a radiação, diziam. O que é radiação? As irmãs menores, o irmão mais velho, e os adultos não explicavam. O pai trabalhava na lavoura e adoeceu primeiro. Eu tinha medo que ele morresse. Eu morria de medo que ele morresse. Como ia ser? Quem cuidaria dos animais, da plantação? Será que vou morrer dentro de mim?*

Hannah Arendt fala da solidão de alguém *que perde seu lugar no mundo, seu lar privado onde sentia-se resguardado contra o mundo. Esse homem, na ausência de outros, não se dá a conhecer e, portanto, é como se não existisse.*[2] No artigo de 1963, *O medo do colapso*[3], Winnicott diz do sentimento de não existência, que faz parte de uma defesa. O medo da agonia original que organizou as defesas no período inicial

---

2 Arendt, Hannah (1958). *A condição humana*, p. 68. Rio de Janeiro: Editora Forense Universitária, 2011.

3 Winnicott, D. W. (1975). *Explorações psicanalíticas*, p. 74 e 75. Rio de Janeiro: Imago Editora, 1990.

da vida, o vazio que precisa ser experimentado e que pertence ao passado.

Ninguém vê que a menina agoniza. Ninguém pode saber. O mundo adulto não percebe o sofrimento infindável. Quando a mãe caminhava com o olhar vazio pela casa, ela recorria à cadeira de balanço, num recurso extremo, para manter inteira a casca enquanto o núcleo ameaçava fenecer. Medo, angústia sem nome, de abandono, invisível, silenciosa, mortífera; queda. Agonia primitiva de cair para sempre.

Ela tem regressado à casa do passado e a si mesma. No inconsciente os tempos são embaralhados. O medo de que os pais morressem e ela ficasse só. Para Winnicott, *a capacidade de estar só é um dos sinais mais importantes do desenvolvimento emocional e pressupõe a internalização de um ambiente que ofereça confiança e previsibilidade.* O apoio dos primeiros cuidados, a confiança na mãe-ambiente são fundamentais para que o bebê possa adquirir o sentimento de existir e, posteriormente, o de habitar a realidade compartilhada.

*Ontem eu estava assistindo a um filme sobre advogados e as partes discutiam por um cálculo. Comecei a pensar na minha vida. Eu não tinha um par de olhos para me ajudar. Sentia repulsa. Eu não aguentava mais gastar neurônio no detalhe, no detalhe que fazia a diferença de cem reais no cálculo. Vontade de largar tudo, sair pela porta e não voltar mais.*

A mulher da cadeira de balanço perdeu a dimensão mais íntima com a sua personalidade. Trabalha, cataloga, corre. Os dias passam e ela não está em contato com o seu verdadeiro eu. É como se não tivesse onde guardar o que vive. Falta um lugar para ela. O ambiente foi intruso? O ambiente se antecipou? Aprenderá a morar em si mesma? Habitar a casa é habitar o ser.

Para Martin Heidegger, *wohnen,* habitar é: *A maneira como os homens fazem seu caminho desde o nascimento até a morte, sobre a terra, sob o céu.* Há uma identificação com a forma como estabelecemos nossa experiência diária no mundo.[4] Conta do medo quando anoitecia. Dormia com as irmãs no mesmo quarto, mas tinha medo: *Eu queria ir para o quarto dos meus pais; tudo o que queria era estar no quarto deles. Só ali não sentia medo. Nunca soube explicar do que tinha medo quando anoitecia. Era só um medo que vinha quando a casa silenciava.*

Ela volta em mais um dia. Senta-se na ponta da cadeira, balança o corpo sem parar, não me olha... e diz: *Quando me colocaram no jardim de infância, fiquei assustada. Chorei muito, gritei. Ninguém me disse nada. Me largaram lá. Queria voltar para casa, ficar perto da mãe. Não me adaptei. Só me colocaram no ano seguinte, ano em que ela morreu. No céu, eles diziam. Eu a procurava nas nuvens, todas sempre muito longe de mim.*

Winnicott: *Um pequeno instante separa o tempo em que a criança acredita que a mãe está ausente, daquele em que acredita que ela está morta. Manipular a ausência é alongar esse momento, retardar tanto quanto possível o instante em que o outro poderia oscilar secamente da ausência à morte.*[5]

Os anos passaram e ela continua com medo e vai em silêncio para a cadeira de balanço depois que todos se deitam. De olhos fechados, movimenta a cadeira. Repete o mesmo movimento. *Repetir é mais um princípio do funcionamento psíquico (se é para elaborar).*

---

4 Camargo, Érica Negreiros de. *Casa doce Lar – O habitar doméstico percebido e vivenciado,* p. 18. São Paulo: Annablume Editora, 2010.
5 Barthes, Roland (1977). *Fragmentos de um discurso amoroso,* p. 29. Rio de Janeiro, Francisco Alves Editora, 1990.

O medo, em Winnicott, tem múltiplos significados: morte, abandono, dependência dos outros, de si mesmo, medo da morte dos pais, medo de separar-se da mãe. Aqui ele fala do choro e temor de enfrentar espaços vastos, desconhecidos, a escola. *A base do choro de medo é a dor, e é por isso que o pranto soa da mesma maneira em ambos os casos.* E complementa: *Depois de um bebê ter conhecido qualquer sensação dolorosamente aguda, poderá chorar de medo quando qualquer outra o ameace de voltar a ter essa mesma sensação.*[6]

*Eu adorava as minhas irmãs, tinham os cabelos encarapinhados. E também a irmã da mãe, ela fazia crochê de ponto complicado. Quando ela vinha, eu dormia com ela e não tinha medo. Quando a mãe ficava muito tempo no hospital, ela vinha, nem sempre, mas às vezes ela vinha. E eu dormia com ela e não tinha medo. Todos dizem que a minha voz era igual à da mãe. Tem noites que chegam vozes que nunca partiram. Em outras, só escuridão e medo.*

*Eu quero um lugar para mim. Um lugar no mundo. As palavras atrapalham. Será que algum dia vou livrar-me do sofrimento? Tudo será arrumado um dia?*

Desejou estar morta. O desejo de estar morto é quase sempre um disfarce para o estado de não-estar-vivo.

É preciso confiar para habitar. A mulher da cadeira de balanço precisa aprender a habitar sua morada, o espaço permite aconchego e confiança, ela precisa aprender a morar nela mesma. Cuidar de si mesma.

Meu desejo é que a paciente possa emergir da solidão. Solidão é onde não há ninguém e há alguém. Eu te proponho, mulher da cadeira de balanço, a estar na análise dessa

---

6 Winnicott, D.W. (1975). *Explorações psicanalíticas*, p. 68. Rio de Janeiro: Imago Editora, 1990.

maneira, num solilóquio onde possamos compreender verdades que emergem, fazer crescer gritos.

*Quando vivíamos em Chernobyl, meu pai trabalhava muito. Arrumar a cerca que estragou, cortar lenha, limpar o galinheiro; só o encontrávamos depois que escurecia. Suas perguntas eram esquisitas, eu não entendia aonde ele queria chegar. Depois que a mãe morreu, o pai ainda viveu alguns meses, mas nunca se envolveu com os filhos. Minha mãe tinha muita dor. Alheia a tudo, apenas aguardando com ânsia a chegada do pai. Eu procurava os olhos dela e não encontrava. Depois veio a contaminação. A pele era escura, rugosa. Ficou inchada. É só do que eu lembro. Perdeu o significado das coisas comuns. O meu sofrimento ninguém via. E fomos afastadas.*

Os medos, no início do amadurecimento emocional, são recursos de alerta e defesa ao medo do colapso: medo da loucura, das agonias impensáveis pela não aquisição de um sentido de existência.

*Eu cresci e encontrei um esconderijo. A cadeira de balanço é como se fosse um ninho. Queriam me levar para a cama, eu me agarrava nela, gritava. A cadeira se movimentava e vinha uma sensação de refúgio e de conforto. O ritmo sereno, meus dedos agarrados nos teus cabelos. Aconchego que não chega nunca, mãe. Há muito tempo que te espero. Será que vou morrer?*

A subjetividade humana como um processo ativo que revela o caminhar da existência e os rastros da presença que falta. Ela perdeu seu lugar, não se encontra em parte alguma. Bachelard afirma ser impossível escrever a história do inconsciente humano, sem escrever a história da casa. A casa, o pai e a mãe, a escola, provocam sonhos e trazem lembranças. Ela perdeu a mãe, o coração da casa. A casa e a estabilidade do ser. Perdeu a casa e o lugar onde somos nós mesmos.

Perdeu este lugar no mundo que permite o aconchego e a confiança. Vive na angústia. Não tem para onde ir. Freud relaciona diferentes momentos da vida capazes de precipitar uma situação traumática: perda da mãe, do amor, angústia de separação... O perigo que dispara o sinal de angústia é a ausência da mãe (função materna). Nesse sentido, a angústia é um sinal automático do desamparo. Refere-se à angústia[7] como sinal de salvação. Nesse sentido, ela só se estabelece porque a criança ainda não é capaz de diferenciar uma ausência temporária de uma definitiva. O bebê viverá as ausências da mãe como perda de objeto (morte). Assim, angústia e sofrimento possuem um sentido análogo.

A concepção ferencziana de trauma consiste em uma falha ambiental que promove o abandono da criança em seu percurso de produção de sentido. A clivagem é a maneira encontrada pela criança para, na ausência de figuras protetoras, desempenhar para si mesma o papel de mãe ou pai, ou seja, do cuidador.[8]

Tão importante quanto a integração é desenvolver o sentimento de que se está dentro do próprio corpo. Morar dentro: *habitar-se.* O corpo da mãe é o primeiro lugar onde vivemos. Freud afirma que viver no corpo da mãe é um acontecimento psíquico e não apenas físico. Essa mulher não tem onde se alojar.

Goethe observou que as qualidades da cor, do sabor ou tato, não pertencem a mundos distintos. A significação afetiva da cor e o tato, a sensação de ser abraçado davam um sentido que nenhuma das qualidades em separado carregava. A cadeira de balanço não é um simples objeto neutro, simboliza

---

7 Freud, S. (1925). *Inibição, sintoma e angústia. In: Obras Completas de Sigmund Freud.* Rio de Janeiro: Delta Editores, 1953.
8 Nas obras (1929, 1931 e 1933). Posteriormente Winnicott desenvolverá esta teoria.

e evoca uma certa lembrança, provoca reações favoráveis, acolhe.

Merleau-Ponty afirma que a forma e o conteúdo não podem existir separadamente. A cadeira foi revestida por uma necessidade e deixou de ser neutra, tornou-se o único espaço da casa que não era sentido como frio, estranho. Ela transformou a neutralidade da cadeira em apoio à sua identidade. Passou a habitar a cadeira de balanço como seu recanto, um esconderijo.

E assim passaram-se algumas semanas. Quando a angústia atingiu o nível do suportável, ela foi-se embora. Decidiu de repente. Saiu assim, sem aviso prévio, e eu pensando no que deveria ter feito, no que falhei. Lutei para não me sentir tão fracassada, para não apelar a explicações fáceis, como resistências. Como não percebi que aconteceria de novo? E fiquei meses remoendo tudo, até que ela retornou. Ela voltou. O que quer? O que Nina poderia fazer por ela?

Era uma tarde de vento, chegaram uns poucos pingos que foram se avolumando. Por onde começar? Como proceder? Olhou ao redor, para as mãos frias. Num lampejo fechou os olhos tentando recuperar o que vira quando criança. Os sentidos teriam guardado a lembrança? Histórias sem palavras, desenhos no vazio. Memórias inapreensíveis. O corpo tremia de tanta ansiedade. De novo aquele corpo amedrontado, infantil, despedaçado. Corpo buscando a encarnação. *A psicanálise é experiência,* repetia o mestre.

Algo ocorreu entre a poltrona e o divã, entre a mulher da cadeira de balanço e eu. Ela voltou.

*Faz tempo, me diz. Tudo está igual. Não acontece nada. Nunca serei nada. Cada vez fico mais dentro de casa. Tenho medo. Estou no vácuo. Fico sentada na cadeira da varanda. Estou sozinha, sozinha... Sofro todas as manhãs, entre a espera de tudo que não houve, de tudo que poderia ter sido, do que não nos quis, mãe. Eu era a criança, a tua criança. E fiquei sem teu colo, fiquei sem nada, mãe. Perdi tudo.* Tudo retorna em cena de forma vívida, sanguínea. Ela continua correndo. Corre de bicicleta, nada até a exaustão, corre ao redor do lago na madrugada; perambula sozinha pelas ruas do bairro, sem saber aonde ir. Trabalha pela manhã no escritório e de tarde no instituto. Intervalo apenas para uma fruta, correndo. Depois a estrada, correndo, sempre correndo. Chega correndo na próxima sessão. Conta de um gato que achou na rua. Cuidou, deu vacina, e agora ele morreu. Sente uma dor tão grande, que não sabe o que fazer. *Estou tão cansada... Não durmo de novo. Me afeiçoei ao bichinho. Como isso pode acontecer? Agora o que eu vou fazer? Eu sinto um vazio, uma dor tão grande... É uma dor que aperta o meu pescoço, parece que rasga.* Perda se conecta com dor, morte, separação. A perda da mãe, do pai, depois as irmãs, a casa, perda dela mesma.

E depois, ela escreveu uma mensagem dizendo: *Não vou mais, estou melhor, obrigada.* De novo?

Cada vez que ela retorna me ajuda a escutá-la, é o eterno retorno da diferença. É fluxo e interrupção do fluxo. Talvez não queira cristalizar um significante. Ela vem, mantém-se viva, e depois se vai quando eu pensava que íamos aprofundar, quando eu me empolgava com o material e queria trabalhar, quando eu achava que algo passaria a ter sentido. Ela vai. Tem fôlego. Ela tem o direito e ir e vir. Ela vai e vem, balança. Ela vai e eu fico. Eu espero a mulher da cadeira de balanço.

O que acontece entre a poltrona e o divã? Esta mulher nunca deixou de ter um existir precário. Vivências sustentadas no tempo podem se transformar em experiências?

O descanso, quando somos criança, deve poder incluir o relaxamento e a regressão para a não integração. Sem esse estado de relaxamento não sobrevivemos, é um estado de lassidão psíquica. Não consegue ficar sozinha. Cai no abismo. Fica tomada de angústia. Provavelmente não teve esse ir e vir entre o dormir e o colo. Entre o dormir sozinha no berço e o colo da mãe. Precisamos de ambas as experiências. Estar bem no colo e estar bem sozinho. Não teve um *holding* suficientemente bom. Que estabelece uma marca de ser bem cuidado, segurado, sustentado no tempo. *Muita coisa depende da maneira como a mãe segura o bebê, e é preciso enfatizar que isso não é algo que possa ser ensinado*, diz Winnicott.

Sentia-me como Freud ao publicar o Caso Dora. Tinha a sensação de que faltava um epílogo. Temos que poder terminar bem um livro. Foi quando Baudelaire veio ao meu socorro: *Uma obra feita não é necessariamente acabada e uma obra acabada não é necessariamente feita.*[9] E como uma coisa vem atrás da outra: *A obra não é, portanto, aquela que existe em si como coisa, mas aquela que atinge seu espectador, convida-o a recomeçar o gesto que a criou.*[10]

Anos depois recebi uma mensagem: *A cadeira de balanço não existe mais. Ficou somente a lembrança de um tempo que ela ajudou a enfrentar. Sou grata.*

---

9 Merleau-Ponty, M. (1964). *O olho e o espírito*. São Paulo: Cosac Naify, 2013.
10 Idem, p. 76.

Escrevi uma poesia:

*Só[11]*

*Mãe*
*Meu ser só existe*
*A partir do calor do teu olhar*

*Mãe*
*Teu abraço*
*É o interior do mundo*

*Mãe*
*Se não tenho teu corpo*
*Não existo*

*Mãe*
*Só no aconchego*
*Dos teus braços sou*

*Mãe*
*O teu colo é meu universo*
*Infinita liberdade*

*Estou órfã*
*Inacessível a mim mesma*
*Tu és mãe-eu-mesma*

---

11 Severo, Ariane et al. *Poesia & declamação* (Oficina de Criação Literária Alcy Cheuiche). Coleção organizada pela APCEF/RS. Porto Alegre: Martins Livreiro, 2018. Esta poesia nasceu pensando nas mães. Na minha mãe. A declamei, pela primeira vez, por ocasião do seu aniversário de 80 anos em janeiro de 2019.